"十三五"职业教育国家规划教材

涉税基础与实务

（第4版）（中职版）

主　编　周海燕

副主编　戴　瑛　章凌燕

電子工業出版社
Publishing House of Electronics Industry
北京·BEIJING

内 容 简 介

本教材是按照职业教育人才培养目标，紧密围绕职业教育示范性建设要求，依据我国企业会计准则和相关税法税制，为适应职业教育财经商贸类专业课程改革，结合纳税申报与会计处理课程标准编写的适合财经商贸类专业学习的基础教材。本教材采用项目、任务教学设计，系统介绍税收的基础知识和纳税申报实务操作技能，分为涉税基础认知、增值税涉税实务、消费税涉税实务、关税涉税实务、企业所得税涉税实务、个人所得税涉税实务和其他税涉税实务 7 个项目。

本教材可作为中等职业教育财经商贸类专业教材，也可作为企业办税人员的继续教育培训教材或自学用书。

本教材还配有电子教学参考资料包，包括电子教案、教学指南、习题答案，详见前言。

图书在版编目（CIP）数据

涉税基础与实务：中职版 / 周海燕主编. —4 版. —北京：电子工业出版社，2022.2
ISBN 978-7-121-42860-9

Ⅰ. ①涉… Ⅱ. ①周… Ⅲ. ①税收管理－中等专业学校－教材 Ⅳ. ①F810.423

中国版本图书馆 CIP 数据核字（2022）第 021712 号

责任编辑：徐 玲
印 刷：河北鑫兆源印刷有限公司
装 订：河北鑫兆源印刷有限公司
出版发行：电子工业出版社
北京市海淀区万寿路 173 信箱 邮编 100036
开 本：880×1 230 1/16 印张：17.25 字数：398.27 千字
版 次：2014 年 5 月第 1 版
2022 年 2 月第 4 版
印 次：2023 年 1 月第 2 次印刷
定 价：45.00 元

凡所购买电子工业出版社图书有缺损问题，请向购买书店调换。若书店售缺，请与本社发行部联系，联系及邮购电话：（010）88254888，88258888。
质量投诉请发邮件至 zlts@phei.com.cn，盗版侵权举报请发邮件至 dbqq@phei.com.cn。
本书咨询联系方式：xuling@phei.com.cn。

前 言

本教材贯彻《国家职业教育改革实施方案》的精神，按照职业教育人才培养目标，紧密围绕职业教育示范性建设要求，依据我国企业会计准则和相关税法税制，为适应职业教育财经商贸类专业课程改革，结合纳税申报与会计处理课程标准进行编写，是无锡市精品课程和无锡市精品资源共享课程“纳税申报与会计处理”的配套教材。该教材主要适用于职业学校会计学专业和财务管理专业的学生使用，可以作为会计初级职称经济法考试和财政税收类经济师职称考试的参考用书，还可以用作会计人员、税收征管人员和企业管理人员学习税法的参考书籍。

本教材采用项目、任务教学设计，系统介绍了税收的基础知识和纳税申报实务操作技能，分为涉税基础认知、增值税涉税实务、消费税涉税实务、关税涉税实务、企业所得税涉税实务、个人所得税涉税实务和其他税涉税实务 7 个项目。

本教材以最新的税务理论和税法为基础，条理清晰，文字简洁，对税收相关法律法规进行了精简加工，将理论和实务有效结合，使教材内容和职业标准深度对接。本教材在编写上，通过大量案例和例题完成知识学习，通过课后练习、能力训练检测学习效果，训练学生对税法知识的应用能力，激发学生的学习潜能，体现“以就业为导向，以能力为本位”的职业教育理念，有利于培养学生的主动学习能力和从事税务工作的实践操作能力。

由于近年来税制改革加快，新的税法、法规和规章不断出台。增值税改革方面，自 2012 年 1 月 1 日起对上海市交通运输业和部分现代服务业开展营业税改征增值税（以下简称“营改增”）试点，2013 年继续扩大试点地区，并在全国范围内试点。自 2014 年 1 月 1 日起，在全国范围内开展铁路运输和邮政业营改增试点。2014 年 6 月 1 日起电信业正式纳入营改增范围。自 2016 年 5 月 1 日起，中国全面实施营改增，营业税退出历史舞台，增值税制度更加规范。2018 年 5 月 1 日开始纳税人发生增值税应税销售行为或者进口货物，原适用 17%和 11%税率的，税率分别调整为 16%、10%。为了完善增值税制度，进一步支持中小微企业发展，财政部同时发布统一增值税小规模纳税人标准有关事项的通知，将增值税小规模纳税人标准统一为年应征增值税销售额 500 万元及以下。从 2019 年 4 月 1 日起，将增值税一般纳税人发生增值税应税销售行为或者进口货物，原适用 16%税率的，税率调整为 13%；原适用 10%税率的，税率调整为 9%。纳税人购进农产品，原适用 10%扣除率的，扣除率调整为 9%。纳税人购进用于生产或者委托加工 13%税率货物的农产品，按照 10%的扣除率计算进项税额。原适用 16%税率且出口退税率为 16%的出口货物劳务，出口退税率调整为 13%；原适用 10%税率且出口退税率为 10%的出口货物、跨境应税行为，出口退税率调整为 9%。除此之外，国家在个人所得税方面也进行了重大改革。本教材对税收改革的内容不断修订，体现税收政策的实效性，以促进就业和适应产业发展需求为导向，遵循职业就业需求和教育供给，将税法理论和实践操作紧密结合。教材在编写过程中，编写老师一起走访税务部门和相关企业，了解在税务实践中遇到的问题和企业对毕业生的专业要求，在编写过程中有针对性地将问题以例题或能力训练的形式纳入教材，以更有效地将产教进行融合。

本教材由无锡立信高等职业技术学校周海燕任主编，无锡立信高等职业技术学校戴瑛、无锡立信高等职业技术学校章凌燕任副主编，人员及分工如下：周海燕编写项目二、项目三、项目五、项目六；戴瑛编写项目七；章凌燕编写项目一；无锡立信高等职业技术学校倪丽艳编写项目四。周海燕负责全书的修改和定稿。

为方便教师教学，本教材配有电子教案、教学指南及习题答案（电子版）。请有此需要的读者登录华信教育资源网（www.hxedu.com.cn）下载或与电子工业出版社联系，我们将免费提供（E-mail：hxedu@phei.com.cn）。

此外，本教材在教材编写过程中借鉴了国内同人的有关资料，并得到了电子工业出版社的大力支持，在此一并表示感谢。

由于编者水平有限，书中疏漏和错误之处在所难免，敬请读者批评指正。

周海燕

2021 年 9 月

目 录

项目一

涉税基础认知

涉税基础认知

学习目标

知识目标：了解税收的历史、职能和作用，了解提高纳税意识的重要性和艰巨性，了解我国企业办税实务的有关规定；理解我国的税制结构，知道办理开业、变更和注销税务登记时需要准备的资料及相关工作流程，熟悉办税业务相关表格的填写及税款缴纳；掌握税收概念要点的阐述、税收的“三性”特征与作用、税收职能和税收原则，以及税收制度的构成要素。

技能目标：税收概念的把握；税收对满足国家公共需要的作用；税收三性特征的具体体现；区分税收的各项分类；税收制度的各项构成要素；办税业务相关表格的填写及申报工作。

素质目标：教育、引导学生理解“税收取之于民、用之于民”的重要意义，在日常生活的方方面面注意宣传依法纳税的重要性和紧迫性，真正使学生成为税收知识的传播者、税收意识的倡导者和税收秩序的维护者，培养学生作为纳税人的税感和国家主人翁意识。

重难点：税收的“三性”与税收的分类及对税收职能的理解，我国企业办税实务的有关规定，纳税申报流程及税款缴纳。

任务一 税收概述

案例导入

名人税事：无税王朝 短命皇帝。

明末农民大起义的著名领袖李自成带领千百万农民揭竿而起，推翻了明朝的统治。他在襄阳建都、西安建国、北京称帝，提出了“均田免粮”“三年不征”的起义纲领，“迎闯王，不纳粮”成为吸引千百万农民参加起义的巨大磁力。但非税思想却导致了他最后的失败。李自成的非税思想虽然是明末苛税重赋逼出来的，但却是农民褊狭意识的反映。李自成未通过合理的赋税制度，而主要采用过激的“追赃助饷”取得财政收入的政策。这就犯了打击过宽、树敌过多的致命错误，是导致他最后失败的重要原因之一。

【案例解析】税收是维系国家运转的重要经济保障。李自成因极端的税收政策而死于免税劫掠，最终败亡。赋税和财政供给制度是一个政权健康发展的保障。税收是国家组织财政收入的主要形式和工具，是国家调控经济的重要杠杆之一，具有维护国家政权的作用。

一、税收的概念

税收是国家为满足社会公共需要，凭借政治权力，按照法律所规定的标准和程序，参与国民收入分配，强制地、无偿地取得财政收入的一种方式。

提醒你：

这一概念可从以下方面理解	（1）课税的主体是国家
	（2）课税凭借的是国家的政治权力，而不是财产权利
	（3）课税的目的是满足社会公共需要
	（4）课税是无偿的
	（5）税收是国家最重要的财政收入来源

税收作为一种分配形式，本质上是国家与纳税人之间的一种分配关系。由于在这种分配关系中国家居于主导地位，是通过国家制定的税法来实施分配的，因此税收又具体体现为一种以国家为主体的分配关系。

二、税收的产生与发展

税收是一个古老的经济范畴，从人类发展的历史看，税收政策是与国家有着本质联系的一个分配范畴，并随着国家的产生而产生。但税收更是一个发展的经济概念，随着经济的发展和国家职能的扩大，税收的内容不断丰富，其作用也日益增强。

（一）税收产生的条件

税收是人类社会发展到一定阶段的产物。税收的产生取决于相互制约的两个前提条件：一是国家公共权力的建立；二是私有制的出现。税收是国家公共权力与私有制存在的必然产物。

（二）税收的发展

税收是国家得以履行其职能的物质基础。国家通过税收方式取得财政收入，是为了实现国家职能的需要。同其他事物一样，税收也是一个发展的概念。从税收的发展历史来看，国家职能的拓展是税收发展的根本因素，而经济发展本身在客观上也为税收的发展提供了可能。

三、税收的特征

（一）强制性

税收的强制性是指国家征税是凭借政治权力，通过颁布法律或法令实施的。任何单位和个人都不得违抗，否则就要受到法律的制裁。

税收的强制性表明国家征税与生产资料的占有无关，它可以超越所有权的限制，对不同的所有者均可行使其征税权。税收的强制性实质上是由社会公共需要的特征决定的，反映了政府作为征税人与社会成员作为纳税人的权利与义务关系的统一。然而，这种经济上的权利与义务关系受公共产品特征的制约，是不能用道德规范来维持的，必须依靠法律形式制约，并且要使全体公民在这种权利与义务关系上处于同等地位。

（二）无偿性

税收的无偿性是指国家征税后，税款即归国家所有，既不需要再归还纳税人，也不需要向纳税人支付任何报酬或代价。

政府向纳税人征税，不以具体提供公共产品为依据；而纳税人向政府纳税，也不以具体分享公共产品利益为前提。因此，就政府和纳税人之间具体关系而言，纳税人消费公共产品并分享公共产品的利益是无偿的，政府向纳税人征税也是无偿的，即税收的无偿性是就具体的征税过程而言的，而不是针对税收的整体性而言的，具体表现为国家征税以后税款为国家所有，并不存在对纳税人的偿还问题。

（三）固定性

税收的固定性是指国家在征税前预定了征税对象、纳税人和征税标准等征纳行为规范。征纳双方都必须共同遵守，不能随意变动。

税收的固定性首先表现为对什么征税、征多少税和由谁征税都必须事先明确，不能随意确定；其次，税收的课征标准也必须是统一的，并且要有一定的限度性；最后，税收征纳关系以法律为依据，是相对稳定的。税收的固定性既是税收补偿公共产品成本的内在要求，同时也为政府提供公共产品创造了条件。

税收的上述三个特征是密切联系、不可分割的统一体。无偿性是税收这种特殊分配手段的本质体现，国家财政支出采取无偿拨付的特点，要求税收必须采取无偿征收的原则。国家财政的固定需要决定了税收必须具有固定性。强制性是无偿性和固定性得以实现的保证。正是因为税收具有强制性、无偿性和固定性，才使得税收在不同的社会形态、不同的国家都成为国家财政的主要支柱。

四、税收的职能

税收职能是指税收所具有的满足国家需要的能力。

（一）筹集资金职能

税收的筹集资金职能是指税收所具有的从社会成员处强制性取得一部分收入，为政府提供公共产品，满足公共需要的功能。税收筹集资金既要足额稳定，又应适度合理，以利于社会经济的发展。

（二）资源配置职能

税收的资源配置职能是指税收所具有的通过一定的税收政策、制度影响个人和企业的经济活动，从而使社会经济资源得以重新组合、安排的功能。

（三）收入分配职能

税收的收入分配职能是指税收所具有的影响社会成员收入分配格局的功能。税收的收入分配职能主要体现在调整要素分配格局和不同收入阶层的收入水平上。

（四）宏观调控职能

税收的宏观调控职能是指通过一定的税收政策、制度，影响社会经济运行、促进社会经济稳定发展的功能，主要包括控制需求总量和调节供给结构两个方面。

五、税收的原则

税收原则是指在一定的社会政治经济条件下，建立与之相适应的税收法制所遵循的具体化的指导思想。税收伴随着社会、经济的发展而调整变化，具有鲜明的时代特征。

（一）公平原则

公平原则又称公平税负原则，是指政府征税要使纳税人所承受的负担与其经济状况相适应，并在纳税人之间保持均衡。

税收公平包括横向公平和纵向公平，如图 1-1 所示。

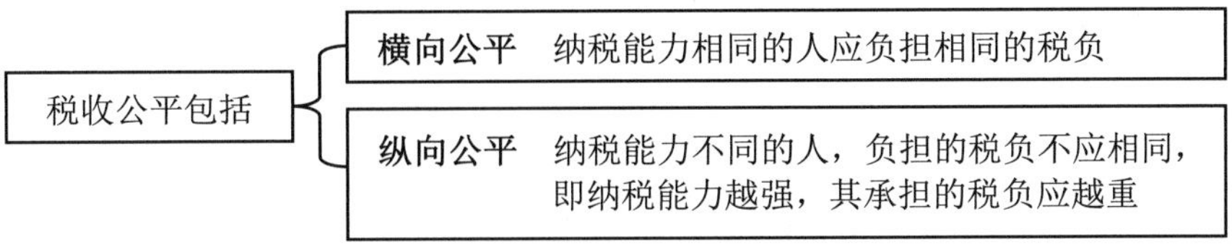

图 1-1　税收公平的构成

（二）效率原则

效率原则是指国家征税要有利于资源的有效配置和经济机制的运行，提高税务行政管理效率。具体包括以下几点。

1. 税收的行政效率

税收的行政效率，可以通过税收成本率（税收的行政成本占税收收入的比率）来反映。有效率就是要求以尽可能少的税收行政成本征收尽可能多的税收收入，即税收成本率越低越好。

税收的行政成本主要包括以下两部分，如图 1-2 所示。

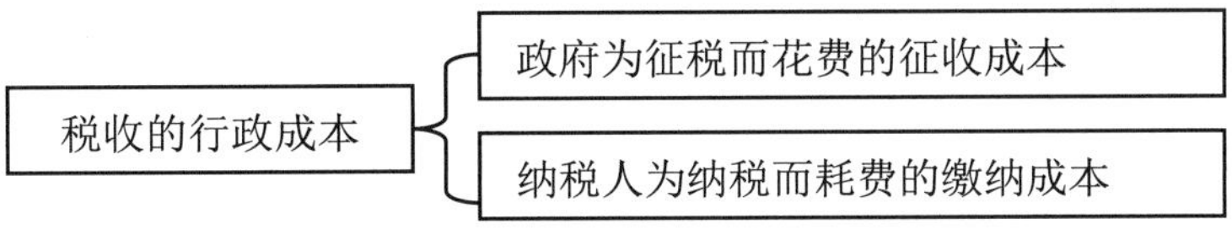

图 1-2　税收的行政成本的构成

2. 税收的经济效率

税收的经济效率是税收效率原则的更高层次。经济决定税收，税收又反作用于经济。税收分配必然对经济的运行和资源的配置产生影响，这是必然的客观规律。但税收对经济的影响，究竟是积极的，还是消极的，影响的程度如何、范围多大，则是有争议的，在认识上也存在一个不断发展的过程。反映到税收的经济效率方面，则有不同层次的理解。

税收的经济效率主要包括三个层次，如图 1-3 所示。

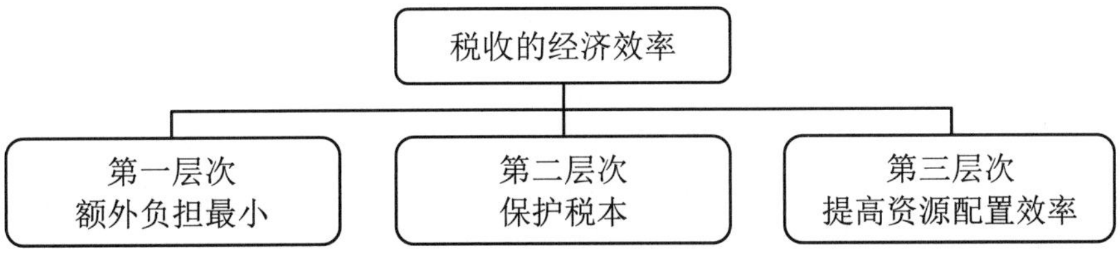

图 1-3　税收的经济效率的层次

（三）适度原则

适度原则是指政府征税应兼顾需要与可能，做到取之有度。这里的“需要”是指财政的需要，“可能”则是指税收负担的可能，即经济的承受能力。遵循适度原则，要求税收负担适中，税收收入既能满足正常的财政支出需要，又能与经济发展保持协调和同步，并在此基础上，使宏观税收负担尽量从轻。

（四）法治原则

法治原则是指政府征税应以法律为依据，依法治税。税收法治原则主要包括两个原则，如图 1-4 所示。

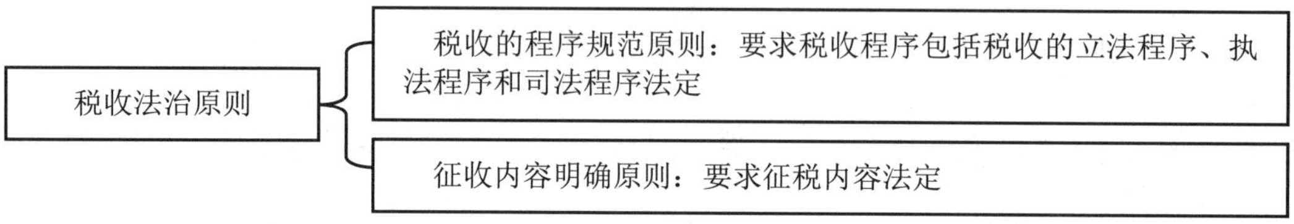

图 1-4　税收法治原则的内容

即学即思

上网查一查，中国历史上的治税原则有哪些？

课后练习

谈谈你对税收的新认识。

任务二　税收制度概述

一、税收制度、税法及税收法律关系

（一）税收制度的概念

税收制度简称为税制，是指国家以法律形式规定的各种税收法律、法规的总称，或者说是国家以法律形式确定的各种课税制度的总和。

（二）税法的概念

税法是国家制定的用以调整国家与纳税人之间在征纳税方面的权利与义务关系的法律规范的总称。

（三）税收法律关系

税收法律关系，是指税法所确认和调整的，国家与纳税人之间在税收分配过程中形成的权利和义务关系，由权利主体、权利客体和税收法律关系的内容三方面构成。

1. 权利主体

权利主体即税收法律关系中享有权利和承担义务的当事人。在我国税收法律关系中，权利主体一方是代表国家行使征税职责的国家机关，包括国家各级税务机关、海关和财政机关；另一方是履行纳税义务的人，包括法人、自然人和其他组织，在华的外国企业、组织、外籍人、无国籍人，以及在华虽然没有机构、场所但有来源于中国境内所得的外国企业或组织。

2. 权利客体

权利客体即税收法律关系主体的权利、义务所共同指向的对象，也就是征税对象。一般认为，税收法律关系的客体包括物和行为两大类。例如，所得税法律关系客体就是生产经营所得和其他所得，财产税法律关系客体就是财产，流转税法律关系客体就是货物销售收入或劳务收入。

3. 税收法律关系的内容

税收法律关系的内容就是权利主体所享有的权利和应承担的义务。税收法律关系的内容包括征税主体（税务机关）的权利、义务和纳税主体的权利、义务两大方面。

二、税收制度构成要素

税收制度构成要素指的是构成税收制度的基本因素，它说明谁征税、向谁征、征多少及如何征等问题。税收制度构成要素是税收内容的具体表现。

（一）纳税人

纳税人也称“纳税义务人”“课税主体”，是税法上规定的直接负有纳税义务的单位和个人。无论何种税法都要规定相应的纳税义务人，因此纳税义务人是税收制度构成的基本要素之一。从法律的角度划分，纳税人包括法人与自然人两种。法人纳税人大多是公司或企业。自然人一般是指公民或居民个人。

与纳税义务人相关的是扣缴义务人和负税人。扣缴义务人是指依法负有代扣代缴税款义务的单位。扣缴义务人必须严格履行其职责，并将所扣缴的税款按规定期限缴库，否则依照税法规定，视情节轻重给予一定的处罚。对税法规定的扣缴义务人，税务机关应向其颁发代扣代缴证书，并付给扣缴义务人代扣代缴手续费。

负税人是最终负担税款的单位和个人。如果纳税人是法律上的纳税主体，负税人则是经济上的纳税主体。由于税负转嫁的存在，纳税人在向国家缴纳税款之后，税款可能由纳税人直接负担，也可能通过税负转嫁由他人负担。就是说，纳税人与负税人有时是一致的，如个人所得税，纳税人也是税款的实际负担者；有时是不一致的，如对商品课征的税收，纳税人是生产或销售商品的企业，而负税人则是商品的最终消费者。负税人不是税制构成要素，国家在制定税收制度时，只规定税款由谁缴纳，不规定税款最终由谁负担。但是，税款由谁负担和由谁缴纳一样重要，因此，国家在制定税收制度时，必须考虑税款由谁负担的问题。

（二）征税对象

1. 征税对象的概念

征税对象又称征税客体，是指对什么征税，是征税的标的物。征税对象反映了征税的广度，是一种税区别于另一种税的主要标志，是税制的基本要素。

2. 征税对象与税目、计税依据

税目是征税对象的具体化，反映了具体的征税范围。

计税依据又称税基，是征税对象在数量上的具体化，是计算应纳税款的依据。

计税依据有两种形态：一种是价值形态，称为“从价计征”，就是以征税对象的价值为计税依据，如商品的销售收入额、劳务收入额、所得额等；另一种是实物形态，称为“从量计征”，是以征税对象的数量、容积、重量、面积等为计税依据。

（三）税率

税率是应纳税额与征税对象数额之间的法定比例，是计算税额的尺度，体现征税的深度，是税制的基本要素。税收的固定性主要是通过税率来体现的。税率可分为比例税率、定额税率、累进税率三大类。

1. 比例税率

比例税率是指不论征税对象数额的大小，只规定一个百分比的税率。它是一种应用最广、最常见的税率，一般适用于流转税。比例税率主要包括统一比例税率、差别比例税率和幅度比例税率三种。

2. 定额税率

定额税率是税率的一种特殊形式，也称固定税额，即按征税对象的一定计量单位直接规定一个固定的应纳税额，而不是规定征收比例。定额税率主要包括地区差别税额、幅度税额和分类分级税额三类，一般适用于从量计征的税种。

3. 累进税率

累进税率是按同一征税对象的数额或相对量的大小，将其划分成若干等级，并规定不同等级的税率。征税对象数额越大，税率越高；数额越小，税率越低。累进税率一般适用于所得税。累进税率常用的是全额累进税率和超额累进税率。

（四）纳税环节

纳税环节，主要是指税法规定的征税对象在从生产到消费的流转过程中应当缴纳税款的环节。纳税环节有广义和狭义之分。广义的纳税环节指全部课税对象在再生产中的分布情况。狭义的纳税环节特指应税商品在流转过程中应纳税的环节。商品从生产到消费要经历诸多流转环节，各环节都存在销售额，都可能成为纳税环节。确定纳税环节是流转课税的一个重要问题，它关系到税制结构和税种的布局，关系到税款能否及时足额入库，关系到地区间税收收入的分配，同时关系到企业的经济核算和是否便于纳税人缴纳税款等问题。

按照纳税环节的多少，可将税收课征制度划分为两类，即一次课征制度和多次课征制度。

一次课征制度是指在生产、批发、零售诸环节中，仅选择在某一个环节征税。一次课征制度税源集中，可以避免重复征税。

多次课征制度是指在多个流转环节都征税。

（五）纳税期限与纳税地点

1. 纳税期限

纳税期限是指纳税义务、扣缴义务发生后，纳税人、扣缴义务人向国家缴纳或者解缴税款的期限。规定纳税期限是为了促使纳税人及时依法纳税，以保证国家能及时地取得财政收入，均衡地满足经常性政府公共财政支出的需要。它是税收强制性、固定性在征收时间上的体现。

纳税期限是衡量征纳双方是否按时行使征税权力和履行纳税义务的尺度。它一般是根据各税种的不同特点，结合纳税人的生产经营情况、应纳税额的大小等确定的。一般分为以下两种：

（1）按次计算。按次计算是以纳税人从事生产经营活动的次数作为纳税计算期，如增值税中有此种规定。

（2）按期计算。按期计算是指以发生纳税义务、扣缴义务的一定期间作为纳税计算期，如 1 日、3 日、5 日、10 日、15 日、1 个月、1 个季度、1 年等，增值税、消费税、资源税、企业所得税等都有相关规定。

2. 纳税地点

纳税地点是指缴纳税款的场所。我国现行税制规定的纳税地点大致可分为四类：一是固定业户的纳税地点；二是固定业户到外县（市）经营的纳税地点；三是非固定业户或临时经营户的纳税地点；四是进口货物的纳税地点。

（六）减税免税

减税免税是对某些纳税人或课税对象的鼓励或照顾的一种措施。

1. 免税

免税是指按照税法规定免除全部应纳税款，是对某些纳税人或征税对象给予鼓励、扶持或照顾的特殊规定，是世界各国及各个税种普遍采用的一种税收优惠方式。

免税一般可以分为法定免税、特定免税和临时免税三种。

2. 减税

减税又称税收减征，是按照税收法律、法规减除纳税义务人一部分应纳税款。它是对某些纳税人、征税对象进行扶持、鼓励或照顾，以减轻其税收负担的一种特殊规定。与免税一样，它也是税收的严肃性与灵活性结合制定的政策措施，是普遍采取的税收优惠方式。

减税一般分为法定减税、特定减税和临时减税。

（七）违章处理

违章处理是对纳税人违反税收法规行为所采取的处罚措施。它是税收强制性特征在税制上的具体体现，是维护国家税法严肃性、完成税收任务、严肃财经纪律的保证。税务违章行为包括：

（1）违反税收征收管理法，即纳税人未按规定办理税务登记、纳税申报、建立保存账户、提供纳税资料、拒绝接受税务机关监督检查等行为。

（2）欠税，即纳税人因故超过税务机关核定的纳税期限，未缴或少缴税款的行为。

（3）偷税，即纳税人有意违反税收法规，采取欺骗、隐瞒等手段逃避纳税的行为。

（4）抗税，即纳税人拒绝遵照税收法规履行纳税义务的行为。

（5）骗税，即纳税人利用假报出口等欺骗手段，骗取国家出口退税款的行为。

违章处理的措施包括加收滞纳金、处以罚款、送交人民法院依法处理等。

三、税收分类

税收分类是指根据税制构成的基本要素，将性质相同或相近的税种进行归类和综合。

（一）按征税对象的性质分类

按征税对象的性质分类最能反映现代税制结构，因此也是各国常用的主要税收分类方法。具体内容如表 1-1 所示。

表 1-1　按征税对象的性质分类

分 类 项 目	概　　念
流转税	以商品或劳务的流转额为征税对象征收的一类税。如增值税、消费税、关税等
所得税	以纳税人一定时期的所得额为征税对象征收的一类税。如企业所得税、个人所得税等
财产税	以纳税人所拥有的或控制的财产为征税对象征收的一类税。如房产税、车船税、契税等
资源税	对开发和利用自然资源征收的一类税。如资源税、土地使用税和耕地占用税等
行为税	以纳税人的特定行为作为征税对象的一类税。如城市维护建设税、印花税、车辆购置税等

（二）按计税标准分类

按计税标准分类，可将税收划分为从量税和从价税。具体内容如表 1-2 所示。

表 1-2　按计税标准分类

分 类 项 目	概　　念
从量税	以征税对象的数量（重量、面积、件数）为依据，采用固定税额计征的一类税。从量税实行定额税率，具有计算简便等优点。如我国现行的车船税等
从价税	以征税对象的价值为依据，按一定比例计征的一类税。从价税实行比例税率和累进税率，税收负担比较合理。如我国现行的增值税、关税和各种所得税等

（三）按税收与价格的关系分类

按税收与价格的关系分类，可将税收划分为价内税和价外税。具体内容如表 1-3 所示。

表 1-3　按税收与价格的关系分类

分 类 项 目	概　　念
价内税	税款在应税商品价格内，作为商品价格一个组成部分的一类税。如我国现行的消费税、关税等
价外税	税款不在应税商品价格之内，不作为商品价格一个组成部分的一类税。如我国现行的增值税

（四）按税收的管理和使用权限分类

按税收的管理和使用权限分类，可将税收划分为中央税、地方税、中央与地方共享税。具体内容如表 1-4 所示。

表 1-4　按税收的管理和使用权限分类

分 类 项 目	概　　念
中央税	由中央政府征收和管理使用或由地方政府征收后全部划入中央政府所有并支配使用的一类税。如我国现行的关税和消费税等
地方税	由地方政府征收和管理使用的一类税。如我国现行的城镇土地使用税、契税等
中央与地方共享税	税收的管理权和使用权属中央政府和地方政府共同拥有的一类税。如我国现行的增值税和资源税等

（五）按税收负担能否转嫁分类

按税收负担能否转嫁分类，可将税收划分为直接税和间接税。具体内容如表 1-5 所示。

表 1-5　按税收负担能否转嫁分类

分 类 项 目	概　　念
直接税	纳税人本身承担税负，不发生税负转嫁关系的一类税。如所得税和财产税等
间接税	纳税人本身不是负税人，可将税负转嫁他人的一类税。如流转税和资源税等

四、我国现行税制结构

我国现行税制是一个由多种税组成的复税制体系，这个复税制体系可以使我国税收多环节、多层次地发挥作用。具体税种架构如下。

流转税制：包括增值税、消费税、关税。

所得税制：包括企业所得税、个人所得税。

资源税制：包括资源税、耕地占用税、城镇土地使用税、土地增值税等。

财产税制：包括房产税、契税、车船税等。

行为税制：包括印花税、城市维护建设税、车辆购置税等。

课后练习

无锡红梅药业有限责任公司为科、工、贸一体化的医药企业，拥有员工680人，从事各类药品的研制、生产、销售，主营小容量注射剂、片剂、硬胶囊剂、颗粒剂等的制造、销售；自营和代理各类商品及技术的进出口业务；日用化学品、日用百货销售；普货运输；房屋、机器设备及设施的租赁，年销售收入5 000万元以上。要求：分析说明该药业有限责任公司应缴纳哪些相关的税种？

任务三　税收征收管理

案例导入

张宏毕业后想开一家快餐店，在筹集了资金并到银行开立账户后，要正常经营还要经过什么程序？

【案例解析】张宏办理企业注册登记时只需填写“一张表格”，向“一个窗口”提交“一套材料”。登记部门直接核发加载统一社会信用代码的营业执照，相关信息在全国企业信用信息公示系统公示。

一、税务登记

税务登记是税务机关对纳税人的生产、经营活动进行登记并据此对纳税人实施税务管理的一种法定制度。税务登记又称纳税登记，它是税务机关对纳税人实施税收管理的首要环节和基础工作，是征纳双方法律关系成立的依据和证明，也是纳税人必须依法履行的义务。我国税务登记制度大体包括开业税务登记、变更税务登记和注销税务登记。

（一）开业税务登记

1. 开业税务登记的对象

开业税务登记的对象是领取营业执照从事生产、经营的纳税人。具体包括：

（1）企业，即从事生产经营的单位或组织。

（2）企业在外地设立的分支机构和从事生产、经营的场所。

（3）个体工商户。

（4）从事生产、经营的事业单位。

2. 开业税务登记程序

（1）新的“五证合一”办证模式，采取“一表申请、一窗受理、并联审批、一份证照”的流程。首先，办证人在“企业登记网上注册申报服务系统”上申请注册，审核通过后打印《新设企业五证合一登记申请表》，携带其他纸质资料，前往大厅多证合一窗口办理；窗口工作人员核对信息、资料无误后，将信息导入工商准入系统，生成工商注册号，并在“五证合一”打证平台生成各部门号码，补录相关信息，同时，窗口工作人员将企业材料扫描，与《工商企业注册登记联办流转申请表》传递至质监、国税、地税、社保、统计五部门，由五部门分别完成后台信息录入；最后打印出载有一个证号的营业执照（见图 1-5）。办证模式的创新，大幅度缩短了办证时限，企业只需等待 2 个工作日即可办理以往至少 15 个工作日才能够办结的所有证件，办事效率得到提高。

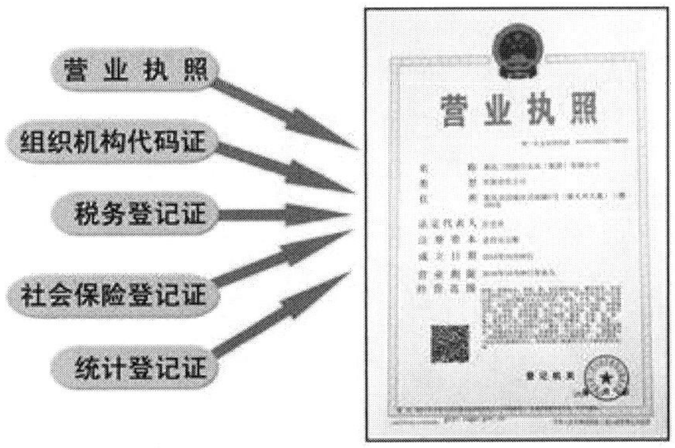

图 1-5　载有一个证号的营业执照

（2）纳税人办理税务登记时应提供以下证件、资料：①新版营业执照登记表；②有关机关、部门批准设立的文件；③有关合同、章程、协议书；④法定代表人和董事会成员名单；⑤法定代表人（负责人）或业主居民身份证、护照或者其他证明身份的合法证件；⑥企业联络员信息表；⑦住所或经营场所证明；⑧公司公章及财务专用章；⑨财务负责人信息表，还应包括需要提供的相应证明、资料，税务机关需要的其他资料、证件。

即学即思

“五证合一”以后，营业执照办理下来后还要去税务局办理税务登记吗？

答案："五证合一"后，营业执照办理下来必须要去税务局登记，否则后续无法报税和开票。

（二）变更税务登记

变更税务登记是纳税人税务登记内容发生重要变化时向税务机关申报办理的税务登记手续。

1. 申请

纳税人工商登记信息发生变更（除生产经营地、财务负责人、核算方式等信息外），向工商部门办理变更登记，工商部门核准后将变更信息即时共享至信息交换平台。纳税人上门（或通过网上税务局）申请后，税务机关根据工商部门传递的变更信息和纳税人填报的变更信息，更新税务系统内纳税人对应信息；对非工商变更信息，如生产经营地、核算方式等信息发生变化时，向税务主管机关申请变更。

重要提示

符合以上条件的纳税人通过网上税务局填写并提交变更税务登记表，主管税务机关受理并审核通过后在线将结果通知书推送给纳税人。

2. 变更税务登记业务前提

（1）纳税人登记状态为正常并持有CA（Certificate Authority）证书。
（2）经办人已经完成实名认证。
（3）纳税人生产经营地址（同一行政区划内）、办税人员、核算方式等信息发生变更。
（4）纳税人在工商部门完成信息变更且工商部门将变更信息共享至信息交换平台。

3. 流程节点

流程节点：网上税务局—我要办事—综合信息填报—身份信息报告—变更税务登记。

即学即思

登录"网上税务局"，单击右侧"我要办事"中的"税务登记"菜单，单击"变更登记"后的"办理"按钮，进入办理页面。请同学们自行上网了解网上操作的相关步骤及方法。

（三）注销税务登记

注销税务登记是指纳税人税务登记内容发生了根本性变化，需终止履行纳税义务时向税务机关申报办理的税务登记手续。

1. 注销税务登记的对象和时间

纳税人发生以下情形的，向主管税务机关申报办理注销税务登记：
（1）因解散、破产、撤销等情形，依法终止纳税义务的。

（2）按规定不需要在工商部门或者其他部门办理注销登记的，但经有关部门批准或者宣告终止的。

（3）被工商部门吊销营业执照或者被其他机关予以撤销登记的。

（4）因住所、经营地点变动，涉及改变税务登记机关的。

（5）外国企业常驻代表机构驻在期届满、提前终止业务活动的。

（6）境外企业在中华人民共和国境内承包建筑、安装、装配、勘探工程和提供劳务，项目完工、离开中国的。

（7）非境内注册居民企业经国家税务总局确认终止居民身份的。

2. 注销税务登记的要求

纳税人在办理注销税务登记之前应向税务机关结清应纳税款、滞纳金、罚款，缴销发票和其他税务证件。

重要提示

纳税人被工商部门吊销营业执照或者被其他部门予以撤销登记的，应当自营业执照被吊销或者被撤销登记之日起15日内，向原税务登记机关申报办理注销税务登记。非境内注册居民企业经国家税务总局确认终止居民身份的，应当自收到主管税务机关书面通知之日起15日内，向主管税务机关申报办理注销税务登记。税务机关办理时限：对于报送资料齐全、符合法定形式、填写内容完整的，受理后20个工作日内办结。

3. 注销税务登记的手续

纳税人发生解散、破产、撤销以及其他情形，依法终止纳税义务的，应当在向工商部门或者其他部门办理注销登记前，持有关证件和资料向原税务登记机关申报办理注销税务登记；按规定不需要在工商部门或者其他部门办理注销登记的，应当自有关部门批准或者宣告终止之日起15日内，持有关证件和资料向原税务登记机关申报办理注销税务登记。

即学即思

请上网查一查注销税务登记、停业及复业登记的网上操作步骤及方法。

二、账簿、凭证管理和发票管理

账簿是纳税人、扣缴义务人连续记录其各种经济业务的账册或簿籍。凭证是纳税人用来记录经济业务，明确经济责任，并据以登记账簿的书面证明。账簿、凭证管理是继税务登记之后税收征管的又一重要环节，在税收征管中占有十分重要的地位。

（一）账簿、凭证管理

1. 对账簿、凭证设置的管理

（1）设置账簿的范围。

根据有关规定，所有的纳税人和扣缴义务人都必须按照有关法律、行政法规和国务院财政、税务主管部门的规定设置账簿。这里所称的账簿是指总分类账、明细分类账、日记账及其他辅助性账簿。总分类账、日记账应当采用订本式。

（2）对会计核算的要求。

根据有关规定，所有纳税人和扣缴义务人都必须根据合法、有效的凭证进行账务处理。纳税人建立的会计电算化系统应当符合国家有关规定，并能正确、完整地核算其收入或者所得。纳税人使用计算机记账的，应当在使用前将会计电算化系统的会计核算软件、使用说明书及有关资料报送主管税务机关备案。

2. 对财务会计制度的管理

（1）备案制度。根据有关规定，凡从事生产、经营的纳税人必须将所采用的财务、会计制度和具体的财务、会计处理办法，按税务机关的规定，自领取营业执照之日起 30 日内，到主管税务机关备案。

（2）财会制度、办法与税收规定相抵触的处理办法。根据有关规定，当从事生产、经营的纳税人、扣缴义务人所使用的财务会计制度和具体的财务、会计处理办法与国务院和财政部、国家税务总局有关税收方面的规定相抵触时，纳税人、扣缴义务人必须按照国务院制定的税收法规的规定或者财政部、国家税务总局制定的有关税收的规定计缴税款。

3. 对账簿、凭证的保管

会计档案的保管期限分为永久、定期两类。定期保管期限一般分为 10 年和 30 年。会计凭证、会计账簿应当保存 30 年，纳税申报表等涉税资料应保存 10 年。

（二）发票管理

根据相关规定：“税务机关是发票的主管机关，负责发票的印制、领购、开具、取得、保管、缴销的管理和监督。”

1. 发票的印制和类型

增值税专用发票由国务院税务主管部门指定的企业印制；其他发票，按照国务院税务主管部门的规定，分别由省、自治区、直辖市国家税务局、地方税务局指定企业印制。未经规定的税务机关指定，不得印制发票。

发票的类型主要是增值税专用发票和增值税普通发票，还有特定范围继续使用的发票。

（1）增值税专用发票，包括增值税专用发票和机动车销售统一发票。

（2）增值税普通发票，包括增值税普通发票（折叠票）、增值税电子普通发票和增值税普通发票（卷票）。

（3）其他发票，包括农产品收购发票、农产品销售发票、门票、过路（过桥）费发票、定额发票、客运发票和二手车销售统一发票。

2. 发票的适用范围

（1）增值税一般纳税人销售货物、提供加工、修理修配劳务和发生应税行为，使用增值税发票管理新系统（简称新系统）开具增值税专用发票、增值税普通发票、机动车销售统一发票、增值税电子普通发票。自2018年4月1日起，二手车交易市场、二手车经销企业、经纪机构和拍卖企业应当通过新系统开具二手车销售统一发票。

重要提示

单位和个人可以登录全国增值税发票查验平台，对新系统开具的发票信息进行查验。

（2）增值税小规模纳税人销售货物、提供加工、修理修配劳务月销售额超过3万元（按季纳税9万元），或者销售服务、无形资产月销售额超过3万元（按季纳税9万元），使用新系统开具增值税普通发票、机动车销售统一发票、增值税电子普通发票。

（3）增值税普通发票（卷票）由纳税人自愿选择使用，重点在服务业纳税人中推广；纳税人可依法书面向税务机关要求使用印有本单位名称的增值税普通发票（卷票）。

重要提示

门票、过路（过桥）费发票、定额发票、客运发票和二手车销售统一发票继续使用。税务机关使用新系统代开增值税专用发票和增值税普通发票。代开增值税专用发票使用六联票，代开增值税普通发票使用五联票。

3. 发票的开具、使用、取得

（1）销售商品、提供服务以及从事其他经营活动的单位和个人，对外发生经营业务收取款项，收款方应当向付款方开具发票。但下列情况，由付款方向收款方开具发票：

① 收购单位和扣缴义务人支付个人款项时；

② 国家税务总局认为其他需要由付款方向收款方收具发票的。

（2）不得有下列虚开发票的行为：

① 为他人、为自己开具与实际经营业务情况不符的发票；

② 让他人为自己开具与实际经营业务情况不符的发票；

③ 介绍他人开具与实际经营业务情况不符的发票。

（3）取得发票时，不得要求变更品名和金额。自2017年7月1日起，购买方为企业的，索取增值税普通发票时，应向销售方提供纳税人识别号或统一社会信用代码；销售方为其开具增值税普通发票时，应在“购买方纳税人识别号”栏填写购买方的纳税人识别号或统一社会信用代码。不符合规定的发票，不得作为税收凭证。

（4）任何单位和个人应当按照发票管理规定使用发票，不得有下列行为：

① 转借、转让、介绍他人转让发票、发票监制章和发票防伪专用品；

② 知道或者应当知道是私自印制、伪造、变造、非法取得或者废止的发票而受让、开

具、存放、携带、邮寄、运输；

③ 拆本使用发票；

④ 扩大发票使用范围；

⑤ 以其他凭证代替发票使用。

4. 发票的保管

开具发票的单位和个人应当建立发票使用登记制度，设置发票登记簿，并定期向主管税务机关报告发票使用情况。已经开具的发票存根联和发票登记簿，应当保存5年。保存期满，报经税务机关查验后销毁。

5. 发票的检查

税务人员进行检查时，应当出具税务检查证。税务机关在发票管理中有权进行下列检查：

（1）检查印刷、领购、开具、取得、保管和缴销发票的情况；

（2）调出发票查验；

（3）查阅、复制与发票无关的凭证、资料；

（4）向当事各方询问与发票有关的问题和情况；

（5）在查处发票案件时，对与案件有关的情况和资料，可以记录、录音、录像、照相和复制。

三、纳税申报

纳税申报是纳税人按照税法规定的期限和内容，向税务机关提交有关纳税事项书面报告的法律行为，是纳税人履行纳税义务、界定纳税人法律责任的主要依据，是税务机关税收管理信息的主要来源和税务管理的重要制度。

1. 纳税申报对象

纳税申报对象为纳税人和扣缴义务人。

重要提示

① 纳税人在纳税期内没有应纳税款的，也应当按照规定办理纳税申报。② 纳税人享受减税、免税待遇的，在减税、免税期间应当按照规定办理纳税申报。

2. 纳税申报内容

纳税人和扣缴义务人的纳税申报和代扣代缴、代收代缴税款报告的主要内容包括税种、税目，应纳税项目或者应代扣代缴、代收代缴税款项目，计税依据，扣除项目及标准，适用税率或者单位税额，应退税项目及税额、应减免税项目及税额，应纳税额或者应代扣代缴、代收代缴税额，税款所属期限、延期缴纳税款、欠税、滞纳金等。

即学即思

请同学们到自己所在地的办税服务大厅进行调研，了解纳税申报工作。

3. 纳税申报期限

纳税申报期限有两种。

一种是法律、行政法规明确规定的：① 例如，增值税一般纳税人以一个月为一期纳税的，于期满后 15 日内申报；② 企业所得税的纳税人应当在月份或者季度终了后 15 日内办理预缴所得税申报，年度终了后 5 个月内办理所得税汇算清缴申报等。

另一种是税务机关按照法律、行政法规的规定，结合纳税人生产经营的实际情况及其所应缴纳的税种等相关问题予以确定的。

四、税款征收

税款缴纳是指纳税人、扣缴义务人依照国家法律、行政法规的规定将应缴的税款依法通过不同方式缴纳入库的过程。纳税人、扣缴义务人应按税法规定的期限及时足额缴纳应纳税款，以完全彻底地履行应尽的纳税义务。税款征收是税收征收管理工作的中心环节，是全部税收征管工作的目的和归宿。

（一）税款征收的方式

税款征收的方式是指税务机关根据各税种的不同特点和纳税人的具体情况而确定的计算、征收税款的形式和方法。税款征收方式主要有以下几种。

1. 查账征收

查账征收指税务机关按照纳税人提供的账表所反映的经营情况，依照适用税率计算缴纳税款的一种征收方式。这种征收方式较为规范，符合税收法定的基本原则，适用于账簿、凭证、会计等核算制度比较健全，能够据以如实核算生产经营情况，正确计算应纳税款和如实履行纳税义务的纳税人。

2. 查定征收

查定征收指税务机关根据纳税人的从业人员、生产设备、原材料消耗等因素，在正常生产经营条件下，对其生产的应税产品，查实核定产量、销售额并据以征收税款的一种征收方式。这种征收方式适用于生产规模较小、账册不健全、产品零星、税源分散、会计账册不健全，但能控制原材料或进销货的小型厂矿和作坊。

3. 查验征收

查验征收指税务机关对纳税人的应税商品、产品，通过查验数量，按市场一般销售单价计算其销售收入并据以计算其应缴纳税款的一种征收方式。这种征收方式适用于纳税人财务制度不健全、生产经营不固定、零星分散、流动性大的税额。

4．定期定额征收

定期定额征收指税务机关对小型个体工商户在一定经营地点、一定经营时期、一定经营范围内的应纳税经营额（包括经营数量）或所得额进行核定，并以此为计税依据，确定其应缴纳税额的一种征收方式。

（二）税款缴纳的时间

缴纳时间是税法规定纳税人向国家缴纳税款的时间限期。缴纳时间是根据纳税人的生产经营规模和各个税种的不同特点确定的，包括纳税计算期和税款缴库期。

1．纳税计算期有两种计算方法

（1）按次计算，是以纳税人从事生产经营活动的次数为纳税计算期，一般适用于行为目的税、财产税及对临时经营者课税。

（2）按期计算，是以纳税人发生纳税义务的一定时间期限作为纳税计算期，一般适用于流转税和所得税。

2．税款缴库期

税款缴库期指纳税计算期满后，纳税人缴纳税款的法定期限。纳税人未按规定限期缴纳税款的，税务机关除责令限期缴纳外，从滞纳税款之日起，按日加收滞纳税款0.5‰的滞纳金。

（三）税款缴纳原则

税款缴纳采取多退少补的原则，即多缴税款退还，少缴税款追征。

1．多缴税款的退还

（1）纳税人超过应纳税额缴纳的税款，税务机关发现后应当立即退还。

（2）纳税人自结算缴纳税款之日起 3 年内发现的，可以向税务机关要求退还，税务机关查实后应当立即退还。

2．少缴税款的追征

（1）因税务机关的责任，致使纳税人、扣缴义务人未缴或者少缴税款的，税务机关在 3 年内可以要求纳税人、扣缴义务人补缴税款，但是不得加收滞纳金。

（2）因纳税人、扣缴义务人计算错误等失误，未缴或者少缴税款的，税务机关在 3 年内可以追征；数额在 10 万元以上的，有特殊情况的，追征期可以延长到 5 年。在追征税款的同时，加收滞纳金。

即学即思

根据税收征收管理法律制度的规定，因纳税人计算错误少缴税款，累计数额不足 10 万元的，税务机关在一定期限内可追征税款和滞纳金，该一定期限是（　　）。

A．1 年　　B．3 年　　C．7 年　　D．10 年

答案：B

（四）税款延期申报

纳税人因有特殊困难，不能按期缴纳税款的，经省、自治区、直辖市国家税务局、地方税务局批准，可以延期缴纳税款，但是最长不得超过 3 个月。

具体特殊困难是指以下 4 种情况：

（1）水、火、风、雷、海啸、地震等人力不可抗拒的自然灾害，应提供灾情报告。

（2）可供纳税的现金、支票及其他财产等遭遇偷盗、抢劫等意外事故，应提供有关公安机关出具的事故证明。

（3）国家调整经济政策的直接影响，应提供有关政策调整的依据。

（4）短期货款拖欠，应提供货款拖欠情况证明和货款拖欠方不能按期付款的证明材料。

（五）税收保全措施和强制执行措施

1. 税收保全措施

税收保全措施，是指为确保国家税款不受侵犯而由税务机关采取的行政保护手段。税收保全措施通常是在纳税人法定的缴款期限之前税务机关所做出的行政行为。实际上就是税款征收的保全，以保护国家税款及时足额入库。

根据《中华人民共和国税收征收管理法》的规定，税务机关有根据认为从事生产、经营的纳税人有逃避纳税义务行为的，可以在规定的纳税期之前，责令限期缴纳应纳税款；在限期内发现纳税人有明显的转移、隐匿其应纳税的商品、货物以及其他财产或者应纳税收入迹象的，税务机关可以责成纳税人提供纳税担保。

如果纳税人不能提供纳税担保，经县以上税务局（分局）局长批准，税务机关可以采取下列税收保全措施：

（1）书面通知纳税人开户银行或者其他金融机构冻结纳税人的金额相当于应纳税款的存款；

（2）扣押、查封纳税人的价值相当于应纳税款的商品、货物或者其他财产。

个人及其所抚养家属维持生活必需的住房和用品，不在税收保全措施的范围之内。

2. 强制执行措施

税收强制执行措施，是指税务机关在采取一般税收管理措施无效的情况下，为了维护税法的严肃性和国家征税的权利所采取的税收强制手段。这不仅是税收的无偿性和固定性的内在要求，也是税收强制性的具体表现。当今各国都在税收法律或行政法规中赋予了税务机关必要的税收强制执行权，以确保国家征税的有效行使。

根据《中华人民共和国税收征收管理法》的规定，从事生产、经营的纳税人、扣缴义务人未按照规定的期限缴纳或者解缴税款，纳税担保人未按照规定的期限缴纳所担保的税款，由税务机关责令限期缴纳，逾期仍未缴纳的，经县以上税务局（分局）局长批准，税务机关可以采取下列强制执行措施：

（1）书面通知其开户银行或者其他金融机构从其存款中扣缴税款。

（2）扣押、查封、依法拍卖或者变卖其价值相当于应纳税款的商品、货物或者其他财产，以拍卖或者变卖所得抵缴税款。

税务机关采取强制执行措施时，对前款所列纳税人、扣缴义务人、纳税担保人未缴纳的滞纳金同时强制执行。

个人及其所抚养家属维持生活必需的住房和用品，不在强制执行措施的范围之内。

即学即思

根据《中华人民共和国税收征收管理法》的规定，经县级以上税务局（分局）局长批准，税务机关可以对符合税法规定情形的纳税人采取税收保全措施。下列各项中，不属于税收保全措施的有（　　）。

A. 书面通知纳税人开户银行，从其存款中扣缴应纳税款

B. 责令纳税人暂时停业、限期缴纳税款

C. 书面通知纳税人开户银行或者其他金融机构冻结纳税人的金额相当于应纳税款的存款

D. 扣押、查封纳税人的价值相当于应纳税款的商品、货物或者其他资产

答案：税务机关可以采取的税收保全措施包括：书面通知纳税人开户银行或者其他金融机构冻结纳税人的金额相当于应纳税款的存款；扣押、查封纳税人的价值相当于应纳税款的商品、货物或者其他资产。正确答案为 A、B。

3. 阻止出境

根据《中华人民共和国税收征收管理法》的规定，欠缴税款的纳税人或者其法定代表人需要出境的，应当在出境前向税务机关结清应纳税款、滞纳金，或者提供纳税担保。未结清税款、滞纳金，又不提供担保的，税务机关可以通知出境管理机关阻止其出境。

4. 税款优先执行

《中华人民共和国税收征收管理法》规定了税收优先权，主要内容有以下几个方面：

（1）税务机关征收税款，税收优先于无担保债权，法律另有规定的除外。

（2）纳税人欠缴的税款发生在纳税人以其财产设定抵押、质押或者纳税人的财产被留置之前的，税收应当先于抵押权、质权、留置权执行。

（3）税收优先于罚款、没收违法所得，即纳税人欠缴税款，同时又被行政机关处以罚款、没收违法所得的，税收优先于罚款、没收违法所得。

即学即思

下列各项中，属于税款征收措施的有（　　）。

A. 加收滞纳金　　B. 核定应纳税款额　　C. 查账征收　　D. 税收保全措施

答案：查账征收属于税款征收方式，故正确答案为 A、B、D。

课后练习

1. 简单叙述开业税务登记的具体程序。
2. 谈谈税款征收的具体方式。

能 力 训 练

一、单项选择题

1．税收分配的主要目的是（　　）。

A．满足企业的发展　　B．满足社会的公共需要
C．调节经济结构　　D．满足人民生活的需要

2．下列选项中，决定不同税种在性质上区别的是（　　）。

A．税率　　B．征税对象　　C．纳税人　　D．纳税环节

3．税收法律关系是指国家与纳税人之间在税收分配过程中形成的（　　）。

A．财产关系　　B．所有权关系　　C．行政关系　　D．权利义务关系

4．纳税人能将税负转嫁给他人负担的税种称为（　　）。

A．直接税　　B．间接税　　C．从价税　　D．从量税

5．随着征税对象数额的增大而提高的税率称为（　　）。

A．比例税率　　B．定额税率　　C．累进税率　　D．累退税率

6．根据税负是否可转嫁，我国现行税收可分为（　　）。

A．从价税、从量税
B．直接税、间接税
C．中央税、地方税、中央和地方共享税
D．流转税、所得税、资源税、财产行为税

7．按税法的效力不同，税法分为（　　）。

A．税收法律、税收法规、税收规章　　B．税收通则法和税收单行法
C．国内税法与国际税法　　D．税收实体法和税收程序法

8．国家征税要有利于资源的有效配置和经济机制的有效运行，这是税收（　　）原则的要求。

A．公平　　B．效率　　C．适度　　D．法治

9．对流转额征税，一般采用（　　）税率。

A．比例　　B．累进　　C．累退　　D．定额

10．反映征税深度的税制要素是（　　）。

A．纳税人　　B．课税对象
C．税率　　D．税目

11．下列各项关于纳税申报管理的表述中，正确的是（　　）。

A．扣缴人不得采取邮寄申报的方式

B．纳税人在纳税期内没有应纳税款的，不必办理纳税申报

C．实行定期定额缴纳税款的纳税人可以实行简易申报、简并征期等申报纳税方式

D．主管税务机关据纳税人实际情况及其所纳税种确定的纳税申报期限不具有法律效力

12．下列关于税收强制执行措施的表述中，正确的是（　　）。

A．税收强制执行措施不适用于扣缴义务人

B．作为家庭唯一代步工具的轿车不在税收强制执行的范围之内

C．税务机关采取强制执行措施时，可对纳税人未缴纳的滞纳金同时强制执行

D．税务机关可对未按期缴纳工薪收入个人所得税的个人实施税收强制执行措施

13．下列关于税款追征的表述中，正确的是（　　）。

A．因税务机关责任，致使纳税人少缴税款的，税务机关在 3 年内可要求纳税人补缴税款，但不加收滞纳金

B．因税务机关责任，致使纳税人少缴税款的，税务机关在 3 年内可要求纳税人补缴税款并按银行同期利率加收滞纳金

C．对于纳税人偷税、抗税和骗取税款的，税务机关在 20 年内可以追征税款、滞纳金；有特殊情况的，追征期可延长到 30 年

D．因纳税人计算等失误，未缴或者少缴税款的，税务机关在 3 年内可以追征税款、滞纳金；有特殊情况的，追征期可延长到 10 年

14．国务院办公厅于 2016 年 6 月 30 日发布了《关于加快推进“五证合一、一照一码”登记制度改革的通知》，从（　　）起正式实施“五证合一、一照一码”登记制度。

A．2016 年 10 月 1 日　　B．2017 年 1 月 1 日

C．2017 年 6 月 30 日　　D．2018 年 1 月 1 日

15．纳税人被工商行政机关吊销营业执照的，应当自营业执照被吊销起（　　）日内，向原税务登记机关申报办理注销税务登记。

A．10　　B．15　　C．30　　D．20

16．根据税收法律制度的规定，对于生产经营规模较小、会计账册不健全的单位，但能控制进货销货的纳税人，适用的税款征收方式是（　　）。

A．查账征收　　B．查定征收

C．查验征收　　D．定期定额征收

17．根据税收征收管理法律制度的规定，纳税人未按照规定期限缴纳税款的，税务机关可责令限期缴纳，并从滞纳之日起，（　　）加收滞纳金。

A．按日 0.5‰　　B．按日 5‰

C．按日 0.3‰　　D．按日 3‰

18．根据税收征收管理法律制度的规定，下列各项中，属于税收保全措施的是（　　）。

A．保证　　B．扣押　　C．质押　　D．抵押

二、多项选择题

1．下列关于比例税率的表述，正确的是（　　）。

A．不论征税对象的数额大小，只规定一个比例的税率

B．采用比例税率，可以达到调节收入的目的

C．不同产品可以使用不同的税率

D．不同地区可以使用不同的税率

2．税制基本三要素是（　　）。

A．纳税环节　　B．纳税人　　C．征税对象　　D．税率

3．我国税收原则包括（　　）。

A．适度原则　　B．简便原则　　C．效率原则　　D．公平原则

4．税法作为法律规范，除了具有法律的共同特征之外，还具有的特点是（　　）。

A．税法是调整税收分配关系的法

B．税法是以确认征税权利和纳税义务为主要内容的法

C．税法是权利、义务不对等的法

D．税收分配关系是建立在协商自愿、等价有偿原则基础上的

5．下列选项中，属于财产税的是（　　）。

A．增值税　　B．房产税　　C．车船税　　D．印花税

6．我国现行流转税包括的税种有（　　）。

A．增值税　　B．契税　　C．消费税　　D．关税

7．下列各项中，表述正确的是（　　）。

A．税目是区分不同税种的主要标志

B．税率是衡量税负轻重的重要标志

C．纳税人就是履行纳税义务的法人

D．免征额是指在课税对象全部数额中免予征税的数额

8．税收三性包括（　　）。

A．强制性　　B．固定性　　C．无偿性　　D．归还性

9．税收法律关系的特点有（　　）。

A．主体的一方只能是法人　　B．体现当事人双方的意志

C．权利、义务具有不对等性　　D．主体的一方只能是国家

10．税率的形式有（　　）。

A．定额税率　　B．比例税率　　C．累进税率　　D．累退税率

11．税务登记的内容包括（　　）。

A．开业登记　　B．变更登记　　C．注销登记　　D．复业处理

12．下列有关注销税务登记使用范围及时间要求的说法，正确的是（　　）。

A．企业因经营期届满而解散

B．企业由于改组、分立、合并等原因而被撤销

C．企业因资不抵债而破产或终止经营

D．纳税人被工商行政管理机关吊销营业执照的，应当自营业执照被吊销之日起15 日内，向原税务登记机关申报办理注销税务登记

13．新办税务登记的对象有（　　）。

A．领取工商营业执照的从事生产、经营的纳税人

B．依法不需要领取营业执照的从事生产、经营的纳税人

C．纳税人因住所、生产经营地点跨县（市）区变动但不涉及税务登记机关的

D．非从事生产经营活动，但依照法律、行政法规规定负有纳税义务的行政事业单位、社会团体、民办非企业单位和个人

14．根据企业登记制度改革相关规定，下列执照和证件中，属于“五证合一，一照一码”登记制度改革范围的有（　　）。

A．安全生产许可证　　B．组织机构代码证

C．税务登记证　　D．工商营业执照

15．纳税人办理纳税申报时，在填写纳税申报表的同时，应根据不同情况报送下列有关证件和资料中的（　　）。

A．财务会计报表及其说明资料

B．与纳税有关的合同、协议书

C．外出经营活动税收管理证明

D．税务机关规定应当报送的其他有关证件、资料

16．税款的退还和追征制度是税款征收制度的重要组成部分，下列表述正确的有（　　）。

A．在退还税款过程中，若纳税人有欠税的，可抵顶欠税

B．在退还税款过程中，若纳税人没有欠税，必须直接退库

C．因税务机关的责任，纳税人少缴税款，税务机关在 3 年内追征税款和滞纳金

D．因纳税人计算错误，造成少缴税款，税务机关在规定时限内追征税款和滞纳金

E．对于偷税行为，税务机关有权无限期地追征相应税款

17．关于税收优先权的下列表述中，正确的有（　　）。

A．除法律另有规定外，税收优先于无担保债权

B．纳税人有欠缴税款情形而又以其财产设定抵押的，税收优先于抵押权

C．纳税人以其财产设定质押后又发生欠缴税款的，税收优先于质权

D．纳税人欠缴税款，同时又被处以行政性罚款，税款优先于罚款

18．下列属于税款征收应遵循原则的有（　　）。

A．征收唯一主体　　B．依法征税

C．按法定权限和程序执法　　D．按规定入库

19．根据税收征收法律制度的规定，下列各项中，可以不办理税务登记的有（　　）。

A．国家机关　　B．企业在外地设立的分支机构

C．流动性农村小商贩　　D．有个人所得税纳税义务的自然人

20．根据税收征收法律制度的规定，下列情形中，税务机关有权责令纳税人提供纳税担保的有（　　）。

A．税务机关有根据认为从事生产经营的纳税人有逃避纳税义务行为的

B．欠缴税款、滞纳金的纳税人或者其法定代表人需要出境的

C．纳税人同税务机关在纳税上发生争议而未缴清税款需要申请行政复议的

D．未按照规定的期限办理纳税申报，经税务机关责令限期申报，逾期仍不申报的

三、判断题（正确的打“√”，错误的打“×”）

（　　）1．税收是政府为满足社会公共需要，凭借财产权利向社会成员强制、无偿征收，以取得财政收入的一种收入形式。

（　　）2．一种财政收入形式是否为税收取决于它的名称。

（　　）3．税务机关是税收法律关系的主体，纳税人是税收法律关系的客体。

（　　）4．我国的流转税是属于多环节课征的税。

（　　）5．我国个人所得税的课税对象和计税依据是不一致的。

（　　）6．为满足社会公共需要，税收征收率越高越好。

（　　）7．企业所得税的纳税人是指有所得的企业，其负税人也是缴纳该税的企业。

（　　）8．判断一种财政收入形式是否为税收，主要看该收入形式是否同时具有强制性、无偿性、固定性。

（　　）9．纳税人是一种税区别于另一种税的主要标志，也是税收制度的基本要素之一。

（　　）10．税收法律关系中权利主体双方的权利、义务关系是不对等的。

（　　）11．不从事生产经营的单位和个人，不办理税务登记。

（　　）12．销售商品、提供服务以及从事其他经营活动的单位和个人，对外发生经营业务收取款项，应当由付款方向收款方开具发票。

（　　）13．已开具的发票，税务机关有权调出查验；空白发票，税务机关无权调出查验。

（　　）14．纳税人在纳税期内没有应纳税款的，也应当按照规定办理纳税申报。

（　　）15．纳税人享受减税、免税待遇的，在减税、免税期间不用办理纳税申报。

四、简答题

1．试述税收、税收制度、税法、税收法律关系的概念。

2．按不同的标准分类，税收可分为哪几类？

3．试述税收制度的构成要素。

4．简述我国税收四原则。

5．什么是纳税人、负税人和扣缴义务人？

五、综合实务题

资料：无锡东方经贸有限公司主营生产加工、批发、零售休闲食品，注册号为320202

××××，发证机关为无锡市工商行政管理局，成立日期是 2013 年 12 月 20 日，住所为无锡新区东山路 88 号，法定代表人是张富贵，注册资金为人民币 200 万元，经营期限是长期，开户银行是中国银行无锡新区支行，账号为 6223465812××××，从业人数为 15 人，财务负责人是张燕，办税人员是王平，电话为 83425768，投资者及投资金额分别为张富贵（身份证号 3202831966082×××××）120 万元，李欣（身份证号 3202831975090×××××）60 万元，刘平阳（身份证号 3202831982100×××××）20 万元。要求：根据以上资料填写如表 1-6 所示的“多证合一”登记信息确认表。

表 1-6 “多证合一”登记信息确认表

尊敬的纳税人：

以下是您在工商机关办理注册登记时提供的信息。为保障您的合法权益，请您仔细阅读，对其中不全的信息进行补充，对不准的信息进行更正，对需要更新的信息进行补正，以便为您提供相关服务。

<table>
<tr><td colspan="8">一、以下信息非常重要，请您务必仔细阅读并予以确认</td></tr>
<tr><td>纳税人名称</td><td colspan="3"></td><td colspan="2">统一社会信用代码</td><td colspan="2"></td></tr>
<tr><td>登记注册类型</td><td colspan="2"></td><td>批准设立机关</td><td colspan="2"></td><td>开业（设立）日期</td><td></td></tr>
<tr><td>生产经营期限起</td><td></td><td>生产经营期限止</td><td></td><td>注册地址邮政编码</td><td></td><td>注册地址联系电话</td><td></td></tr>
<tr><td>注册地址</td><td colspan="7"></td></tr>
<tr><td>生产经营地址</td><td colspan="7"></td></tr>
<tr><td>经营范围</td><td colspan="7">（可根据内容调整表格大小）</td></tr>
<tr><td>注册资本</td><td>币种</td><td colspan="2"></td><td colspan="2">金额</td><td colspan="2"></td></tr>
<tr><td>投资方名称</td><td>证件类型</td><td colspan="3">证件号码</td><td colspan="2">投资比例</td><td>国籍或地址</td></tr>
<tr><td></td><td></td><td colspan="3">□□□□□□□□□□□□□□□□□□□□</td><td colspan="2"></td><td></td></tr>
<tr><td></td><td></td><td colspan="3">□□□□□□□□□□□□□□□□□□□□</td><td colspan="2"></td><td></td></tr>
<tr><td>……</td><td>……</td><td colspan="3">……</td><td colspan="2">……</td><td>……</td></tr>
<tr><td>联系人
项目</td><td>姓名</td><td>证件类型</td><td colspan="3">证件号码</td><td>固定电话</td><td>移动电话</td></tr>
<tr><td>法定代表人</td><td></td><td></td><td colspan="3">□□□□□□□□□□□□□□□□□□□□</td><td></td><td></td></tr>
<tr><td>财务负责人</td><td></td><td></td><td colspan="3">□□□□□□□□□□□□□□□□□□□□</td><td></td><td></td></tr>
<tr><td colspan="8">二、以下信息比较重要，请您根据您的实际情况予以确认</td></tr>
<tr><td colspan="2">法定代表人电子邮箱</td><td colspan="2"></td><td colspan="2">财务负责人电子邮箱</td><td colspan="2"></td></tr>
<tr><td colspan="2">投资总额</td><td>币种</td><td></td><td colspan="2">金额</td><td colspan="2"></td></tr>
<tr><td colspan="8">若您是总机构，请您确认</td></tr>
<tr><td colspan="2">分支机构名称</td><td colspan="2"></td><td colspan="2">分支机构统一社会信用代码</td><td colspan="2"></td></tr>
<tr><td colspan="2">分支机构名称</td><td colspan="2"></td><td colspan="2">分支机构统一社会信用代码</td><td colspan="2"></td></tr>
<tr><td colspan="2">分支机构名称</td><td colspan="2"></td><td colspan="2">分支机构统一社会信用代码</td><td colspan="2"></td></tr>
<tr><td colspan="2">……</td><td colspan="2"></td><td colspan="2">……</td><td colspan="2"></td></tr>
<tr><td colspan="8">若您是分支机构，请您确认</td></tr>
<tr><td colspan="2">总机构名称</td><td colspan="2"></td><td colspan="2">总机构统一社会信用代码</td><td colspan="2"></td></tr>
<tr><td colspan="8">经办人：　　　　纳税人（签章）
年　　月　　日</td></tr>
</table>

项目二

增值税涉税实务

学习目标

知识目标：了解增值税的概念和特点；熟悉增值税的征税范围，一般纳税人和小规模纳税人的认定及税率，纳税义务发生时间、纳税地点和纳税期限等问题；掌握增值税应纳税额的计算方法、增值税的会计处理；熟悉纳税申报表的填列。

技能目标：增值税的有关会计处理，增值税纳税申报工作。

素质目标：培养学生管好增值税专用发票的意识，重视对会计账册、存货、资金等各方面的监督管理，树立会计处理必须与增值税规定密切统一的观念。

重难点：我国增值税征管的一些基本规定，增值税应纳税额的计算方法及纳税申报流程。

案例导入

2011年，经国务院批准，财政部、国家税务总局联合下发《营业税改征增值税试点方案》。从2012年1月1日起，在上海交通运输业和部分现代服务业开展营业税改征增值税试点。自2012年8月1日起至年底，国务院扩大"营改增"试点至10个省市。自2014年1月1日起，将铁路运输和邮政服务业纳入营业税改征增值税试点范围，2014年6月1日起，将电信业纳入营业税改征增值税试点范围。自2016年5月1日起，中国全面实施"营改增"，营业税退出历史舞台，增值税制度更加规范。这是自1994年分税制改革以来，财税体制的又一次深刻变革。

增值税是我国最主要的税种之一，税收收入中75%为中央财政收入，是最大的一个税种。现行的增值税制度是以1993年12月13日国务院颁布的《中华人民共和国增值税暂行条例》为基础，2008年进行修订，自2009年1月1日起施行的《增值税暂行条例》。

任务一　增值税概述

一、增值税的概念

增值税是对在我国境内销售货物、服务、无形资产、不动产或者提供加工、修理修配劳务以及进口货物的单位和个人，就其销售或提供劳务的增值额和货物进口金额为征税对象所课征的一种流转税。

增值额是指企业或者其他经营者从事生产经营或者提供劳务，在购入的商品或者取得劳务的价值基础上新增加的价值额。

二、增值税的特点

（1）保持税收中性。根据增值税的计税原理，流转额中的非增值因素在计税时被扣除。因此，对同一商品而言，无论流转环节的多与少，只要增值额相同，税负就相等，不会影响商品的生产结构、组织结构和产品结构。

（2）普遍征收。从增值税的征税范围看，对从事商品生产经营和劳务提供的所有单位和个人，在商品增值的各个生产流通环节向纳税人普遍征收。

（3）税收负担由商品最终消费者承担。虽然增值税是向企业征收，但企业在销售商品时又通过价格将税收负担转嫁给下一生产流通环节，最后由最终消费者承担。

（4）实行税款抵扣制度。在计算企业应纳税款时，要扣除商品在以前生产环节已负担的税款，以避免重复征税。从世界各国来看，一般都是凭购货发票进行抵扣。

（5）实行比例税率。增值税普遍实行比例税制，以贯彻征收简便易行的原则。

（6）实行价外税制度。在计税时，作为计税依据的销售额中不包含增值税税额，这样有利于形成均衡的生产价格，并有利于税负转嫁的实现。这是增值税与传统的以全部流转额为计税依据的一个重要区别。

重要提示

价外税只是商业对商业关于标价的规定。当交易是商业对顾客时，标价必须含税；当交易是商业对商业时，标价不必含税。

三、增值税的纳税人

（一）纳税人的基本规定

增值税的纳税人是指在中华人民共和国境内销售货物、服务、无形资产、不动产或者提供加工、修理修配劳务及进口货物的单位和个人。

（1）单位指的是企业、行政单位、事业单位、军事单位、社会团体及其他单位。

（2）个人包括个体工商户及其他个人。

（二）纳税人的具体规定

（1）承租人和承包人。企业租赁或承包给其他单位或个人经营的，以承租人或承包人为纳税人。

（2）扣缴义务人。境外的单位或个人在境内提供应税劳务而在境内未设有经营机构的，其应纳税款以代理人为义务人；没有代理人的，以购买者为扣缴义务人。

（3）进口货物的收货人或办理报关手续的单位和个人，为进口货物增值税的纳税义务人。

（4）代理进口货物，以海关开具的完税凭证上的纳税人为增值税纳税人。

知识链接

负税人与纳税人

负税人与纳税人是两个既相互联系又相互区别的概念。（1）纳税人是指直接负有纳税义务的单位和个人，而负税人是最终负担税款的单位和个人。（2）纳税人不一定是税款的实际承担者，即纳税人不一定就是负税人。当纳税人所缴的税款由自己负担时，纳税人与负税人是一致的。当纳税人通过一定的途径将税款转嫁给他人负担时，纳税人就不是负税人。

（三）增值税纳税人的划分

根据纳税人的经营规模及会计核算的健全程度不同，增值税的纳税人可以分为小规模纳税人和一般纳税人。

1. 小规模纳税人的认定与管理

小规模纳税人是年应纳增值税销售额（以下简称年应税销售额）在 500 万元及以下，并且会计核算不健全，不能按规定报送有关税务资料的增值税纳税人。

小规模生产企业会计核算健全，能提供准确的税务资料的，可以向主管税务机关申请认定为增值税一般纳税人。

年应税销售额超过小规模纳税人标准的其他个人、非企业性单位、不经常发生应税行为的企业可选择按小规模纳税人纳税。

重要提示

小规模纳税人实行简易办法征收增值税，其进项税不允许抵扣，一般不使用增值税专用发票。住宿业、建筑业和鉴证咨询业等行业小规模纳税人试点自行开具增值税专用发票（销售其取得的不动产除外），税务机关不再代开。

2. 一般纳税人的认定与管理

一般纳税人是年应税销售额超过财政部规定的小规模纳税人标准的企业和企业性单位。

（1）下列纳税人可认定为一般纳税人：

① 凡年应税销售额超过小规模纳税人标准的企业和企业性单位，均为一般纳税人。② 非企业性单位如果经常发生增值税应税行为，并且符合一般纳税人条件的，也可以认定为一般纳税人。

（2）一般纳税人的认定办法。

增值税一般纳税人须向税务机关办理认定手续，以取得法定资格。符合增值税一般纳税人条件的企业，应在向税务机关办理开业税务登记的同时，申请办理一般纳税人认定手续。企业总、分支机构不在同一县市的，应分别向其机构所在地主管税务机关申请办理一般纳税人认定登记手续。

四、增值税的征收范围

（一）征税范围的一般规定

1. 销售货物

销售货物是指在通常情况下，在中国境内有偿转让货物的所有权。

（1）境内有偿转让货物的所有权。境内是指销售货物的起运地或者所在地在境内；有偿是指从购买方取得货币、货物或者其他经济利益。

（2）货物是指除土地、房屋和其他建筑物等不动产之外的有形动产，包括电力、热力、气体在内。

2. 提供应税劳务

（1）加工是指受托加工货物，即委托方提供原料及主要材料，受托方按照委托方的要求，制造货物并收取加工费的业务。

（2）修理修配是指受托方对损伤和丧失功能的货物进行修复，使其恢复原状和功能的业务。单位或者个体工商户聘用的员工为本单位或者雇主提供加工、修理修配劳务，不包括在内。

3. 进口货物

进口货物是指进入中国境内的货物。对于进口货物，除依法征收关税外，还应在进口环节征收增值税。

4. 销售服务

销售服务，指提供交通运输服务、邮政服务、电信服务、建筑服务、金融服务、现代服务、生活服务。

5. 销售无形资产

销售无形资产，指转让无形资产所有权或者使用权的业务活动。无形资产是指不具实物形态，但能带来经济利益的资产，包括技术、商标、著作权、商誉、自然资源使用权和其他权益性无形资产。

6. 销售不动产

销售不动产，指转让不动产所有权的业务活动。不动产是指不能移动或者移动后会引起性质、形状改变的财产，包括建筑物、构筑物等。

重要提示

转让建筑物有限产权或者永久使用权的，转让在建的建筑物或者构筑物所有权的，以及在转让建筑物或者构筑物时一并转让其所占土地的使用权的，按照销售不动产缴纳增值税。

（二）增值税的免税项目

（1）农业生产者销售的自产农产品。
（2）避孕药品和用具。
（3）古旧图书。
（4）直接用于科学研究、科学试验和教学的进口仪器、设备。
（5）外国政府、国际组织无偿援助的进口物资和设备。
（6）由残疾人组织直接进口供残疾人专用的物品。
（7）其他个人销售的自己使用过的物品。

（三）不征收增值税项目

（1）根据国家指令无偿提供的铁路运输服务、航空运输服务，以及用于公益事业的服务。

（2）存款利息。

（3）被保险人获得的保险赔付。

（4）房地产主管部门或者其指定机构、公积金管理中心、开发企业及物业管理单位代收的住宅专项维修资金。

（5）在资产重组过程中，通过合并、分立、出售、置换等方式，将全部或者部分实物资产，以及与其相关联的债权、负债和劳动力一并转让给其他单位和个人，其中涉及的不动产、土地使用权转让行为。

（四）增值税特殊行为

1. 视同销售货物或服务的行为

视同销售货物是指某些行为虽然不同于有偿转让货物所有权的一般销售，但基于保障财政收入、防止避税，以及保持经济链条的连续性和课税的连续性等考虑，税法仍将其视同销售货物的行为，征收增值税。

（1）将货物交付其他单位或者个人代销。

（2）销售代销货物。

（3）设有两个以上机构并实行统一核算的纳税人，将货物从一个机构移送其他机构用于销售，但相关机构设在同一县（市）的除外。

（4）将自产或者委托加工的货物用于非增值税应税项目。

（5）将自产、委托加工的货物用于集体福利或者个人消费。

（6）将自产、委托加工或者购进的货物作为投资，提供给其他单位或者个体工商户。

（7）将自产、委托加工或者购进的货物分配给股东或者投资者。

（8）将自产、委托加工或者购进的货物无偿赠送其他单位或者个人。

例题 2-1

下列各项，属于视同销售行为应当计算销项税额的有（　　）。

A. 将购买的水果发放给职工　　B. 将购买的货物投入生产

C. 将自产的货物无偿赠送他人　　D. 将购买的货物用于投资

答案：C、D。将购买的水果发放给职工作为进项税额转出处理；将购买的货物投入生产属于正常的生产领用，计入生产成本。故本题应该选 C、D。

（9）单位或者个体工商户向其他单位或者个人无偿提供服务、转让无形资产或者不动产，但用于公益事业或者以社会公众为对象的除外。

即学即思

甲公司将房屋出租给乙餐馆，不收取租金，但是甲公司工作人员可以在乙餐馆免费就餐。请问：甲公司和乙餐馆相关业务需要缴纳增值税吗？为什么？

答案：甲公司的房屋出租行为属于不动产租赁服务，需要征收增值税；乙餐馆提供的免费就餐服务属于销售餐饮服务，也应征收增值税。

（10）财政部和国家税务总局规定的其他情形。

重要提示

以上视同销售货物行为，可以归纳为下列三种情形：

（1）转让货物但未发生产权转移。

（2）虽然货物产权发生了变动，但货物的转移不一定采取直接销售的方式。

（3）货物产权没有发生变动，货物的转移也未采取销售的形式，而是用于类似销售的其他用途。

2. 混合销售行为

一项销售行为如果既涉及服务又涉及货物，则为混合销售。从事货物的生产、批发或者零售的单位和个体工商户的混合销售行为，按照销售货物缴纳增值税；其他单位和个体工商户的混合销售行为，按照销售服务缴纳增值税。

即学即思

如某企业为一般纳税人，某月销售电梯取得不含增值税的价款为 2 000 万元，提供安装劳务取得不含税价款 100 万元，则该企业应纳增值税销项税额是多少？如果某饭店为一般纳税人，某月提供餐饮服务取得不含税销售额为 200 万元，销售酒水取得不含税价款 70 万元，则该饭店应纳增值税销项税额又是多少？

答案：企业应纳增值税销项税额=（2 000+100）×13%=273（万元）

饭店应纳增值税销项税额=（200+70）×6%=16.2（万元）

上述从事货物的生产、批发或者零售的单位和个体工商户，包括以从事货物的生产、批发或者零售为主，并兼营销售服务的单位和个体工商户在内。

例题 2-2

根据税法制度的规定，下列混合销售行为中，应当按照销售货物缴纳增值税的是（　　）。

A. 贸易公司销售货物的同时负责安装

B. 百货商店销售商品的同时负责安装

C. 建筑公司提供建筑业劳务的同时销售自产货物并实行分别核算

D. 餐饮公司提供餐饮服务的同时销售酒水

答案：A、B。选项 C 提供建筑业劳务的同时销售自产货物的行为，应当分别核算应税劳务的销售额和货物的销售额，其应税劳务的销售额按建筑业税率缴纳增值税，货物销售额按销售货物缴纳增值税；选项 D 属于销售服务的应税行为，应当一并按服务业征收增值税。

3. 兼营

兼营是指纳税人经营的业务中包括两项或多项销售行为，但是这两项或多项销售行为没有直接的关联和从属关系，业务的发生互相独立。纳税人销售货物、加工修理修配劳务、服务、无形资产或者不动产适用不同税率或者征收率的，应当分别核算适用不同税率或者征收率的销售额，未分别核算销售额的，从高适用税率。

纳税人兼营免税、减税项目的，应当分别核算免税、减税项目的销售额；未分别核算销售额的，不得免税、减税。

例题 2-3

某酒店既提供客房服务，又开设小卖部销售啤酒。如果酒店分别核算啤酒的销售额和客房的营业额，应如何征税？如果不能分别核算或者不能准确核算营业额的，又应如何征税？

答案：提供客房服务按提供服务缴纳增值税，销售啤酒按销售货物缴纳增值税。如果酒店分别核算啤酒的销售额和客房的营业额，则分别征收增值税；如果不分别核算或者不能准确核算的，一并按销售啤酒的税率征收增值税。

五、增值税的税率

增值税税率是指增值税税额占货物、应税劳务或服务销售额的比率，是计算货物或应税劳务、服务增值税税额的尺度。

（一）基本税率

（1）纳税人销售货物，提供加工、修理修配劳务，进口货物及有形动产租赁服务，税率为 13%。

（2）电信业提供基础电信服务、交通运输业、建筑业、邮政业、不动产租赁、销售不动产、转让土地使用权税率为 9%。

（3）纳税人销售或进口下列货物的，税率为 9%：农产品（含粮食）、自来水、暖气、石油液化气、天然气、食用植物油、冷气、热水、煤气、居民用煤炭制品、食用盐、农机、饲料、农药、农膜、化肥、沼气、二甲醚、图书、报纸、杂志、音像制品、电子出版物。

（4）电信业提供增值电信服务、金融服务、现代服务业、生活服务业、销售无形资产，税率为 6%。

（二）零税率

纳税人出口货物，税率为零，但是，国务院另有规定的除外。我国境内单位和个人提供的规定的涉外应税服务，免缴增值税。

（三）征收率

（1）小规模纳税人销售货物、提供应税劳务和服务以及一般纳税人提供简易计税服务，税率为3%。

（2）单位转让、出租不动产（个人和个体工商户出租不动产税率为1.5%）及房地产开发企业预缴税款实行简易征收，税率为5%。

（四）其他规定

（1）纳税人兼营不同税率的货物或者应税劳务的，应当分别核算不同税率货物或者应税劳务的销售额。未分别核算销售额的，从高适用税率。

（2）纳税人销售不同税率货物或应税劳务，并兼营应属一并征收增值税的非应税劳务的，其非应税劳务应从高适用税率。

（五）下列按简易办法征收增值税的优惠政策继续执行，不得抵扣进项税额

（1）一般纳税人销售自产的下列货物，可选择按照简易办法依照3%征收率计算缴纳增值税：

① 县级及县级以下小型水力发电单位生产的电力。小型水力发电单位，是指各类投资主体建设的装机容量为5万千瓦以下（含5万千瓦）的小型水力发电单位。

② 建筑用和生产建筑材料所用的砂、土、石料。

③ 以自己采掘的砂、土、石料或其他矿物连续生产的砖、瓦、石灰（不含黏土实心砖、瓦）。

④ 用微生物、微生物代谢产物、动物毒素、人或动物的血液或组织制成的生物制品。

⑤ 自来水（对属于一般纳税人的自来水公司销售自来水按简易办法依照3%的征收率征收增值税，不得抵扣其购进自来水取得增值税扣税凭证上注明的增值税税款）。

⑥ 商品混凝土（仅限于以水泥为原料生产的水泥混凝土）。

（2）一般纳税人销售货物属于下列情形之一的，按简易办法依照3%征收率计算缴纳增值税。

① 寄售商店代销寄售物品（包括居民个人寄售的物品在内）。

② 典当业销售死当物品。

③ 经国务院或国务院授权机关批准的免税商店零售的免税品。

课后练习

1. 增值税为什么要规定“视同销售行为”？具体有哪几种情况？

2. 简述增值税的税率。

3. 不征收增值税的项目有哪些？

任务二　增值税应纳税额的计算

增值税应纳税额的计算

案例导入

A 公司（一般纳税人）出售一套设备，同时出售部分配件。其中，设备价款（不含税）为 1 000 万元，生产该设备所用原材料、零部件的购入价（不含税）为 500 万元，配件售价为 348（含税价）万元。计算 A 公司当月应缴纳的增值税税额。

【案例解析】A 公司当月应缴纳的增值税税额应当等于当月不含税销售额乘以适用税率，扣除可以抵扣的进项税额。

A 公司当月应缴纳的增值税税额=［1 000+348÷（1+13%）］×13%−500×13%=105.035 4（万元）

增值税的计算分为一般计税方法和简易计税方法两种。

一、一般计税方法应纳税额的计算

一般纳税人销售货物或者提供应税劳务、服务、无形资产、不动产（以下简称应税销售行为），采用一般计税方法计算应纳增值税。应纳税额为当期销项税额抵扣当期进项税额后的余额，即：

应纳增值税税额=当期销项税额−当期准予抵扣的进项税额

因当期销项税额小于当期进项税额不足抵扣时，其不足部分可以结转下期继续抵扣，即留抵税额。

一般纳税人当期应纳税额的多少，取决于当期销项税额和当期进项税额这两个因素。

（一）当期销项税额的计算

1. 一般销售方式下的销售额

销售额是指纳税人发生应税销售行为向购买方（承受应税劳务也视为购买方）收取的全部价款和价外费用，但是不包括收取的销项税额。

价外费用包括价外向购买方收取的手续费、补贴、基金、集资费、返还利润、奖励费、违约金、滞纳金、延期付款利息、赔偿金、代收款项、代垫款项、包装费、包装物租金、储备费、优质费、运输装卸费及其他各种性质的价外收费。

提醒你：

下列项目不属于价外费用	（1）受托加工应征消费税的消费品所代收代缴的消费税
	（2）销售货物的同时代办保险而向购买方收取的保险费，以及向购买方收取的代购买方缴纳的车辆购置税、车辆牌照费
	（3）同时符合以下条件代为收取的政府性基金或者行政事业性收费： ① 由国务院或者财政部批准设立的政府性基金，由国务院或者省级人民政府及其财政、价格主管部门批准设立的行政事业性收费； ② 收取时开具省级以上财政部门印制的财政票据； ③ 所收款项全额上缴财政； ④ 以委托方名义开具发票代委托方收取的款项

即学即思

增值税的计税依据销售额中，价外费用不包含的项目有（　　）。

A. 包装物租金　　B. 委托加工应税消费品代收代缴的消费税

C. 增值税税款　　D. 包装费、装卸费

答案：价外费用包括价外向购买方收取的手续费、包装费、包装物租金、优质费、运输装卸费及其他各种性质的价外收费，但不包括增值税税款。委托加工应税消费品代收代缴的消费税应上缴税务部门。故应选B、C。

纳税人按照人民币以外的货币结算销售额的，应当折合成人民币计算，折合率可以选择销售额发生的当天或者当月1日的人民币汇率中间价。纳税人应当在事先确定采用何种折合率，确定后12个月内不得变更。

纳税人计税销售额原则上为发生应税交易取得的全部收入，对一些存在大量代收转付或代垫资金的行业，其代收代垫金额可予以合理扣除。

重要提示

增值税差额征税，指提供应税服务的纳税人，按照国家有关差额征税的政策规定，以取得的全部价款和价外费用扣除支付给规定范围纳税人的规定项目价款后的不含税余额为销售额（计税销售额）的征税方法。

2. 对视同销售货物行为的销售额的确定

按下列顺序确定销售额：

（1）按纳税人最近时期同类货物的平均销售价格确定。

（2）按其他纳税人最近时期同类货物的平均销售价格确定。

（3）按组成计税价格确定。组成计税价格的公式为：

组成计税价格=成本×（1+成本利润率）

征收增值税的货物，同时又征收消费税的，其组成计税价格中应加上消费税税额。其组成计税价格公式为：

组成计税价格=成本×（1+成本利润率）+消费税税额

或　　组成计税价格=成本×（1+成本利润率）÷（1–消费税税率）

公式中的成本是指：销售自产货物的为实际生产成本，销售外购货物的为实际采购成本。公式中的成本利润率由国家税务总局确定。

例题 2-4

无锡市某化妆品有限公司将一批自产的高档化妆品用于职工福利，化妆品的成本为 20 000 元，该化妆品无同类产品市场价格，成本利润率为 5%，消费税税率为 15%。计算该批化妆品的组成计税价格。

答案：组成计税价格=20 000×（1+5%）÷（1–15%）=24 705.88（元）

3. 含税销售额的换算

为了符合增值税作为价外税的要求，纳税人在填写进销货及纳税凭证、进行账务处理时，应分项记录不含税销售额、销项税额和进项税额，以正确计算应纳增值税税额。一般纳税人发生应税销售行为取得的含税销售额在计算销项税额时，必须将其换算为不含税的销售额。其计算公式为：

（不含税）销售额=含税销售额÷（1+适用税率）

即学即思

无锡市某中外合资经营企业（一般纳税人）7 月份产品销售收入 58 万元（含税）。问不含税销售额是多少？

答案：不含税销售额=58÷（1+13%）=51.327 4（万元）

4. 特殊销售方式下销售货物销售额的确定

在销售活动中，为了达到促销的目的，有多种销售方式。不同销售方式下，销售者取得的销售额会有所不同。对不同销售方式如何确定其计征增值税的销售额，税法对以下几种销售方式分别做了规定。

（1）采取折扣方式销售。

折扣销售是指销货方在销售货物或应税劳务时，因购货方购货数量较大等原因而给予购货方的价格优惠（如购买 5 件，销售折扣为 10%；购买 10 件，销售折扣为 20%等）。由于折扣是在实现销售时同时发生的，因此，税法规定，如果销售额和折扣额在同一张发票上是分别注明的，可将折扣后的余额作为销售额计算增值税；如果将折扣额另开发票，不论其在财务上如何处理，均不得从销售额中减除折扣额。

例题 2-5

甲企业是增值税一般纳税人，向乙商场销售服装 1 000 件，每件不含税价格为 80 元。由于乙商场购买量大，甲企业按原价 7 折优惠销售，乙商场付款后，甲企业为乙商场开具的发票上“金额”栏分别注明了销售额和折扣额，则甲企业此项业务的增值税销售额是多少元？

答案：甲企业此项业务的增值税销售额=1 000×80×70%=56 000（元）

（2）采取以旧换新方式销售。

以旧换新是指纳税人在销售自己的货物时，有偿收回旧货物的行为。根据税法规定，采取以旧换新方式销售货物的，应按新货物的同期销售价格确定销售额，不得扣减旧货物的收购价格。金银首饰以旧换新的，应按照销售方“实际收取”的不含增值税的全部价款征收增值税。

例题 2-6

无锡市某电冰箱厂（一般纳税人）从消费者个人手中收购旧型号电冰箱，销售新型号电冰箱 200 台，每台售价 4 000 元，每台旧型号电冰箱折价为 400 元。该电冰箱厂销售电冰箱的销售额是多少？

答案：不含税销售额=200×4 000÷（1+13%）=707 964.6（元）

（3）采取还本销售方式销售。

还本销售是指纳税人在销售货物后，到一定期限由销售方一次或分次退还给购货方全部或部分价款。

税法规定，采取还本销售方式销售货物时，其销售额就是货物的销售价格，不得从销售额中减除还本支出。

（4）采取以物易物方式销售。

以物易物是一种较为特殊的购销活动，是指购销双方不是以货币结算，而是以同等价款的货物相互结算，实现货物购销的一种方式。

在实际工作中，以物易物双方都应做购销处理，即以自己发出的货物计算销项税额，以收到的货物计算进项税额。

重要提示

以物易物活动中，应分别开具合法的票据，如未取得增值税专用发票或其他合法票据，则不能抵扣进项税额。

（5）直销方式销售。

直销企业先将货物销售给直销员，直销员再将货物销售给消费者的，直销企业的销售额为其向直销员收取的全部价款和价外费用。直销员将货物销售给消费者时，应按照现行规定缴纳增值税。

直销企业通过直销员向消费者销售货物，直接向消费者收取货款，直销企业的销售额为其向消费者收取的全部价款和价外费用。

（6）包装物押金是否计入销售额。

包装物是指纳税人包装本单位货物的各种物品。根据税法规定，纳税人为销售货物而出租出借包装物收取的押金，单独记账核算的，时间在 1 年以内，又未过期的，不并入销售额征税；但对因逾期未收回包装物不再退还的押金，应按所包装货物的适用税率计算销项税额。其中，“逾期”是指按合同约定实际逾期或以 1 年为期限，对收取 1 年以上的押金，无论是否退还均并入销售额征税。当然，在将包装物押金并入销售额征税时，需要先将该押金换算为不含税价，再并入销售额征税。对销售除“啤酒、黄酒”外的其他酒类产品而收取的包装物押金，无论是否返还及会计上如何核算，均应并入当期销售额中征税。

例题 2-7

无锡市某电冰箱厂（一般纳税人）收取的出借包装物押金为 113 万元，已逾期 1 年半，该包装物销项税额是多少？

答案：应计算的增值税销项税额=113÷（1+13%）×13%=13（万元）

（7）销售自己使用过的物品或者销售旧货。

旧货，是指自己没有使用过的，进入二次流通的具有部分使用价值的货物（含旧汽车、旧摩托车和旧游艇）。旧固定资产是企业自己使用过，会计账上作为固定资产管理并计提折旧的固定资产。旧物品是指企业自己使用过，价值较小不作为固定资产管理并核算的包装物等其他低值易耗品。

根据税法规定，一般纳税人销售自己使用过的固定资产，应区分不同情形征收增值税。

销售自己使用过的 2009 年 1 月 1 日以后购进或者自制的固定资产，按照适用税率征收增值税：

$$应纳税额=含税销售额÷（1+13\%）×13\%$$

销售自己使用过的 2008 年 12 月 31 日以前购进或者自制的固定资产，按 3%征收率减按 2%征收增值税：

$$应纳税额=含税销售额÷（1+3\%）×2\%$$

一般纳税人销售旧货，按照简易办法依照 3%的征收率减按 2%征收增值税：

$$应纳税额=含税销售额÷（1+3\%）×2\%$$

一般纳税人销售自己使用过的除固定资产以外的物品，应当按照适用税率征收增值税。

重要提示

一般纳税人销售自己使用过的固定资产，适用按简易办法依照 3%征收率减按 2%征收增值税政策的，应开具普通发票，不得开具增值税专用发票。纳税人销售自己使用过的固定资产，适用简易办法依照 3%征收率减按 2%征收增值税政策的，可以放弃减税，按照简易办法依照 3%征收率缴纳增值税，并可以开具增值税专用发票。

例题 2-8

无锡市甲公司为增值税一般纳税人，2008 年 7 月 1 日购进一台机器设备（其进项税额不得抵扣），自己使用 12 年后，2020 年 7 月 11 日将其出售，售价 103 万元（含税）。要求：计算甲公司应纳增值税税额。

答案：甲公司应纳增值税税额=103÷（1+3%）×2%=2（万元）

例题 2-9

无锡市甲公司为增值税一般纳税人，2017 年 7 月 1 日购进一台机器设备，自己使用 3 年后，2020 年 7 月 11 日将其出售，售价 113 万元（含税）。要求：计算甲公司应纳增值税税额。

答案：甲公司应纳增值税税额=113÷（1+13%）×13%=13（万元）

例题 2-10

无锡市乙公司为专门经营旧货的增值税一般纳税人，2020 年 7 月 1 日购进一批旧货，2020 年 7 月 10 日将其出售，售价 103 万元（含税）。要求：计算乙公司应纳增值税税额。

答案：乙公司应纳增值税税额=103÷（1+3%）×2%=2（万元）

（二）当期进项税额的计算

1. 准予抵扣的进项税额

（1）增值税专用发票。

一般纳税人购进货物、接受应税劳务（加工、修理修配劳务）或者应税服务的进项税额，为从销售方（或者提供方）取得的增值税专用发票上注明的增值税税额。

一般纳税人从小规模纳税人处取得的普通发票，不得作为抵扣依据；但一般纳税人取得由税务机关为小规模纳税人代开的增值税专用发票，可以将专用发票上填写的税额作为进项税额抵扣。

（2）海关进口增值税专用缴款书。

一般纳税人进口货物的进项税额，为从海关取得的海关进口增值税专用缴款书上注明的增值税税额。

（3）购进农产品，除取得增值税专用发票或者海关进口增值税专用缴款书外，按照农产品收购发票或者销售发票上注明的农产品买价和 9%的扣除率计算进项税额，国务院另有规定的除外。进项税额计算公式为：

进项税额=买价×扣除率

重要提示

纳税人购进用于生产销售或委托加工 13%税率货物的农产品，按照 10%的扣除率计算进项税额。

（4）纳税人购进农产品既用于生产销售或委托受托加工 13%税率货物又用于生产销售其他货物服务的，应当分别核算用于生产销售或委托受托加工 13%税率货物和其他货物服务的农产品进项税额。未分别核算的，统一以增值税专用发票或海关进口增值税专用缴款书上注明的增值税税额为进项税额，或以农产品收购发票或销售发票上注明的农产品买价和 9%的扣除率计算进项税额。

（5）纳税人购进国内旅客运输服务，其进项税额允许从销项税额中抵扣。

① 取得增值税电子普通发票的，为发票上注明的税额；

② 取得注明旅客身份信息的航空运输电子客票行程单的，为按照下列公式计算进项税额：

航空旅客运输进项税额=（票价+燃油附加费）÷（1+9%）×9%

③ 取得注明旅客身份信息的铁路车票的，为按照下列公式计算进项税额：

铁路旅客运输进项税额=票面金额÷（1+9%）×9%

④ 取得注明旅客身份信息的公路、水路等其他客票的，按照下列公式计算进项税额：

公路、水路等其他旅客运输进项税额=票面金额÷（1+3%）×3%

2. 不准抵扣的进项税额

（1）适用简易计税方法的计税项目、免征增值税项目、集体福利或者个人消费的购进货物、加工修理修配劳务、服务、无形资产和不动产。其中，涉及的固定资产、无形资产、不动产仅指专用于上述项目的固定资产、无形资产（不包括其他权益性无形资产）、不动产。

重要提示

如果是既用于上述不允许抵扣项目又用于抵扣项目的，其进项税额准予全部抵扣。自 2018 年 1 月 1 日起，纳税人租入固定资产、不动产，既用于一般计税方法计税项目，又用于简易计税方法计税项目、免征增值税项目、集体福利或者个人消费的，其进项税额准予从销项税额中全额抵扣。

（2）纳税人从批发、零售环节购进适用免征增值税政策的蔬菜、部分鲜活肉蛋而取得的普通发票，不得作为计算抵扣进项税额的凭证。

（3）纳税人取得的增值税扣税凭证不符合法律、行政法规或者国家税务总局有关规定的，其进项税额不得从销项税额中抵扣。

增值税扣税凭证是指增值税专用发票、海关进口增值税专用缴款书、农产品收购发票、农产品销售发票和完税凭证。

重要提示

纳税人凭完税凭证抵扣进项税额的，应当具备书面合同、付款证明和境外单位的对账单或者发票。资料不全的，其进项税额不得从销项税额中抵扣。

（4）下列项目的进项税额不得从销项税额中抵扣：

① 非正常损失的购进货物，以及相关的加工修理修配劳务和交通运输服务。

② 非正常损失的在产品、产成品所耗用的购进货物（不包括固定资产）、加工修理修配劳务和交通运输服务。

③ 非正常损失的不动产，以及该不动产所耗用的购进货物、设计服务和建筑服务。

④ 非正常损失的不动产在建工程所耗用的购进货物、设计服务和建筑服务。

重要提示

纳税人新建、改建、扩建、修缮、装饰不动产，均属于不动产在建工程。

⑤ 购进的贷款服务、餐饮服务、居民日常服务和娱乐服务。

重要提示

纳税人的交际应酬消费属于个人消费。

⑥ 财政部和国家税务总局规定的其他情形。

重要提示

非正常损失，指因管理不善造成货物被盗、丢失、霉烂变质，以及因违反法律、法规造成货物或者不动产被依法没收、销毁、拆除的情形。非正常损失不含自然灾害损失。

（5）适用一般计税方法的纳税人，兼营简易计税方法计税项目、免征增值税项目而无法划分不得抵扣的进项税额，按照下列公式计算不得抵扣的进项税额：

不得抵扣的进项税额=当期无法划分的全部进项税额×（当期简易计税方法计税项目销售额+免征增值税项目销售额）÷当期全部销售额

例题 2-11

甲公司为增值税一般纳税人，既销售涂料，又从事装修劳务。7 月，甲公司购进一批涂料，取得的增值税专用发票上注明的价款为 100 万元。当月甲公司将外购的涂料部分用于销售，取得销售额（不含增值税）为 116 万元；部分用于对外提供免税装修劳务，取得营业额 234 万元。要求：计算当期可以抵扣的进项税额。

答案：当期可以抵扣的进项税额=100×13%×116÷（116+234）=4.308 6（万元）

（6）已抵扣进项税额的购进货物（不含固定资产）、劳务、服务，发生第（1）、第（4）项规定情形（简易计税方法计税项目、免征增值税项目除外）的，应当将该进项税额从当期进项税额中扣减；无法确定该进项税额的，按照当期实际成本计算应扣减的进项税额。

（7）已抵扣进项税额的固定资产、无形资产或者不动产，发生第（1）、第（4）项规定情形的，按照下列公式计算不得抵扣的进项税额：

不得抵扣的进项税额=固定资产、无形资产或者不动产净值×适用税率

重要提示

固定资产、无形资产或者不动产净值，指纳税人根据财务会计制度计提折旧或摊销后的余额。

（8）纳税人适用一般计税方法计税的，因销售折让、中止或者退回而退还给购买方的增值税税额，应当从当期的销项税额中扣减；因销售折让、中止或者退回而收回的增值税税额，应当从当期的进项税额中扣减。

（9）有下列情形之一者，不得抵扣进项税额，也不得使用增值税专用发票：

① 一般纳税人会计核算不健全，或者不能够提供准确税务资料的；

② 应当办理一般纳税人资格登记而未办理的。

例题 2-12

2020 年 7 月，无锡市某超市购入食用油 100 桶，取得增值税专用发票一张，注明价款为 10 000 元，增值税税额为 1 300 元，其中有 10%的食用油用于职工福利。要求：计算该超市可以抵扣的进项税额。

答案：该超市可以抵扣的进项税额=1 300×（1−10%）=1 300×90%=1 170（元）

即学即思

根据增值税法律制度的规定，增值税一般纳税人支付的下列运费中（均取得了运输企业开具的“货物运输业增值税专用发票”），不允许抵扣进项税额的有（　　）。

A. 销售免税货物所支付的运输费用

B. 外购生产应税产品的设备所支付的运输费用

C. 外购水泥用于不动产在建工程所支付的运输费用

D. 外购草莓用于生产草莓酱所支付的运输费用

答案：A。① 选项 A，用于免征增值税项目、集体福利或者个人消费的购进货物的运输费用和销售免税货物（选项 A）的运输费用，不能抵扣进项税额；② 选项 B、C、D，货物本身的进项税额可以抵扣，其运输费用也可以抵扣。

例题 2-13

无锡市某食品生产企业为增值税一般纳税人，7 月从农民手中收购一批粮食用于生产，农产品收购发票上注明价款 20 000 元，企业委托某运输公司将该批粮食运回企业，支付运费 1 090 元，取得运输专用发票。企业上述业务可以抵扣的进项税额是多少？假设该企业生产的食品适用 13%的增值税税率。

答案：可以抵扣的进项税额=20 000×10%+1 090÷（1+9%）×9%=2 090（元）

（三）应纳税额的计算

应纳税额计算公式：应纳税额=当期销项税额−当期准予抵扣的进项税额

例题 2-14

某电子企业为增值税一般纳税人，7 月发生下列经济业务：

（1）采取直接收款方式销售自产 A 产品 50 台，不含税单价为 8 000 元。货款收到后，向购买方开具了增值税专用发票，并将提货单交给了购买方。截止到月底，购买方尚未提货。

（2）将 20 台新试制的 B 产品分配给投资者，单位成本为 6 000 元。该产品尚未投放市场，无同类产品的销售价格。

（3）装饰本企业办公楼，领用甲材料 1 000 千克，每千克成本为 50 元。

（4）改扩建单位幼儿园，领用甲材料 200 千克，每千克成本为 50 元，同时领用自产的 A 产品 5 台。

（5）当月因管理不善丢失库存乙材料 800 千克，每千克成本为 20 元，按待处理财产损溢处理。

（6）当月购进货物取得的增值税专用发票上注明的增值税税额共计 70 000 元。

其他相关资料：甲材料、乙材料均是上月外购取得并已抵扣进项税额；购销货物适用的增值税税率均为 13%；税务局核定的 B 产品成本利润率为 10%；本月取得的相关票据符合税法规定，在本月认证通过并抵扣。上述题干中给出的成本均不含增值税。

要求：（1）计算当月销项税额；

（2）计算当月可抵扣的进项税额；

（3）计算当月应缴纳的增值税税额。

答案：（1）当月销项税额=［50×8 000+5×8 000+20×6 000×（1+10%）］×13%

=74 360（元）

（2）当月可抵扣的进项税额=70 000–（50×200+20×800）×13%

=66 620（元）

（3）当月应缴纳的增值税税额=74 360–66 620

=7 740（元）

二、简易计税方法应纳税额的计算

（一）应纳税额的计算

简易计税方法的应纳税额，指按照销售额和增值税征收率计算的增值税税额，不得抵扣进项税额。应纳税额计算公式：

应纳税额=销售额×征收率

简易计税方法的销售额不包括其应纳税额，纳税人采用销售额和应纳税额合并定价方法的，按照下列公式计算销售额：

销售额=含税销售额÷（1+征收率）

或者　销售额=（取得的全部含税价款和价外费用–支付给其他单位或个人的含税价款）÷（1+征收率）

例题 2-15

上海市丙宾馆是增值税小规模纳税人，10 月取得全部收入 26 万元（含税收入）。其中，客房服务收入 9 万元，餐厅收入 6 万元，未分别核算的小卖部取得收入 3 万元，分别核算的 KTV 取得收入 8 万元。购进烟、酒、茶等支付款项 9 万元，取得普通发票。请分析丙宾馆应如何计算增值税？

答案：上海市丙宾馆是增值税小规模纳税人，不能进行进项税额抵扣，全部收入使用征收率 3%计税。丙宾馆应纳增值税税额为：26÷（1+3%）×3%=0.76（万元）。

重要提示

纳税人适用简易计税方法计税的，因销售折让、中止或者退回而退还给购买方的销售额，应当从当期销售额中扣减。扣减当期销售额后仍有余额造成多缴的税款，可以从以后的应纳税额中扣减。

即学即思

无锡市某商场为小规模纳税人，7 月，该商场取得零售收入总额 13.39 万元（含增值税）。购进原材料一批，支付价款 4.12 万元（含增值税）。计算该商场当月的应纳增值税税额。

答案：当月的应纳增值税税额=13.39÷（1+3%）×3%=0.39（万元）

（二）小规模纳税人销售自己使用过的物品或者销售旧货

根据税法规定，小规模纳税人销售自己使用过的固定资产或者销售旧货，一律按 2%征收率征收增值税。

应纳税额=含税销售额÷（1+3%）×2%

小规模纳税人销售自己使用过的非固定资产，按 3%的征收率征收增值税。

应纳税额=含税销售额÷（1+3%）×3%

例题 2-16

丙公司为增值税小规模纳税人，2012 年 7 月 1 日购进一台机器设备，自己使用 8 年后于 2020 年 7 月 1 日将其出售，售价 103 万元（含税）。要求：计算丙公司应纳增值税税额。

答案：丙公司应纳增值税税额=103÷（1+3%）×2%=2（万元）

例题 2-17

甲公司为增值税小规模纳税人，2012 年 7 月 1 日购进一批包装物，自己使用 8 年后于 2020 年 7 月 1 日将其出售，售价 103 万元（含税）。要求：计算甲公司应纳增值税税额。

答案：甲公司应纳增值税税额=103÷（1+3%）×3%=3（万元）

例题 2-18

丁公司为专门经营旧货的增值税小规模纳税人，2020 年 7 月 1 日购进一批旧货，2020 年 7 月 10 日将其出售，售价 103 万元（含税）。要求：计算丁公司应纳增值税税额。

答案：丁公司应纳增值税税额=103÷（1+3%）×2%=2（万元）

三、进口货物应纳增值税的计算

纳税人进口货物，按照组成计税价格和《增值税暂行条例》规定的税率计算应纳税额。组成计税价格是指在没有实际销售价格时，按照税法规定计算出作为计税依据的价格。

1. 不征收消费税的

进口货物计算增值税组成计税价格和应纳税额计算公式为：

组成计税价格=关税完税价格+关税

应纳税额=组成计税价格×税率

2. 征收消费税的

进口增值税=（关税完税价格+关税+消费税）×增值税税率

四、应税服务应纳增值税的计算

（一）销售服务

1. 建筑服务

根据税法规定，纳税人从事建筑、修缮、装饰工程作业，无论与对方如何结算，其销售额均应包括工程所用原材料及其物资和动力的价款在内。

销售额=（全部价款和价外费用−分包款）÷（1+9%）

（1）一般纳税人以清包工方式提供的建筑服务，以及为甲供工程提供的建筑服务，可以选择适用简易计税方法计税。

重要提示

清包工方式指施工方不采购建筑工程所需材料或只采购辅助材料，并收取人工费、管理费或其他费用的建筑服务；甲供工程是指全部或部分设备、材料、动力由工程发包方自行采购的建筑工程。

纳税人提供建筑服务适用简易计税方法的，以取得的全部价款和价外费用扣除支付的分包款后的余额为销售额。

销售额=（全部价款和价外费用−分包款）÷（1+3%）

（2）房地产开发企业中的一般纳税人销售其开发的房地产项目（选择简易计税方法的房地产老项目除外），以取得的全部价款和价外费用，扣除受让土地时向政府部门支付的土地价款后的余额为销售额。计算公式如下：

销售额=（全部价款和价外费用−当期允许扣除的土地价款）÷（1+9%）

提醒你：

房地产老项目是指	（一）《建筑工程施工许可证》注明的合同开工日期在2016年4月30日前的房地产项目
	（二）《建筑工程施工许可证》未注明合同开工日期或者未取得《建筑工程施工许可证》但建筑工程承包合同中注明的开工日期在2016年4月30日前的建筑工程项目
	（三）一般纳税人销售自行开发的房地产老项目适用简易计税方法计税的，以取得的全部价款和价外费用为销售额，不得扣除对应的土地价款，销售额=全部价款和价外费用÷（1+3%）

房地产开发企业的一般纳税人采取预收款方式销售自行开发的房地产项目，应在收到预收款时按照3%的预征率预缴增值税。

应预缴税款=预收款÷（1+适用税率或征收率）×3%

适用一般计税方法计税的，按照9%的适用税率计算；适用简易计税方法计税的，按照5%的征收率计算。

（3）纳税人跨县（市、区）提供建筑服务，按照以下公式计算应预缴税款。

适用一般计税方法计税的：

应预缴税款=（全部价款和价外费用−支付的分包款）÷（1+9%）×2%

适用简易计税方法计税的：

应预缴税款=（全部价款和价外费用−支付的分包款）÷（1+3%）×3%

纳税人取得的全部价款和价外费用扣除支付的分包款后的余额为负数的，可结转下次预缴税款时继续扣除。纳税人应按照工程项目分别计算应预缴税款，然后分别预缴。纳税人按照规定从取得的全部价款和价外费用中扣除支付的分包款，应当取得符合法律、行政法规和国家税务总局规定的合法有效凭证，否则不得扣除。纳税人提供建筑服务增值税征收管理明细表如表2-1所示。

表2-1　纳税人提供建筑服务增值税征收管理明细表

纳税人	施工类型			预缴《增值税预缴税款表》	申报
一般纳税人	总包方		一般计税	扣除支付的分包款后的余额，按照2%的预征率计算应预缴税款，余额÷（1+9%）×2%	全额申报，9%税率，扣减预缴
			简易计税	扣除支付的分包款后的余额，按照3%的征收率计算应预缴税款，余额÷（1+3%）×3%	差额申报，3%征收率，扣减预缴
	分包方（不再分包）		一般计税	取得的全部价款与价外费用按照2%的预征率计算应预缴税款，含税价÷（1+9%）×2%	全额申报，9%税率，扣减预缴
			简易计税	取得的全部价款与价外费用按照3%的预征率计算应预缴税款，含税价÷（1+3%）×3%	全额申报，3%征收率，扣减预缴
小规模纳税人	单位和个体工商户	总包方	简易计税	扣除支付的分包款后的余额，按照3%的征收率计算应预缴税款，余额÷（1+3%）×3%	差额申报，3%征收率，扣减预缴
		分包方	简易计税	取得的全部价款与价外费用按照3%的预征率计算应预缴税款，含税价÷（1+3%）×3%	全额申报，3%征收率，扣减预缴
	其他个人			不适用本办法	在建筑服务发生地申报纳税，3%征收率

例题 2-19

北京市乙建筑公司是增值税一般纳税人，2020 年 9 月取得全部收入 220 万元（含税收入），其中，建筑服务收入 150 万元，销售建筑材料取得收入 70 万元，收入分别核算；购进材料等取得增值税专用发票注明进项税额为 13 万元。请分析乙建筑公司应如何计算增值税？

答案：建筑业税率为 9%，销售建筑材料税率为 13%。

销售额=150÷（1+9%）+70÷（1+13%）=199.561 6（万元）

销项税额=150÷（1+9%）×9% +70÷（1+13%）×13%=20.438 4（万元）

应纳增值税=20.438 4−13=7.438 4（万元）

例题 2-20

甲建筑公司为增值税一般纳税人，机构所在地为无锡市。5 月 1 日到安徽承接 A 工程项目，并将 A 工程项目中的部分施工项目分包给了乙公司，5 月 30 日发包方按进度支付工程价款 222 万元。当月为该项目甲建筑公司购进材料取得增值税专用发票上注明的税额为 8 万元；5 月甲建筑公司支付给乙公司工程分包款 50 万元，乙公司开具给甲建筑公司增值税专用发票，税额为 4.128 4 万元。对 A 工程项目，甲建筑公司选择适用一般计税方法计算应纳税额，该公司 5 月需缴纳多少增值税？

答案：一般纳税人跨县（市）提供建筑服务，适用一般计税方法计税的，应以取得的全部价款和价外费用为销售额计算应纳税额。纳税人应以取得的全部价款和价外费用扣除支付的分包款后的余额，按照 2%的预征率在建筑服务发生地预缴税款后，向机构所在地主管税务机关进行纳税申报。

该公司 5 月销项税额=222÷（1+9%）×9%=18.330 3（万元）

该公司 5 月进项税额=8+4.128 4=12.128 4（万元）

该公司 5 月应纳增值税税额=18.330 3−12.128 4=6.201 9（万元）

在安徽省预缴增值税=（222−50）÷（1+9%）×2%=3.156（万元）

在无锡市全额申报，扣除预缴增值税后应缴纳增值税=6.201 9−3.156=3.045 9（万元）

即学即思

甲建筑公司为增值税一般纳税人，5 月 1 日承接 A 工程项目，5 月 30 日发包方按进度支付工程价款 222 万元，A 工程项目当月发生工程成本为 100 万元，取得增值税专用发票上注明的金额为 50 万元，税率为 13%。同月 3 日其承接 B 工程项目，5 月 31 日发包方支付工程价款 111 万元，B 工程项目的工程成本为 80 万元，取得增值税专用发票上注明的金额为 60 万元，税率为 13%。对两个工程项目，甲建筑公司均选择适用一般计税方法计算应纳税额，该公司 5 月需缴纳多少增值税？

答案：如果建筑公司承接的工程没有选择简易计税方法计算应纳税额的，则在纳税申报时无须分项目计算增值税应纳税额，应分别汇总每月各项目可确认的销项税额和进项税额，以汇总销项税额减去汇总进项税额后的余额为应纳税额。

该公司 5 月销项税额=（222+111）÷（1+9%）×9%=27.495 4（万元）

该公司 5 月进项税额=（50+60）×13%=14.3（万元）

该公司 5 月应纳增值税=27.495 4–14.3=13.195 4（万元）

例题 2-21

甲建筑公司为增值税一般纳税人，5 月 1 日以清包工方式承接 A 工程项目，5 月 30 日发包方按工程进度支付工程价款 222 万元，该项目当月发生工程成本 100 万元，其中购买材料、动力、机械等取得增值税专用发票上注明的金额为 50 万元。问该公司 5 月需缴纳多少增值税？

答案：企业以清包工方式提供建筑服务或为甲供工程提供建筑服务可以选用简易计税方法，其进项税额不能抵扣。应纳税额=销售额×征收率。

该公司 5 月应纳增值税税额=222÷（1+3%）×3%=6.47（万元）。

例题 2-22

某建筑企业是在无锡市设立的建筑集团有限公司，是增值税一般纳税人。5 月发生如下业务：购进办公楼一幢，取得增值税专用发票注明价款 1 000 万元，增值税税额 90 万元；购进钢材等商品取得增值税专用发票注明价款 8 700 万元，增值税税额 1 131 万元；从农民手中收购农产品，农产品收购发票注明价款 3 万元；从个体户张某处购得沙石料 51.5 万元，取得税务机关代开的增值税专用发票；支付银行贷款利息 100 万元；支付私募债券利息 200 万元；支付来客用餐费用 10 万元。在无锡市销售 2015 年 3 月开工的建筑服务，开具增值税专用发票，注明价款 1 000 万元；在无锡市销售 2017 年 5 月开工的建筑服务，开具增值税专用发票，注明价款 17 000 万元；为无锡某敬老院无偿建造一幢老年公寓，价值 400 万元；该公司武汉工程项目部在武汉销售建筑服务，开具增值税专用发票，注明价款 1 500 万元；在泰国提供建筑服务，取得收入折合人民币 200 万元。要求：计算 5 月该企业应纳增值税。

答案：（1）进项税额的计算。

① 购进办公楼进项税额为 90 万元。

② 购进钢材等商品进项税额为 1 131 万元。

③ 收购农产品进项税额为 0.27 万元，即 3×9%。

④ 购沙石料进项税额为 1.5 万元，即 51.5÷（1+3%）×3% 。

⑤ 支付银行贷款利息和私募债券利息属于贷款服务，不得从销项税额中抵扣进项税额。

⑥ 支付来客用餐费用属于餐饮服务，不得从销项税额中抵扣进项税额。

以上 6 项进项税额合计 1 222.77 万元。

（2）销项税额的计算。

① 在无锡市销售 2015 年 3 月开工的建筑服务的销项税额为 30 万元，即 1 000×3%。

② 在无锡市销售 2017 年 5 月开工的建筑服务的销项税额为 1 530 万元，即 17 000×9%。

③ 为无锡市某敬老院无偿建造一幢老年公寓，用于公益事业，不视同销售，不缴纳增值税。

④ 武汉工程项目部销售建筑服务，按照2%的预征率在建筑服务发生地武汉预缴增值税30万元，即1 500×2%，则在无锡机构所在地需要缴纳增值税105万元，即1 500×9%–30。

⑤ 在泰国提供建筑服务，取得收入折合人民币200万元，属于工程项目在境外的建筑服务，因此免征增值税。

（3）应纳税额的计算。

应纳税额=销项税额–进项税额=（30+1 530+105）–1 222.77=442.23（万元）

2. 金融服务

（1）贷款服务，以提供贷款服务取得的全部利息及利息性质的收入为销售额。

重要提示

纳税人接受贷款服务向贷款方支付的与该笔贷款直接相关的投融资顾问费、手续费、咨询费等费用，其进项税额不得从销项税额中抵扣。

（2）直接收费金融服务，以提供直接收费金融服务收取的手续费、佣金、酬金、管理费、服务费、经手费、开户费、过户费、结算费、转托管费等各类费用为销售额。

（3）金融商品转让，按照卖出价扣除买入价后的余额为销售额。

转让金融商品出现的正负差，按盈亏相抵后的余额为销售额。若相抵后出现负差，可结转下一纳税期与下期转让金融商品销售额相抵，但年末时仍出现负差的，不得转入下一个会计年度。

重要提示

金融商品的买入价，可以选择按照加权平均法或者移动加权平均法进行核算，选择后36个月内不得变更。金融商品转让，不得开具增值税专用发票。

例题 2-23

无锡市某金融机构为一般纳税人，2020年6月购入甲公司股票1 000股，每股成本为20元。期初结存甲公司股票500股，账面结存成本为17 500元，7月份卖出甲公司股票800股，每股卖出价为35元。要求：计算上述业务应缴纳的增值税税额。

答案：买入甲公司股票平均成本=（1 000×20+17 500）÷（1 000+500）=25（元）

应纳增值税=800×（35–25）÷（1+6%）×6%=452.83（元）

（4）经纪代理服务，以取得的全部价款和价外费用，扣除向委托方收取并代为支付的政府性基金或者行政事业性收费后的余额为销售额。

例题 2-24

无锡市某商业银行2020年第三季度发生以下经济业务：（1）取得贷款业务利息收入

636 万元，支付单位、个人存款利息 100 万元；（2）取得转让公司债券收入 1 100 万元，债券的买入价为 888 万元；（3）取得金融服务手续费收入 1.06 万元；（4）吸收居民存款 500 万元；（5）购进 6 台自助存取款机，取得增值税专用发票注明的金额为 50 万元，增值税税额为 6.5 万元。要求：计算该银行第三季度应缴纳的增值税税额。金融业适用的增值税税率为 6%。

答案：（1）贷款业务应纳增值税税额=636÷（1+6%）×6%=36（万元）

（2）债券转让应纳增值税税额=（1 100–888）÷（1+6%）×6%=12（万元）

（3）手续费应纳增值税税额=1.06÷（1+6%）×6%=0.06（万元）

该银行第三季度应纳增值税税额=36+12+0.06–6.5=41.56（万元）

3. 交通运输服务

交通运输服务主要包括陆路运输服务、水路运输服务、航空运输服务、管道运输服务。

重要提示

航空运输企业的销售额，不包括代收的机场建设费和代售其他航空运输企业客票而代收转付的价款。

交通运输业的纳税人分为两类，一类是一般纳税人，另一类是小规模纳税人。一般纳税人适用 9%的税率，按照一般计税方法计税，一般纳税人购进商品的进项税额可以抵扣，销售商品时可以使用增值税专用发票。小规模纳税人按照 3%征税，适用简易计税方法计税。

小规模纳税人适用 3%的征收率，计算公式：

应纳税额=不含税销售额×3%=含税销售额÷（1+3%）×3%

一般纳税人适用 9%的税率，计算公式：

应纳税额=销售税额–进项税额=不含税销售额×9%–进项税额

=含税销售额÷（1+9%）×9%–进项税额

重要提示

一般纳税人提供客运场站服务，以其取得的全部价款和价外费用，扣除支付给承运方运费后的余额为销售额。

例题 2-25

大通运输公司接受 A 公司委托，将一批货物从甲地运输至乙地，运费为 500 万元；大通公司将部分货物委托捷达运输公司运送，约定的运费为 200 万元，相互间通过银行存款结算。试分别计算大通公司和捷达公司应缴纳的增值税税额。

答案：（1）假设大通公司与捷达公司都是一般纳税人。

捷达公司销项税额=2 000 000÷（1+9%）×9%=165 137.61（元）。假定其本月没有其他增值税的进项税额与销项税额，则本月应纳增值税税额为 165 137.61 元。

大通公司本月应纳增值税销项税额=5 000 000÷（1+9%）×9%=412 844.04（元）

本月应纳增值税税额=412 844.04−165 137.61=247 706.43（元）

（2）假设大通公司是一般纳税人，捷达公司是小规模纳税人，大通公司可以委托税务机关代开增值税专用发票。

捷达公司本月应纳增值税税额=2 000 000÷（1+3%）×3%=58 252.43（元）

大通公司本月可抵扣的增值税进项税额=2 000 000÷（1+3%）×3%=58 252.43（元）

大通公司本月应纳增值税税额=412 844.04−58 252.43=354 591.61（元）

（3）假设大通公司和捷达公司都是小规模纳税人。

捷达公司本月应纳增值税税额=2 000 000÷（1+3%）×3%=58 252.43（元）

大通公司本月应纳增值税税额=（5 000 000−2 000 000）÷（1+3%）×3%=87 378.64（元）

4. 邮政电信服务

邮政服务和电信业提供基础电信服务，适用 9%的增值税税率；电信业提供增值电信服务，适用 6%的增值税税率。

如果在提供电信业服务时，附带赠送用户识别卡、电信终端等货物或者电信业服务的，应将其取得的全部价款和价外费用分别进行核算，按各自适用的税率计算缴纳增值税。

重要提示

电信业提供下列特殊服务，可按以下规定申报缴纳增值税：

（1）中国移动通信集团公司、中国联合网络通信集团有限公司、中国电信集团公司及其成员单位通过手机短信公益特服号为公益性机构接受捐款服务，以其取得的全部价款和价外费用，扣除支付给公益性机构捐款后的余额为销售额。

（2）境内单位和个人向中华人民共和国境外单位提供电信业服务，免征增值税。

（3）以积分兑换形式赠送的电信业服务，不征收增值税。

例题 2-26

电信集团某分公司是增值税一般纳税人。9 月，利用固网、移动网、卫星、互联网、有线电视网络提供短信服务，取得价税合计收入 318 万元；提供彩信服务，取得价税合计收入 212 万元；提供电子数据和信息的传输及应用服务，取得价税合计收入 424 万元；提供互联网接入服务，取得价税合计收入 636 万元；提供卫星电视信号落地转接服务，取得价税合计收入 742 万元。同时，该分公司在提供电信业服务时，还附带赠送用户识别卡、电信终端等货物或者电信业服务，给客户提供增值电信服务价税合计 106 万元。已知该分公司当月认证增值税专用发票的进项税额为 38 万元，且符合进项税额抵扣规定。那么，该分公司 9 月应如何申报缴纳增值税？

答案：该分公司 9 月应申报缴纳的增值税=（318+212+424+636+742+106）÷1.06×6%−38=100（万元）

例题 2-27

电信集团某分公司是增值税一般纳税人。9 月，提供基础电信服务，取得价税合计收入 1 090 万元；提供增值电信服务，取得价税合计收入 530 万元。与此同时，该分公司当月还发生下列经济业务。

（1）通过国家规定的手机短信公益特服号及公益性机构，接受捐款服务，取得价税合计收入 636 万元，其中支付给公益性机构的捐款为 530 万元；

（2）向境外单位提供电信业服务，取得价税合计收入 300 万元；

（3）以积分兑换的形式赠送电信业服务，给客户免费提供电信服务，价税合计 400 万元；

（4）通过卫星提供彩信服务、电子数据和信息的传输服务，取得价税合计收入 848 万元。

已知该分公司当月认证的全部增值税专用发票进项税额为 150 万元，但按简易计税方法计税项目、非增值税应税劳务、免征增值税项目的进项税额无法准确划分。问该分公司 9 月应如何申报缴纳增值税？

答案：该分公司 9 月应申报缴纳的增值税计算过程如下。

不得抵扣的进项税额=当期无法划分的全部进项税额×（当期简易计税方法计税项目销售额+非增值税应税劳务销售额+免征增值税项目销售额）÷当期全部销售额

=150×（0+400+300）÷［（1 090÷1.09）+（530+636−530）÷1.06+300+400+（848÷1.06）］

≈33.87（万元）

销项税额=1 090÷1.09×9%+（530+636−530+848）÷1.06×6%=173.94（万元）

该分公司 9 月合计应纳增值税税额=173.94−（150−33.87）=57.81（万元）

5. 现代服务

一般纳税人提供现代服务适用税率为 6%；小规模纳税人提供现代服务，以及一般纳税人提供的可选择简易计税方法的现代服务，征收率为 3%。

重要提示

财政部　国家税务总局《关于营业税改征增值税试点有关文化事业建设费政策及征收管理问题的通知》（财税〔2016〕25 号）规定，在中华人民共和国境内提供广告服务的广告媒介单位和户外广告经营单位，应按照通知规定缴纳文化事业建设费。

中华人民共和国境外的广告媒介单位和户外广告经营单位在境内提供广告服务，在境内未设有经营机构的，以广告服务接受方为文化事业建设费的扣缴义务人。

缴纳文化事业建设费的单位（以下简称缴纳义务人）应按照提供广告服务取得的计费销售额和 3%的费率计算应缴费额，计算公式如下：

应缴费额=计费销售额×3%

其中，计费销售额为缴纳义务人提供广告服务取得的全部含税价款和价外费用，减除支付给其他广告公司或广告发布者的含税广告发布费后的余额。

缴纳义务人减除价款的，应当取得增值税专用发票或国家税务总局规定的其他合法有效凭证，否则不得减除。

按规定扣缴文化事业建设费的，扣缴义务人应按下列公式计算应扣缴费额：

应扣缴费额=支付的广告服务含税价款×费率

例题 2-28

A 广告公司已认定为增值税一般纳税人。9 月，该公司取得广告制作费 900 万元（含税），支付给山西某媒体（一般纳税人）的广告发布费为 500 万元，所取得的发票为合法有效凭证。A 广告公司应如何计算增值税和文化事业建设费？

答案：A 广告公司 9 月销项税额=900÷1.06×6%=50.94（万元）

A 广告公司 9 月进项税额=500÷1.06×6%=28.3（万元）

A 广告公司 9 月应纳增值税税额=50.94−28.3=22.64（万元）

A 广告公司 9 月应缴纳的文化事业建设费=（900−500）×3%=12（万元）

A 广告公司 9 月应扣缴的文化事业建设费=500×3%=15（万元）

重要提示

增值税小规模纳税人中月销售额不超过 2 万元（按季纳税 6 万元）的企业和非企业性单位提供的应税服务，免征文化事业建设费。提供应税服务未达到增值税起征点的个人，免征文化事业建设费。

6. 生活服务

一般纳税人提供生活服务适用税率为 6%；小规模纳税人提供生活服务，以及一般纳税人提供的可选择简易计税方法的生活服务，征收率为 3%。

纳税人的销售额为纳税人提供生活服务收取的全部价款和价外费用。财政部和国家税务总局另有规定的除外。

（1）经纪代理服务，以取得的全部价款和价外费用，扣除向委托方收取并代为支付的政府性基金或者行政事业性收费后的余额为销售额。

重要提示

向委托方收取的政府性基金或者行政事业性收费，不得开具增值税专用发票。

（2）纳税人提供旅游服务，可以选择以取得的全部价款和价外费用，扣除向旅游服务购买方收取并支付给其他单位或者个人的住宿费、餐饮费、交通费、签证费、门票费和支付给其他接团旅游企业的旅游费用后的余额为销售额。

例题 2-29

9月，无锡市春秋国际旅行社组织甲、乙两个假日旅游团。甲团是由36人组成的境内旅游团。旅行社向每人收取4 500元（人民币，下同），旅游期间，旅行社为每人支付交通费1 600元，住宿费400元，餐费300元，公园门票等费用600元；乙团是由30人组成的境外旅游团，旅行社向每人收取6 800元，在境外该团改由当地WT旅游公司接团，负责在境外安排旅游，旅行社按协议支付给境外WT旅游公司旅游费折合人民币144 000元。计算旅行社9月份的增值税销项税额。

答案：该旅行社9月份的增值税销项税额=[（4 500–1 600–400–300–600）×36+（6 800×30–144 000）]÷（1+6%）×6%=6 656.6（元）

例题 2-30

A演艺公司为增值税一般纳税人，5月举办文艺表演5场，取得门票收入106万元，A演艺公司5月购买背景布、音响道具、钢构舞台等取得增值税专用发票上注明的税额合计2万元。A演艺公司5月需缴纳多少增值税?

答案：一般纳税人提供文化体育服务可以选择适用简易计税方法计税。但一经选择，36个月内不得变更。

（1）按一般计税方法。

该公司5月销项税额=106÷（1+6%）×6%=6（万元）

该公司5月进项税额=2（万元）

该公司5月应纳增值税税额=6–2=4（万元）

（2）按简易计税方法。

该公司5月应纳增值税=106÷（1+3%）×3%=3.09（万元）

例题 2-31

某宾馆是一个综合性的生活服务企业，主营娱乐业，兼营饮食、卡拉OK歌舞厅等业务。6月取得如下含税收入：住宿收入50万元；歌舞厅收入15万元，其中门票收入5万元，烟酒收入10万元；其他服务收入2万元；小班车接送客人收入8万元；代购车票手续费收入1万元。要求计算该宾馆6月应缴纳的增值税税额。

答案：生活服务业和现代服务业适用 6%的税率；歌舞厅中消费的烟酒属于按应税服务征收的混合经营，适用 6%的税率；小班车接送客人属于单独核算的兼营项目，按交通运输业税率9%计算应纳税额。

应纳增值税税额=（50+15+2+1）÷（1+6%）×6%+8÷（1+9%）×9%=4.509 7（万元）

7. 出租不动产

（1）一般纳税人出租不动产，按照以下规定缴纳增值税。

① 一般纳税人出租其2016年4月30日前取得的不动产，可以选择适用简易计税方法，

按照 5%的征收率计算应纳税额。

应预缴税款=含税销售额÷（1+5%）×5%

② 一般纳税人出租其 2016 年 5 月 1 日后取得的不动产，适用一般计税方法计税。

应预缴税款=含税销售额÷（1+9%）×9%

不动产所在地与机构所在地不在同一县（市、区）的，纳税人应按照 3%的预征率向不动产所在地主管国税机关预缴税款，向机构所在地主管国税机关申报纳税。

应预缴税款=含税销售额÷（1+9%）×3%

（2）小规模纳税人出租不动产，按照以下规定缴纳增值税。

① 单位和个体工商户出租不动产（不含个体工商户出租住房），按照 5%的征收率计算应纳税额。

应预缴税款=含税销售额÷（1+5%）×5%

个体工商户出租住房，按照 5%的征收率减按 1.5%计算应纳税额。

应预缴税款=含税销售额÷（1+5%）×1.5%

② 其他个人出租不动产（不含住房），按照 5%的征收率计算应纳税额，向不动产所在地主管地税机关申报纳税。

应纳税额=含税销售额÷（1+5%）×5%

例题 2-32

某个人出租商铺，每月取得租金收入 10 万元，增值税征收率为 5%。要求：计算其每月应缴纳的增值税税额。

答案：每月应缴纳的增值税税额=10÷（1+5%）×5%=0.48（万元）

其他个人出租住房，按照 5%的征收率减按 1.5%计算应纳税额，向不动产所在地主管地税机关申报纳税。

应纳税额=含税销售额÷（1+5%）×1.5%

例题 2-33

某人出租住房，每月取得租金收入 8 万元。要求：计算其每月应缴纳的增值税税额。

答案：每月应缴纳的增值税税额=8÷（1+5%）×1.5%=0.11（万元）

（3）纳税人出租不动产，按规定需要预缴税款的，应在取得租金的次月纳税申报期或不动产所在地主管国税机关核定的纳税期限预缴税款。

（二）转让无形资产

纳税人转让无形资产的销售额为纳税人转让无形资产从受让方取得的货币、货物和其他经济利益。

销售无形资产的税率分为两档：一是转让技术、商标、著作权、商誉、自然资源使用权（不包括土地使用权）和其他权益性无形资产，税率为 6%；二是转让土地使用权，税率为 9%。

例题 2-34

无锡市某医药公司（增值税一般纳税人）8 月 1 日取得某类药品的商标权，支付价款 90 万元，增值税进项税额为 5.09 万元。该医药公司于该年 12 月 31 日将该类药品的商标权转让，取得款项 106 万元。要求：计算该医药公司应缴纳的增值税税额。

答案：该公司应缴纳的增值税税额=106÷（1+6%）×6%−5.09=0.91（万元）

（三）销售不动产

销售不动产是指有偿转让不动产所有权的行为。纳税人转让其取得的不动产，包括以直接购买、接受捐赠、接受投资入股、自建及抵债等各种形式取得的不动产。

重要提示

房地产开发企业销售自行开发的房地产项目不适用本办法。

（1）一般纳税人销售其 2016 年 4 月 30 日前取得（不含自建）的不动产，可以选择适用简易计税方法，以取得的全部价款和价外费用减去该项不动产购置原价或者取得不动产时作价后的余额为销售额，按照 5%的征收率计算应纳税额。纳税人应按照上述计税方法在不动产所在地预缴税款后，向机构所在地主管税务机关进行纳税申报。

应纳税额=（全部价款和价外费用−不动产购置原价或取得不动产时的作价）÷（1+5%）×5%

例题 2-35

某企业 2020 年 9 月转让其在 2015 年购买的商业用房，购买原价为 300 万元，现以 350 万元对外销售，增值税征收率为 5%。要求：计算其应缴纳的增值税税额。

答案：应预缴税款=（350−300）÷（1+5%）×5%=2.38（万元）

应缴纳增值税税额= （350−300）÷（1+5%）×5%−2.38=0（万元）

（2）一般纳税人销售其 2016 年 4 月 30 日前自建的不动产，可以选择适用简易计税方法，以取得的全部价款和价外费用为销售额，按照 5%的征收率计算应纳税额。纳税人应按照上述计税方法在不动产所在地预缴税款后，向机构所在地主管税务机关进行纳税申报。

应纳税额=全部价款和价外费用÷（1+5%）×5%

例题 2-36

某工厂 9 月转让 2015 年自建厂房，现以 350 万元价格对外销售，增值税征收率为 5%，计算其应缴纳的增值税税额。

答案：应缴纳增值税税额=350÷（1+5%）×5%=16.67（万元）

（3）一般纳税人销售其 2016 年 5 月 1 日后取得（不含自建）的不动产，应适用一般计税方法，以取得的全部价款和价外费用为销售额计算应纳税额。纳税人应以取得的全部价款和价外费用减去该项不动产购置原价或者取得不动产时的作价后的余额，按照 5%的预征率在不动产所在地预缴税款后，向机构所在地主管税务机关进行纳税申报。

应纳税额=全部价款和价外费用÷（1+9%）×9%–已预缴税款

应预缴税款=（全部价款和价外费用–不动产购置原价或者取得不动产时的作价）÷（1+5%）×5%

例题 2-37

某企业为一般纳税人，销售 2016 年 6 月后新购入的办公楼一栋，取得全部价款和价外费用 5 550 万元，开具增值税专用发票，销售时采用一般计税方法，适用税率为 9%，购进原值为 4 500 万元，预征率为 5%；本月还以 1 130 万元购进办公用计算机、家具等，取得增值税专用发票并于当期认证。要求：计算其应纳税额。

答案：应预缴税款=（5 550–4 500）÷（1+5%）×5%=50（万元）

销项税额=5 550÷（1+9%）×9%=458.256 9（万元）

进项税额=1 130÷（1+13%）×13%=130（万元）

应纳税额=458.256 9–130–50=278.256 9（万元）

（4）一般纳税人销售其 2016 年 5 月 1 日后自建的不动产，应适用一般计税方法，以取得的全部价款和价外费用为销售额计算应纳税额。纳税人应以取得的全部价款和价外费用，按照 5%的预征率在不动产所在地预缴税款后，向机构所在地主管税务机关进行纳税申报。

应预缴税款=全部价款和价外费用÷（1+5%）×5%

重要提示

上述第（3）、第（4）条中一般纳税人适用一般计税方法的，适用税率为 9%，预征率为 5%。

例题 2-38

某企业为一般纳税人，销售 2016 年 6 月后自建的厂房一栋，取得全部价款和价外费用 11 655 000 元，开具增值税专用发票，销售时采用一般计税方法，适用税率为 9%；本月还以 2 925 000 元购进办公用计算机、家具等，取得增值税专用发票并于当期认证。要求：计算其应纳税额。

答案：应预征税额=1 165.5÷（1+5%）×5%=55.5（万元）

销项税额=1 165.5÷（1+9%）×9%=96.233 9（万元）

进项税额=292.5÷（1+13%）×13%=33.65（万元）

应纳税额=96.233 9–33.65–55.5=7.083 9（万元）

（5）小规模纳税人转让其取得的不动产，除个人转让其购买的住房外，以取得的全部价款和价外费用扣除不动产购置原价或者取得不动产时作价后的余额为销售额，按照 5%的征收率计算应纳税额。

应预缴税款=（全部价款和价外费用–不动产购置原价）÷（1+5%）×5%

小规模纳税人转让其自建的不动产，以取得的全部价款和价外费用为销售额，按照 5%的征收率计算应纳税额。

应预缴税款=全部价款和价外费用÷（1+5%）×5%

应纳税额=全部价款和价外费用÷（1+5%）×5%−已预缴税款

例题 2-39

A市某小规模纳税人于2015年4月在B市自建厂房，2020年5月将其转让，销售价为525万元，如何计算应纳税额并申报纳税？

答案：应预缴税款=525÷（1+5%）×5%=25（万元）

应纳税额=525÷（1+5%）×5%−25=0（万元）

（6）个人转让其购买的住房，按照有关规定全额缴纳增值税的，以取得的全部价款和价外费用为销售额，按照5%的征收率计算应纳税额；按照有关规定差额缴纳增值税的，以取得的全部价款和价外费用扣除购买住房价款后的余额为销售额，按照5%的征收率计算应纳税额。

应纳税额=全部价款和价外费用÷（1+5%）×5%

或：应纳税额=（全部价款和价外费用−不动产购置成本）÷（1+5%）×5%

例题 2-40

某人于2020年9月将购买不足2年的住房以100万元的价格对外销售，增值税征收率为5%，计算其应缴纳的增值税税额。

答案：应缴纳的增值税税额=100÷（1+5%）×5%=4.76（万元）

重要提示

自2016年5月1日起，个人将购买不足2年的住房对外销售的，按照5%的征收率全额征收增值税；个人将购买2年以上（含2年）的非普通住房对外销售的，按照其销售收入减去购买房屋价款后的差额按照5%的征收率征收增值税；个人将购买2年以上（含2年）的普通住房对外销售的，免征增值税。涉及家庭财产分割的个人无偿转让不动产、土地使用权，免征增值税。

即学即思

张某于2020年6月出售自己名下购买不足2年的住房获得价款50万元，应缴纳的增值税税额是多少？

答案：应缴纳的增值税税额=500 000÷（1+5%）×5%=23 809.52（元）

（7）纳税人按规定从取得的全部价款和价外费用中扣除不动产购置原价或者取得不动产时作价的，应当取得符合法律、行政法规和国家税务总局规定的合法有效凭证，否则不得扣除。上述凭证是指：税务部门监制的发票；法院判决书、裁定书、调解书，以及仲裁裁决书、公证债权文书；国家税务总局规定的其他凭证。

（8）纳税人转让其取得的不动产，向不动产所在地主管地税机关预缴的增值税税款，可以在当期增值税应纳税额中抵减，抵减不完的，结转下期继续抵减。纳税人以预缴税款抵减应纳税额，应以完税凭证作为合法有效凭证。

重要提示

纳税人向其他个人转让其取得的不动产，不得开具或申请代开增值税专用发票。小规模纳税人转让其取得的不动产，不能自行开具增值税发票的，可向不动产所在地主管地税机关申请代开。

五、加计抵减政策

自2019年4月1日至2021年12月31日，允许生产、生活性服务业纳税人按照当期可抵扣进项税额加计10%，抵减应纳税额。

（1）生产、生活性服务业纳税人，是指提供邮政服务、电信服务、现代服务、生活服务（以下称四项服务）取得的销售额占全部销售额的比重超过50%的纳税人。

① 2019年3月31日前设立的纳税人，自2018年4月至2019年3月期间的销售额（经营期不满12个月的，按照实际经营期的销售额）符合上述规定条件的，自2019年4月1日起适用加计抵减政策。

② 2019年4月1日后设立的纳税人，自设立之日起3个月的销售额符合上述规定条件的，自登记为一般纳税人之日起适用加计抵减政策。

③ 纳税人确定适用加计抵减政策后，当年内不再调整，以后年度是否适用，根据上年度销售额计算确定。

④ 纳税人可计提但未计提的加计抵减额，可在确定适用加计抵减政策当期一并计提。

（2）纳税人应按照当期可抵扣进项税额的10%计提当期加计抵减额。按照现行规定不得从销项税额中抵扣的进项税额，不得计提加计抵减额；已计提加计抵减额的进项税额，按规定做进项税额转出的，应在进项税额转出当期，相应调减加计抵减额。计算公式如下：

当期计提加计抵减额=当期可抵扣进项税额×10%

当期可抵减加计抵减额=上期末加计抵减额余额+当期计提加计抵减额-当期调减加计抵减额

（3）纳税人应按照现行规定计算一般计税方法下的应纳税额（以下称抵减前的应纳税额）后，区分以下情形加计抵减：

① 抵减前的应纳税额等于零的，当期可抵减加计抵减额全部结转下期抵减；

② 抵减前的应纳税额大于零，且大于当期可抵减加计抵减额的，当期可抵减加计抵减额全额从抵减前的应纳税额中抵减；

③ 抵减前的应纳税额大于零，且小于或等于当期可抵减加计抵减额的，以当期可抵减加计抵减额抵减应纳税额至零。未抵减完的当期可抵减加计抵减额，结转下期继续抵减。

（4）纳税人出口货物劳务、发生跨境应税行为不适用加计抵减政策，其对应的进项税额不得计提加计抵减额。

纳税人兼营出口货物劳务、发生跨境应税行为且无法划分不得计提加计抵减额的进项税额，按照以下公式计算：

不得计提加计抵减额的进项税额=当期无法划分的全部进项税额×当期出口货物劳务和发生跨境应税行为的销售额÷当期全部销售额

（5）纳税人应单独核算加计抵减额的计提、抵减、调减、结余等变动情况。骗取适用加计抵减政策或虚增加计抵减额的，按照《中华人民共和国税收征收管理法》等有关规定处理。

（6）加计抵减政策执行到期后，纳税人不再计提加计抵减额，结余的加计抵减额停止抵减。

课后练习

1. 某企业为增值税一般纳税人，增值税税率为13%。11月有关生产经营业务如下：

（1）销售甲产品给某大型商场，开具增值税专用发票，取得不含税销售额80万元，另外还开具了普通发票，取得销售甲产品的送货运输费收入5.65万元。

（2）销售乙产品，开具普通发票，取得含税销售额28.25万元。

（3）将试制的一批应税新产品用于本企业基建工程，成本价为20万元，成本利润率为10%，该新产品无同类产品市场销售价格。

（4）销售使用过的2011年进口的摩托车5辆，开具普通发票，每辆取得含税销售额1.13万元，该摩托车原值为每辆1.9万元。

（5）购进货物取得增值税专用发票，注明支付的货款为60万元、进项税额为7.8万元。

（6）向农业生产者购进免税农产品一批，支付收购价30万元，支付给运输单位的运费5万元，取得增值税专用发票。本月下旬将购进的农产品的20%用于本企业职工福利（以上相关票据均符合税法的规定）。

要求：计算该企业11月应缴纳的增值税税额。

2. 什么叫增值税差额征税？

3. 进项税额不得从销项税额中抵扣的项目有哪些？

4. 不得开具增值税专用发票的项目有哪些？

任务三　增值税的科目设置及会计处理

一、科目设置

在进行增值税会计处理时，为了核算增值税的应交、抵扣、已交、退税、转出等情况，在“应交税费”科目下设置“应交增值税”和“未交增值税”两个明细科目。

为了详细核算企业应交增值税的计算和解缴、抵扣等情况，增值税一般纳税人在“应交增值税”明细科目下应设置“进项税额”“已交税金”“转出未交增值税”“销项税额”“出口退税”“进项税额转出”“转出多交增值税”等专栏。

二、会计处理

（一）一般购进业务增值税的会计处理

一般纳税人企业在购入货物时，会计处理实行价与税的分离，分离的依据为增值税专用发票上注明的价款和增值税，属于价款部分，计入购入货物的成本；属于增值税部分，计入进项税额。

例题 2-41

无锡市某公司（一般纳税人）2019 年 7 月应付水费 32 700 元，取得防伪税控系统开具的增值税专用发票上注明的价款为 30 000 元，增值税税额为 2 700 元。支付电费 22 600 元，防伪税控系统开具的增值税专用发票上注明的价款为 20 000 元，增值税税额为 2 600 元。增值税发票均已取得认证。水电费 70%用于生产车间，30%由厂部使用。该公司如何进行账务处理？

答案：借：制造费用　　35 000
　　　　　管理费用　　15 000
　　　　　应交税费——应交增值税（进项税额）　　5 300
　　　　　贷：应付账款　　55 300

（二）购入免税农产品的涉税会计处理

按税法规定，对于一般纳税人购入的免税农产品、收购废旧物资等可以按买价（或收购金额）的一定比率计算进项税额，并准予从销项税额中抵扣。在会计核算时，按有关凭证上确定的金额扣除规定比率的进项税额，作为购进成本，借记“原材料”等科目；按买价（收购金额）和规定的扣除率计算的进项税额，借记“应交税费——应交增值税（进项税额）”科目；按应付或实际支付的价款，贷记“应付账款”和“银行存款”等科目。

例题 2-42

无锡市中天公司 7 月从农场购进一批粮食用来生产食品，收购凭证上注明支付价款 200 000 元，农产品未入库，款项已用转账支票支付。该公司如何进行账务处理？

答案：借：在途物资　　182 000
　　　　　应交税费——应交增值税（进项税额）　　18 000
　　　　　贷：银行存款　　200 000

（三）接受投资转入货物进项税额的会计处理

一般纳税人接受投资转入的货物，按照增值税专用发票上注明的增值税税额，借记“应交税费——应交增值税（进项税额）”科目，按照双方确认的货物价值借记“原材料”等科目，按其在注册资本中所占的份额，贷记“实收资本”科目，按其差额，贷记“资本公积”科目。

例题 2-43

无锡市悦来公司（一般纳税人）接受大发公司投资转入的原材料一批，取得防伪税控系统开具的增值税专用发票，注明双方确认的价值为180 000元，增值税税额为23 400元。增值税专用发票已通过认证。该项投资占悦来公司30%的股份，悦来公司注册资本为400 000元。该公司如何进行账务处理？

答案：借：原材料　　180 000
　　应交税费——应交增值税（进项税额）　　23 400
　　贷：实收资本——大发公司　　120 000
　　　　资本公积　　83 400

（四）进口货物进项税额的会计处理

一般纳税人进口货物，按照海关提供的完税凭证上注明的增值税税额，借记“应交税费——应交增值税（进项税额）”科目；按进口货物应计入采购成本的金额，借记“原材料”和“材料采购”等科目；按应付或实际支付的金额，贷记“应付账款”和“银行存款”等科目。

（五）购进货物不得抵扣进项税额的会计处理

1. 购入货物时即能认定其进项税额不能抵扣的

提醒你：

下列项目不得抵扣进项税额	（1）未按照规定取得并保存增值税扣税凭证，购入货物直接用于免税项目、非应税项目、集体福利和个人消费，其增值税专用发票上注明的增值税税额，记入购入货物及接受劳务的成本
	（2）外购货物在购进货物中发生非正常损失的，其进项税额不得抵扣，应将损失货物的价值连同相应的进项税额一并转入“待处理财产损溢——待处理流动资产损溢”科目

例题 2-44

无锡市明发公司（一般纳税人）外购原材料一批，数量为10吨，取得专用发票上注明价款为200 000元，增值税税额为26 000元，款项已付，因管理不善入库前造成非正常损失1吨。该公司如何进行账务处理？

答案：借：原材料　　180 000
　　应交税费——应交增值税（进项税额）　　23 400
　　待处理财产损溢——待处理流动资产损溢　　22 600
　　贷：银行存款　　226 000

2. 购入货物时不能直接认定其进项税额能否抵扣的

（1）购进货物改变用途转出进项税额的会计处理。

为生产、销售而购进的货物，购进后被用于非应税项目、集体福利或个人消费时，应将其负担的增值税转入有关成本、费用科目，借记“在建工程”和“应付职工薪酬”等科目，贷记“应交税费——应交增值税（进项税额转出）”科目。

例题 2-45

无锡市新华食品公司（一般纳税人）7 月购进 20 吨白糖，取得防伪税控系统开具的增值税专用发票上注明的材料价款为 90 000 元，增值税税额为 11 700 元。增值税专用发票已通过认证，7 月份将其中的 3 吨作为福利发给职工时，该公司应如何进行账务处理？

答案：借：应付职工薪酬　　15 255

　　　贷：原材料　　13 500

　　　　　应交税费——应交增值税（进项税额转出）　　1 755

（2）非正常损失货物转出进项税额的会计处理。

例题 2-46

无锡市大明公司（一般纳税人）7 月由于管理不善丢失产品一批，账面价值为 90 000 元。当期生产成本总额为 400 000 元。其中，耗用外购材料、低值易耗品等价值为 200 000 元，外购货物均适用 13%增值税税率。可以抵扣的进项税额是多少？该公司应如何进行账务处理？

答案：损失产品成本中所耗外购货物的金额=90 000×（200 000÷400 000）

=45 000（元）

应转出进项税额=45 000×13%=5 850（元）

借：待处理财产损溢——待处理流动资产损溢　　95 850

　　贷：库存商品　　90 000

　　　　应交税费——应交增值税（进项税额转出）　　5 850

（六）一般销售业务的会计处理

1. 直接收款方式销售货物的会计处理

纳税人采取直接收款方式销售货物的，企业应根据销售结算凭证和银行存款进账单，借记“应收账款”“应收票据”“银行存款”等科目；按照实现的销售收入，贷记“主营业务收入”“其他业务收入”等科目；按照规定收取的增值税税额，贷记“应交税费——应交增值税（销项税额）”科目。

2. 托收承付和委托收款方式销售货物的会计处理

纳税人采取托收承付和委托收款方式销售货物，纳税义务发生时间为发出货物并办妥托收手续的当天。按照实现的销售收入和按规定收取的增值税税额，借记“应收账款”科目；按照实现的销售收入，贷记“主营业务收入”科目；按照规定收取的增值税税额，贷记“应交税费——应交增值税（销项税额）”科目。

例题 2-47

无锡市明发公司（一般纳税人）7 月采用托收承付结算方式向异地某公司销售货物一批，货款为 50 000 元，增值税税额为 6 500 元。另支付运费 3 000 元（含税），取得运输专用发票。托收手续已办理完毕。该公司应如何进行账务处理？

答案：（1）销售货物确认收入时：

借：应收账款　　56 500

　　贷：主营业务收入　　50 000

　　　　应交税费——应交增值税（销项税额）　　6 500

（2）支付运费时：

借：销售费用　　2 752.29

　　应交税费——应交增值税（进项税额）　　247.71

　　贷：银行存款　　3 000

即学即思

支付运费与垫付运费涉税账务处理有何区别？

答案：支付运费计入“销售费用”科目；垫付运费计入“其他应收款”科目。

3. 预收货款方式销售货物的核算

纳税人采取预收货款方式销售货物，纳税义务发生的时间为货物发出的当天。纳税人在收到预收款项时，借记“银行存款”科目，贷记“预收账款”科目。在发出产品时，按实现的收入和应收取的增值税税额，借记“预收账款”和“银行存款”等科目；按实现的收入，贷记“主营业务收入”科目；按应收取的增值税税额，贷记“应交税费——应交增值税（销项税额）”科目，同时结转成本。

（七）一般纳税人销售服务的会计处理

（1）一般纳税人在国内采购的货物或接受的应税劳务和应税服务，取得增值税专用发票（不含小规模纳税人代开的货运增值税专用发票），按发票注明的增值税税额进行核算。

例题 2-48

无锡市甲运输公司是增值税一般纳税人，9 月取得全部收入 200 万元，其中，国内客运收入 185 万元，支付其他联运企业运费 50 万元并取得增值税专用发票，销售货物取得支票 12 万元，运送该批货物取得运输收入 3 万元。假设该企业无其他进项税，期初无留抵税额（单位：万元）。请分析甲运输公司应如何计算增值税并进行账务处理？

答案：由于客运收入属于交通运输业，适用的增值税税率为 9%，销售货物属于增值税应税货物，税率为 13%。因此，甲运输公司销售额=（185+3−50）÷（1+9%）+12÷（1+13%）=137.22（万元）。

销项税额=（185+3−50）÷（1+9%）×9%+12÷（1+13%）×13%=12.78（万元）

应缴纳的增值税税额=12.78（万元）

甲运输公司取得收入的会计处理如下。

借：银行存款　　　　　　　　　　200

　　贷：主营业务收入　　　　　　　　　183.1

　　　　应交税费——应交增值税（销项税额）16.9　［（185+3）÷（1+9%）×9% +12÷（1+ 13%）×13%］

支付联运企业运费的会计处理如下。

借：主营业务成本　　　　　　　　45.87

　　应交税费——应交增值税（进项税额）4.13　［50÷（1+9%）×9%］

　　贷：银行存款　　　　　　　　　　　50

（2）一般纳税人提供适用简易计税方法应税服务，发生《营业税改征增值税试点实施办法》第十一条所规定情形的视同提供应税服务应缴纳的增值税税额，借记"营业外支出"和"应付股利"等科目，贷记"应交税费——未交增值税"科目。

例题 2-49

10 月 10 日，无锡九龙公交公司当天取得公交乘坐费 85 000 元。请计算按简易计税办法计算的增值税税额，并做出会计处理。

答案：应缴纳的增值税税额=85 000÷（1+3%）×3%=2 475.73（元），相应会计处理如下。

借：库存现金　　　　　　　　　　85 000

　　贷：主营业务收入　　　　　　　　　82 524.27

　　　　应交税费——未交增值税　　　　　2 475.73

（八）增值税缴纳的会计处理

月份终了，纳税人应根据"应交税费——应交增值税"明细科目各专栏本期发生额，计算企业当期应缴纳的增值税税额，并在规定期限内申报缴纳。

当期应纳税额=（当期销项税额+当期进项税额转出+当期出口退税发生额）−（上期留抵+当期发生的允许抵扣的进项税额）

企业计算出当月应缴而未缴的增值税，借记"应交税费——应交增值税（转出未交增值税）"科目，贷记"应交税费——未交增值税"科目。当月多缴的增值税，借记"应交税费——未交增值税"科目，贷记"应交税费——应交增值税（转出多交增值税）"科目。

企业缴纳当月的增值税，通过"应交税费——应交增值税（已交税金）"科目反映；缴纳以前各期未缴的增值税，通过"应交税费——未交增值税"科目反映。

例题 2-50

无锡市新华公司（一般纳税人）7 月外购货物，发生允许抵扣的进项税额合计 600 000

元，本月初“应交税费——应交增值税”明细账借方余额为 10 000 元，本月对外销售货物，取得销项税额合计为 750 000 元。请计算新华公司本月应纳增值税，并进行账务处理。

答案：新华公司本月应纳增值税=750 000–（600 000+10 000）=140 000（元）

借：应交税费——应交增值税（转出未交增值税）　　140 000

　　贷：应交税费——未交增值税　　140 000

7 月，新华公司依法申报缴纳上月应交未交的增值税 50 000 元，本月的增值税 110 000 元。

借：应交税费——未交增值税　　50 000

　　应交税费——应交增值税（已交税金）　　110 000

　　贷：银行存款　　160 000

（九）小规模纳税人增值税的会计处理

1. 小规模纳税人购进货物的会计处理

小规模纳税人购进货物或接受应税劳务，均按应付或实际支付的价款借记“在途物资”“原材料”“管理费用”等科目，贷记“应付账款”和“银行存款”等科目。

2. 小规模纳税人销售货物的会计处理

小规模纳税人销售货物或提供应税劳务，按实现的销售收入和按规定收取的增值税税额，借记“应收账款”和“银行存款”等科目；按实现的销售收入，贷记“主营业务收入”和“其他业务收入”等科目，按销售收入与征收率的乘积贷记“应交税费——应交增值税”科目。

3. 小规模纳税人上缴税款的会计处理

小规模纳税人按规定的纳税期限缴纳税款时，借记“应交税费——应交增值税”科目，贷记“银行存款”等科目。收到退回多交的增值税时，做相反的会计处理。

小规模纳税人提供应税服务，按规定扣减销售额而减少的应交增值税应直接冲减“应交税费——应交增值税”科目。

企业接受应税服务时，按规定允许扣减销售额而减少的应交增值税，借记“应交税费——应交增值税”科目。实际支付或应付的金额与上述增值税税额的差额，借记“主营业务成本”等科目，按实际支付或应付的金额，贷记“银行存款”和“应付账款”等科目。

对于期末一次性进行账务处理的企业，按规定当期允许扣减销售额而减少的应交增值税，借记“应交税费——应交增值税”科目，贷记“主营业务成本”等科目。

例题 2-51

以实例资料 2-48 为例，甲运输公司变为小规模纳税人，其他条件不变。

答案：因为增值税应税货物和应税劳务小规模纳税人征收率均为 3%，所以甲运输公司应交增值税税额为（185+3–50）÷（1+3%）×3%+12÷（1+3%）×3%=4.37（万元）。

甲运输公司提供服务取得收入的会计处理如下。

借：银行存款　　　　　　　　　　　　　　　　200
　　贷：主营业务收入　　　　　　　　　　　　　195.63
　　　　应交税费——应交增值税　　　　　　　　　4.37

支付联运企业运费的会计处理如下。

借：主营业务成本　　　　　　　　　　　　　　50
　　贷：银行存款　　　　　　　　　　　　　　　50

课后练习

1.南方工厂委托中原木器加工厂加工产品包装用木箱，发出材料价值 15 000 元，支付加工费 3 500 元和增值税 455 元。南方工厂支付加工费和增值税时，正确的会计分录为（　　）。

A. 借：委托加工物资　　　　　　　　　　　3 500
　　　应交税费——应交增值税（进项税额）　　455
　　　贷：银行存款　　　　　　　　　　　　　3 955

B. 借：在途物资　　　　　　　　　　　　　3 500
　　　应交税费——应交增值税（进项税额）　　455
　　　贷：银行存款　　　　　　　　　　　　　3 955

C. 借：周转材料　　　　　　　　　　　　　3 500
　　　应交税费——应交增值税（进项税额）　　455
　　　贷：银行存款　　　　　　　　　　　　　3 955

D. 借：委托加工物资　　　　　　　　　　　3 955
　　　贷：银行存款　　　　　　　　　　　　　3 500
　　　　　应交税费——应交增值税（进项税额）　455

2. 一般纳税人应在“应交税费”科目下设置哪些明细科目？

3. 5 月，A 企业首次购入增值税税控系统设备，支付价款 490 元，同时支付当年增值税税控系统专用设备技术维护费 330 元。当月两项合计抵减当月增值税应纳税额 820 元。请编制相关会计分录。

任务四　增值税的纳税申报

一、增值税纳税义务发生时间

（一）基本规定

增值税纳税义务发生时间：销售货物或者应税劳务以及发生应税行为并收讫销售款项或者取得索取销售款项凭据的当天；先开具发票的，为开具发票的当天；进口货物的，为报关进口的当天。增值税扣缴义务发生时间为纳税人增值税纳税义务发生的当天。

收讫销售款项，指纳税人销售货物、劳务、服务、无形资产、不动产过程中或者完成后收到的款项。

取得索取销售款项凭据的当天，指书面合同确定的付款日期；未签订书面合同或者书面合同未确定付款日期的，为服务、无形资产转让完成的当天或者不动产权属变更的当天。

（二）具体规定

（1）采取直接收款方式销售货物，不论货物是否发出，均为收到销售额或取得索取销售额的凭据，并将提货单交给买方的当天。

（2）采取托收承付和委托银行收款方式销售货物的，为发出货物并办妥托收手续的当天。

（3）采取赊销和分期收款方式销售货物的，为按合同约定的收款日期的当天。

（4）采取预收货款方式销售货物的，为货物发出的当天。但生产销售、生产工期超过 12 个月的大型机械设备、船舶、飞机等货物，为收到预收款或书面合同约定的收款日期的当天。纳税人提供建筑服务、租赁服务采取预收款方式的，其纳税义务发生时间为收到预收款的当天。

（5）委托其他纳税人代销货物的，为收到代销单位销售的代销清单的当天；未收到代销清单及货款的，其纳税义务发生时间为发出代销货物满 180 天的当天。

（6）销售应税劳务的，为提供劳务同时收讫销售额或取得索取销售额的凭据的当天。

（7）纳税人发生视同销售行为的，为货物移送的当天或者服务、无形资产转让完成的当天或者不动产权属变更的当天。

（8）纳税人从事金融商品转让的，为金融商品所有权转让的当天。

二、增值税的纳税期限

根据《中华人民共和国增值税暂行条例》的规定：

（1）增值税的纳税期限分别为 1 日、3 日、5 日、10 日、15 日、1 个月或者 1 个季度。纳税人以 1 个月或者 1 个季度为 1 个纳税期的，自期满之日起 15 日内申报纳税；以 1 日、3 日、5 日、10 日或者 15 日为 1 个纳税期的，自期满之日起 5 日内预缴税款，于次月 1 日起 15 日内申报纳税并结清上月应纳税款。

（2）扣缴义务人解缴税款的期限，依照上述规定执行。

（3）纳税人进口货物，应当自海关填发海关进口增值税专用缴款书之日起 15 日内缴纳税款。

税款计算期分别为 1 日、3 日、5 日、10 日、15 日、1 个月或者 1 个季度。纳税人的具体纳税期限由主管税务机关根据纳税人应纳税额的大小分别核定。以 1 个季度为纳税期限的规定适用于小规模纳税人、银行、财务公司、信托投资公司、信用社，以及财政部和国家税务总局规定的其他纳税人。不能按照固定期限纳税的，可以按次纳税。

税款缴纳期：纳税人以 1 个月或者 1 个季度为 1 个纳税期的，自期满之日起 15 日内申报纳税；以 1 日、3 日、5 日、10 日或者 15 日为 1 个纳税期的，自期满之日起 5 日内预缴税款，于次月 1 日起 15 日内申报纳税并结清上月应纳税款。

扣缴义务人解缴税款的期限，按照前两款规定执行。

重要提示

纳税人的具体纳税期限，由主管税务机关根据纳税人应纳税额的大小分别核定，不能按固定期限纳税的，可以按次纳税。

三、增值税的纳税地点

（1）固定业户应当向其机构所在地或者居住地主管税务机关申报纳税。总机构和分支机构不在同一县（市）的，应当分别向各自所在地的主管税务机关申报纳税；经财政部和国家税务总局或者其授权的财政和税务机关批准，可以由总机构汇总向总机构所在地的主管税务机关申报纳税。

（2）固定业户到外县市销售货物的，应当向其机构所在地主管税务机关申请开具外出经营活动税收管理证明，向其机构所在地主管税务机关申报纳税。未开具证明的，应当向销售地或者劳务发生地主管税务机关申报纳税。未向销售地或者劳务发生地主管税务机关申报纳税的，由其机构所在地主管税务机关补征税款。

（3）非固定业户应当向应税行为发生地主管税务机关申报纳税；未申报纳税的，由其机构所在地或者居住地主管税务机关补征税款。

（4）进口货物，应当由进口人或其代理人向报关地海关申报纳税。

（5）扣缴义务人应当向其机构所在地或者居住地的主管税务机关申报缴纳其扣缴的税款。

（6）其他个人提供建筑服务，销售或者租赁不动产，转让自然资源使用权，应向建筑服务发生地、不动产所在地、自然资源所在地主管税务机关申报纳税。

即学即思

纳税人提供的建筑业劳务，应当向（　　）的主管税务机关申报纳税。

A. 纳税人机构所在地　　B. 纳税人登记注册地

C. 应税劳务发生地　　D. 纳税人居住地

答案：A

四、税收优惠

1. 起征点

按期纳税的，为月销售额 5 000～20 000 元（含本数）。

按次纳税的，为每次（日）销售额 300～500 元（含本数）。

起征点的调整由财政部和国家税务总局规定。省、自治区、直辖市财政厅（局）和国家税务局应当在规定的幅度内，根据实际情况确定本地区适用的起征点，并报财政部和国家税务总局备案。

重要提示

增值税起征点不适用于登记为一般纳税人的个体工商户。

2. 税收减免的处理

纳税人发生应税行为适用免税、减税规定的，可以放弃免税、减税，依照本办法的规定缴纳增值税。放弃免税、减税后，36 个月内不得再申请免税、减税。

纳税人发生应税行为同时适用免税和零税率规定的，纳税人可以选择适用免税或者零税率。个人发生应税行为的销售额未达到增值税起征点的，免征增值税；达到起征点的，全额计算缴纳增值税。

3. 销售服务可以享受免征增值税优惠的项目

（1）个人转让著作权。

（2）将土地使用权转让给农业生产者用于农业生产。

（3）土地所有者出让土地使用权和土地使用者将土地使用权归还给土地所有者。

（4）养老机构提供的养老服务。

（5）托儿所、幼儿园提供的保育和教育服务。

（6）残疾人福利机构提供的育养服务。

（7）婚姻介绍服务。

（8）殡葬服务。

（9）残疾人员本人为社会提供的服务。

（10）医疗机构提供的医疗服务。

（11）从事学历教育的学校提供的教育服务。

（12）学生勤工俭学提供的服务。

（13）农业机耕、排灌、病虫害防治、植物保护、农牧保险及相关技术培训业务，家禽、牲畜、水生动物的配种和疾病防治。

（14）纪念馆、博物馆、文化馆、文物保护单位管理机构、美术馆、展览馆、书画院、图书馆在自己的场所提供文化体育服务取得的第一道门票收入。

（15）寺院、宫观、清真寺和教堂举办文化、宗教活动的门票收入。

（16）个人销售自建自用住房。

（17）符合规定条件的贷款、债券利息收入。

（18）纳税人提供技术转让、技术开发和与之相关的技术咨询、技术服务。

（19）家政服务企业由员工制家政服务员提供家政服务取得的收入。

（20）福利彩票、体育彩票的发行收入。

（21）军队空余房产租赁收入。

（22）为了配合国家住房制度改革，企业、行政事业单位按房改成本价、标准价出售住房取得的收入。

（23）涉及家庭财产分割的个人无偿转让不动产、土地使用权。

（24）随军家属就业和军队转业干部就业。

4. 增值税即征即退政策

（1）一般纳税人提供管道运输服务，对其增值税实际税负超过 3%的部分实行增值税即征即退政策。

（2）经人民银行、银监会或者商务部批准从事融资租赁业务的试点纳税人中的一般纳税人，提供有形动产融资租赁服务和有形动产融资性售后回租服务，对其增值税实际税负超过 3%的部分实行增值税即征即退政策。

（3）纳税人享受安置残疾人增值税即征即退优惠政策。

纳税人：安置残疾人的单位和个体工商户。

纳税人本期应退增值税税额=本期所含月份每月应退增值税税额之和

月应退增值税税额=纳税人本月安置残疾人员人数×本月月最低工资标准的 4 倍

5. 增值税的退还

纳税人本期已缴增值税税额小于本期应退税额不足退还的，可在本年度内以前纳税期已缴增值税税额扣除已退增值税税额的余额中退还，仍不足退还的可结转本年度内以后纳税期退还。

年度已缴增值税税额小于或等于年度应退税额的，退税额为年度已缴增值税税额。

年度已缴增值税税额大于年度应退税额的，退税额为年度应退税额。

年度已缴增值税税额不足退还的，不得结转以后年度退还。

五、征收管理

1. 纳税申报方式

目前我国纳税申报方式主要有直接申报、网上申报、委托申报、邮寄申报、银行网点申报等。

（1）直接申报：纳税人或代理人直接到主管国税机关申报征收岗位办理纳税申报。

（2）网上申报：纳税人或代理人用网络传输的方式将电子数据文档发送到税务机关指定的网页或电子信箱，并将有关款项及时存入税款预储户的一种电子申报方式。

（3）委托申报：纳税人委托中介机构代为纳税申报。

（4）邮寄申报：纳税人使用统一规定的纳税申报特快专递专用信封，通过邮政部门邮寄纳税申报表的方式。

（5）银行网点申报：纳税人就近到银行网点进行纳税申报。

重要提示

属于下列情形之一的，不得开具增值税专用发票：① 向消费者个人销售服务、无形资产或者不动产。② 适用免征增值税规定的应税行为。

2. 纳税申报资料

一般纳税人按月申报，申报期为次月 1 日至 10 日。

（1）一般纳税人纳税申报必报资料："增值税纳税申报表"及"增值税纳税申报表附列资料"；使用防伪税控系统的纳税人，必须报送记录当期纳税信息的 IC 卡；明细数据备份在软盘上的纳税人，还须报送备份数据软盘；"资产负债表"和"损益表"；"成品油购销存情况明细表"（发生成品油零售业务的纳税人填报）；主管税务机关规定的其他必报资料。

（2）一般纳税人申报备查资料：

① 已开具的增值税专用发票和普通发票存根联。

② 符合抵扣条件并且在本期申报抵扣的增值税专用发票抵扣联。

③ 海关进口货物完税凭证、运输发票、购进农产品普通发票、购进废旧物资普通发票复印件。

④ 收购凭证的存根联或报查联。

⑤ 代扣代缴税款凭证存根联。

⑥ 税务机关要求报送的其他备查资料。

备查资料是否要在当期报送，由各省级税务局确定。

（3）小规模纳税人纳税申报资料：

① 适用于小规模纳税人的增值税纳税申报表。

② 发票领用存月报表。

③ 废旧物资回收经营单位，应报送"废旧物资发票开具清单"纸质资料和电子信息。

④ 财务会计报表。

六、增值税一般纳税人纳税申报实务操作

（1）企业基本资料：无锡市华南公司为增值税一般纳税人，适用的增值税税率为 13%。法人代表张之中，纳税人识别号 32030095700××××，开户银行为中国银行无锡市滨湖支行，银行账号 232781310230970137××××。该企业为制造业，营业地址为无锡市湖滨路 30 号，电话号码为 0510-8272××××，企业从业人数为 200 人。

（2）上期留抵税额：2 300.46 元。

（3）2020 年 11 月发生下列购销业务。

① 2 日，外购材料一批，取得的增值税专用发票（发票联、抵扣联各 2 张）注明价款 300 000 元，增值税税额 39 000 元，货物运输业增值税专用发票（发票联、抵扣联各 1 张）注明运输费 5 000 元（不含税），增值税税额 450 元。材料已经验收入库，款项用银行存款支付。

② 8 日，外购材料一批，取得的海关开具的完税凭证（海关缴款书 1 张）注明完税价格 50 000 元，关税 5 000 元，海关代征增值税税额 7 150 元。材料已经验收入库，货款尚未支付。

③ 13 日，销售给小规模纳税人商品 10 台，向购货单位开具普通发票（记账联 10 张），价税合计金额为 452 000 元，款项存入银行。

④ 17 日，销售给一般纳税人商品 20 台，专用发票（记账联 10 张）注明价款 800 000 元，增值税税额 104 000 元。同时提供有偿运输劳务 1 130 元（开具普通发票 1 张），所有款项尚未收到。

⑤ 20 日，销售给一般纳税人商品 30 台，专用发票（记账联 10 张）注明每台不含税销售额为 500 元。由于数量比较大，给予 5%的商业折扣，折扣额开在同一张发票上。款项尚未收到。

⑥ 25 日，收购免税农产品一批，价款为 10 000 元，取得收购专用发票（收购凭证 1 张），款项通过银行存款付讫。

⑦ 26 日，销售给一般纳税人商品 50 件，专用发票（记账联 10 张）注明每件不含税销售额为 100 元。由于数量比较大，给予 5%的商业折扣，单独开具红字发票入账。款项存入银行。

⑧ 30 日，销售商品支付运输费用 1 000 元，取得货物运输业增值税专用发票（发票联、抵扣联各 1 张）注明运输费 917 元，增值税税额 83 元。

⑨ 30 日，采取以旧换新方式，从消费者手中收购旧电视机、销售新型号电视机 10 台，开出专用发票 10 张，收到货款 30 900 元，并注明已扣除旧电视机折价 3 000 元。

⑩ 30 日，由于管理不善造成霉烂变质损失的原材料成本为 160 000 元，原因尚未查明。

⑪ 30 日，“其他应付款——包装物押金”贷方余额 68 000 元，其中 2018 年 10 月 20 日收取某单位押金 35 000 元，期限为 18 个月；2020 年 4 月 3 日收取某单位押金 15 000 元，期限为 6 个月；2020 年 7 月 19 日收取某公司押金 18 000 元，期限为 6 个月。

要求进行相关会计处理，并填报无锡市华南公司 2020 年 11 月增值税纳税申报表。

实务操作解答：

① 借：原材料	305 000	
应交税费——应交增值税（进项税额）	39 450	
贷：银行存款		344 450
② 借：原材料	55 000	
应交税费——应交增值税（进项税额）	7 150	
贷：应付账款		62 150
③ 借：银行存款	452 000	
贷：主营业务收入		400 000
应交税费——应交增值税（销项税额）		52 000
④ 借：应收账款	905 130	
贷：主营业务收入		800 000

其他业务收入　1 000
应交税费——应交增值税（销项税额）　104 130

⑤ 借：应收账款　16 102.5
贷：主营业务收入　14 250
应交税费——应交增值税（销项税额）　1 852.5

⑥ 借：原材料　9 100
应交税费——应交增值税（进项税额）　900
贷：银行存款　10 000

⑦ 借：银行存款　5 650
贷：主营业务收入　5 000
应交税费——应交增值税（销项税额）　650
借：银行存款　250[1]
贷：主营业务收入　250

⑧ 借：销售费用　917
应交税费——应交增值税（进项税额）　83
贷：银行存款　1 000

⑨ 借：库存现金　33 900
贷：主营业务收入　30 000
应交税费——应交增值税（销项税额）　3 900
借：库存商品　3 000
贷：库存现金　3 000

⑩ 借：待处理财产损溢——待处理流动资产损溢　180 800
贷：原材料　160 000
应交税费——应交增值税（进项税额转出）　20 800

⑪ 借：其他应付款　50 000
贷：其他业务收入　44 247.79
应交税费——应交增值税（销项税额）　5 752.21

操作步骤如下：

第一，建立工作底稿（见表 2-2 和表 2-3）。

表 2-2　进项税额明细表

金额单位：元

序号	计税依据	销售发票 13%		农产品收购发票 9%		运费发票 9%		海关完税凭证	
		税额	张数	税额	张数	税额	张数	税额	张数
1	300 000	39 000	2						
2	5 000					450	1		

① 用“□”表示红字。

续表

序号	计税依据	销售发票 13%		农产品收购发票 9%		运费发票 9%		海关完税凭证	
		税额	张数	税额	张数	税额	张数	税额	张数
3	55 000							7 150	1
4	10 000			900	1				
5	917					83	1		
合计	370 917	39 000	2	900	1	533	2	7 150	1

表 2-3　销项税额明细表

金额单位：元

序号	计税依据	专用发票 13%		普通发票 13%		应税劳务		包装物押金	
		税额	张数	税额	张数	税额	张数	税额	张数
1	400 000.00			52 000.00	10				
2	800 000.00	104 000.00	10						
3	1 000.00					130.00	1		
4	14 250.00	1 852.50	10						
5	5 000.00	650.00	10						
6	30 000.00	3 900.00	10						
7	44 247.79							5 752.21	
合计	1 294 497.79	110 402.50	40	52 000.00	10	130.00	1	5 752.21	

第二，根据工作底稿，填制附表（见表 2-4 和表 2-5）。

表 2-4　增值税纳税申报表附列资料（本期销售情况明细）

纳税人名称：（公章）无锡市华南公司　税款所属时间：2020 年 11 月　填表日期：2020 年 12 月 9 日

金额单位：元至角分

一、按适用税率征收增值税货物及劳务的销售额和销项税额明细										
项　目	栏　次	应税货物			应税劳务			小　计		
		13%税率								
		份数	销售额	销项税额	份数	销售额	销项税额	份数	销售额	销项税额
防伪税控系统开具的增值税专用发票	1	*40*	*849 250.00*	*110 402.50*				*40*	*849 250.00*	*110 402.50*
非防伪税控系统开具的增值税专用发票	2									
开具普通发票	3	*10*	*400 000.00*	*52 000.00*	*1*	*1 000.00*	*130.00*	*11*	*401 000.00*	*52 130.00*
未开具发票	4	—	*44 247.79*	*5 752.21*					*44 247.79*	*5 752.21*
小计	5=1+2+3+4	—	*1 293 497.79*	*168 154.21*		*1 000.00*	*130.00*		*1 294 497.79*	*168 284.71*
纳税检查调整	6	—								
合计	7=5+6	—	*1 293 497.79*	*168 154.21*	*1*	*10 000.00*	*130.00*		*1 294 497.79*	*168 284.71*

续表

二、简易征收办法征收增值税货物的销售额和应纳税额明细										
项　目	栏　次	3%征收率			2%征收率			小　计		
		份数	销售额	应纳税额	份数	销售额	应纳税额	份数	销售额	应纳税额
防伪税控系统开具的增值税专用发票	8									
非防伪税控系统开具的增值税专用发票	9									
开具普通发票	10									
未开具发票	11	—			—			—		
小计	12=8+9+10+11	—			—			—		
纳税检查调整	13	—			—			—		
合计	14=12+13	—			—			—		

三、免征增值税货物及劳务销售额明细										
项　目	栏　次	免税货物			免税劳务			小　计		
		份数	销售额	税额	份数	销售额	税额	份数	销售额	税额
防伪税控系统开具的增值税专用发票	15				—	—	—			
开具普通发票	16			—			—			—
未开具发票	17	—		—	—		—	—		—
合计	18=15+16+17	—			—		—	—		

表 2-5　增值税纳税申报表附列资料（本期进项税额明细）

纳税人名称：（公章）无锡市华南公司　税款所属时间：2020 年 11 月　填表日期：2020 年 12 月 9 日

金额单位：元至角分

一、申报抵扣的进项税额				
项　目	栏　次	份　数	金　额	税　额
（一）认证相符的防伪税控增值税专用发票	1	*2*	*300 000.00*	*39 000.00*
其中：本期认证相符且本期申报抵扣	2	*2*	*300 000.00*	*39 000.00*
前期认证相符且本期申报抵扣	3			
（二）非防伪税控增值税专用发票及其他扣税凭证	4		*71 000.00*	*8 583.00*
其中：海关完税凭证	5	*1*	*55 000.00*	*7 150.00*
农产品收购凭证及普通发票	6	*1*	*10 000.00*	*900.00*
废旧物资发票	7			
运费发票	8	*2*	*5 917*	*533.00*
（三）期初已征税款	9	—	—	
当期申报抵扣进项税额合计	10			*47 583*

续表

二、进项税额转出额				
项　目	栏　次	税　额		
本期进项税额转出额	11	*20 800.00*		
其中：免税货物用	12			
非应税项目用	13			
非正常损失	14	*20 800.00*		
按简易征收办法征税货物用	15			
免、抵、退办法出口货物不得抵扣进项税额	16			
纳税检查调减进项税额	17			
未经认证已抵扣的进项税额外负担	18			
	19			
三、待抵扣进项税额				
项　目	栏　次	份　数	金　额	税　额
略		—	—	—
四、其他				
项　目	栏　次	份　数	金　额	税　额
略				

第三，填制主表（见表2-6）。

表2-6　增值税纳税申报表

（适用于一般纳税人）

税款所属时间：自2020年 11月 1日至2020年 11月30日　填表日期：2020年 12月 9日

纳税人识别号	3	2	0	3	0	0	9	5	7	0	0	×	×	×	×						所属行业：制造业 金额单位：元至角分

纳税人名称	无锡市华南公司　（公章）	法定代表人姓名	张之中	注册地址	无锡市湖滨路30号	营业地址	无锡市湖滨路30号
开户银行及账号	中国银行无锡市滨湖支行 232781310230970137××××	企业登记注册类型		国有企业		电话号码	0510-8272××××

项目		栏次	一般货物及劳务		即征即退货物及劳务	
			本月数	本年累计	本月数	本年累计
销售额	（一）按适用税率征税货物及劳务销售额	1	1 294 497.79			
	其中：应税货物销售额	2	1 293 497.79			
	应税劳务销售额	3	10 000.00			
	纳税检查调整的销售额	4				
	（二）按简易征收办法征税货物销售额	5				
销售额	其中：纳税检查调整的销售额	6				
	（三）免、抵、退办法出口货物销售额	7			—	—
	（四）免税货物及劳务销售额	8			—	—
	其中：免税货物销售额	9			—	—
	免税劳务销售额	10			—	—

续表

项目		栏次	一般货物及劳务		即征即退货物及劳务	
			本月数	本年累计	本月数	本年累计
税款计算	销项税额	11	168 284.71			
	进项税额	12	47 583.00			
	上期留抵税额	13	2 300.46	—		—
	进项税额转出	14	20 800.00			
	免抵退货物应退税额	15			—	—
	按适用税率计算的纳税检查应补缴税额	16			—	—
	应抵扣税额合计	17=12+13−14−15+16	29 083.46	—		—
	实际抵扣税额	18（如 17<11，则为 17，否则为 11）	29 083.46			
	应纳税额	19=11−18	139 201.25			
	期末留抵税额	20=17−18		—		—
	简易征收办法计算的应纳税额	21				
	按简易征收办法计算的纳税检查应补缴税额	22			—	—
	应纳税额减征额	23				
	应纳税额合计	24=19+21−23	139 201.25			
税款缴纳	期初未缴税额（多缴为负数）	25				
	实收出口开具专用缴款书退税额	26			—	—
	本期已缴税额	27=28+29+30+31				
	①分次预缴税额	28		—		—
	②出口开具专用缴款书预缴税额	29		—	—	—
	③本期缴纳上期应纳税额	30				
	④本期缴纳欠缴税额	31				
	期末未缴税额（多缴为负数）	32=24+25+26−27				
	其中：欠缴税额（≥0）	33=25+26−27		—		—
	本期应补（退）税额	34=24−28−29		—		—
	即征即退实际退税额	35	—	—		
	期初未缴查补税额	36			—	—
	本期入库查补税额	37			—	—
	期末未缴查补税额	38=16+22+36−37			—	—

授权声明	申报人声明
如果你已委托代理人申报，请填写下列资料： 为代理一切税务事宜，现授权 （地址）　　　　为本纳税人的代理申报人，任何与本申报表有关的往来文件，都可寄于此人。 授权人签字：	此纳税申报表是根据《中华人民共和国增值税暂行条例》的规定填报的，我相信它是真实的、可靠的、完整的。 声明人签字：

以下由税务机关填写

收到日期：　　　　接收人：　　　　主管税务机关盖章：

本表一式三联（二联按期报主管税务机关、一联企业留存）。

能 力 训 练

一、单项选择题

1．增值税小规模纳税人为生产产品而购买的原材料、燃料、动力等所包含的增值税，正确的处理方法为（　　）。

A．不允许抵扣进项税额　　B．按 3%抵扣进项税额

C．按 6%抵扣进项税额　　D．按 9%抵扣进项税额

2．下列关于增值税纳税期限的说法，不正确的是（　　）。

A．增值税纳税期限分别为 1 日、3 日、5 日、10 日、15 日、1 个月或者 1 个季度

B．纳税人以 1 个月或者 1 个季度为 1 个纳税期的，自期满之日起 15 日内申报纳税

C．纳税人以 1 日、3 日、5 日、10 日或者 15 日为 1 个纳税期的，自期满之日起 5 日内预缴税款，于次月 1 日起 10 日内申报纳税并结清上月应纳税额

D．纳税人进口货物的，应当自海关填发海关进口增值税专用缴款书之日起 15 日内缴纳税款

3．下列各项中，既是增值税法定税率，又是增值税进项税额扣除率的是（　　）。

A．6%　　B．10%　　C．9%　　D．13%

4．某工业企业（一般纳税人）某月采用预收货款方式销售一批货物，不含税总价为 100 万元，收到预收款 20 万元，货物尚未发出，则当月应纳税销售额为（　　）万元。

A．0　　B．100　　C．20　　D．120

5．某机床厂生产销售精密机床，另外还经营一家非独立核算的饭店，这属于（　　）。

A．视同销售　　B．以特殊方式销售

C．混合销售　　D．兼营非应税劳务

6．关于增值税纳税义务发生时间，委托其他纳税人代销货物的，为收到代销单位的代销清单或者收到全部或者部分货款的当天；未收到代销清单及货款的，为发出代销货物满（　　）的当天。

A．30 天　　B．60 天　　C．120 天　　D．180 天

7．简易计税方法的销售额不包括其应纳税额，纳税人采用销售额和应纳税额合并定价方法的，按照下列公式计算销售额（　　）。

A．销售额=含税销售额÷（1−征收率）　　B．销售额=含税销售额×（1−征收率）

C．销售额=含税销售额÷（1+征收率）　　D．销售额=含税销售额×（1+征收率）

8．（　　）的在产品、产成品所耗用的购进货物、加工修理修配劳务或者应税服务，其进项税额不得从销项税额中抵扣。

A．非正常损失　　B．正常损失

C．为提供应税劳务　　D．取得可抵扣凭证

9．某小规模纳税人，某月取得销售货物收入35万元（含税），取得包装物收入2万元（含税），另由于客户不守信用取得罚款收入1万元，则该小规模纳税人应纳增值税为（　　）万元。

A．1.02　　B．0.97　　C．1.11　　D．1.05

10．某一般纳税人，从事综合服务，某月取得销售商品收入200万元，餐饮服务收入28万元，KTV收入50万元，出租房屋取得收入40万元，以上收入均不含增值税税额，该纳税人应纳增值税为（　　）万元。

A．40.68　　B．34.28　　C．33.08　　D．34.98

11．车辆停放服务、道路通行服务（包括过路费、过桥费、过闸费等）等，应按照（　　）缴纳增值税。

A．不动产经营租赁服务　　B．有形动产经营租赁

C．不动产融资性租赁　　D．有形动产融资租赁

12．下列选项中，（　　）应当按照销售额和增值税税率计算应纳税额，不得抵扣进项税额，也不得使用增值税专用发票。

A．一般纳税人会计核算不健全的

B．一般纳税人销售无形资产的

C．一般纳税人销售不动产的

D．一般纳税人已经按照规定办理资格登记的

13．融资性售后回租，指承租方以融资为目的，将资产出售给从事融资性售后回租业务的企业后，从事融资性售后回租业务的企业将该资产出租给承租方的业务活动，融资性售后回租应按（　　）计算缴纳增值税。

A．经营性租赁　　B．融资性租赁　　C．金融服务　　D．有形动产租赁

14．提供增值电信服务的纳税人，应当按（　　）税率计算缴纳增值税。

A．13%　　B．6%　　C．9%　　D．3%

15．水路运输的程租、期租业务，应按（　　）计算缴纳增值税。

A．经营性租赁　　B．融资性租赁　　C．交通运输服务　　D．其他

16．应税行为的年应征增值税销售额（以下称应税销售额）超过财政部和国家税务总局规定标准的纳税人为一般纳税人，未超过规定标准的纳税人为小规模纳税人。财政部和国家税务总局规定标准为年应税销售额（　　）万元。

A．50　　B．500　　C．80　　D．180

17．单位以承包、承租、挂靠方式经营的，承包人、承租人、挂靠人（以下统称承包人）以发包人、出租人、被挂靠人（以下统称发包人）名义对外经营并由发包人承担相关法律责任的，以（　　）为纳税人。

A．承包人　　B．承租人　　C．发包人　　D．挂靠人

18．房地产开发企业中的一般纳税人销售其开发的房地产项目（选择简易计税方法的房地产老项目除外），以取得的全部价款和价外费用，扣除受让土地时向政府部门支付的土地价款后的余额为销售额。房地产老项目指《建筑工程施工许可证》注明的合同开工日期

在（　　）前的房地产项目。

A．2016 年 4 月 30 日　　B．2016 年 5 月 31 日

C．2016 年 6 月 30 日　　D．2016 年 12 月 31 日

19．一般纳税人提供建筑业应税劳务适用的税率是（　　）。

A．6%　　B．9%　　C．13%　　D．3%

20．根据增值税法律制度规定，下列各项中，属于免税项目的是（　　）。

A．养老机构提供的养老服务　　B．装修公司提供的装饰服务

C．企业转让著作权　　D．福利彩票的代销手续费收入

二、多项选择题

1．纳税人有（　　）行为的，增值税适用税率为 9%。

A．销售或者进口食用植物油　　B．销售或者进口居民用煤炭制品

C．销售或者进口报纸　　D．提供加工、修理修配劳务

2．下列免征增值税的项目有（　　）。

A．农业生产者销售的自产农产品

B．外国政府、国际组织无偿援助的进口物资和设备

C．安置残疾人的企业销售残疾人专用的物品

D．古旧图书

3．以下可以抵扣进项税额的是（　　）。

A．食品厂外购原料自制冷饮用于职工福利

B．工厂外购劳保用品

C．工厂外购公文包赠送业务往来单位

D．工厂购进钢材用于厂房建设

4．某增值税一般纳税人将购进的一批货物分配给投资者，下列税务处理中不正确的（　　）。

A．将该批货物视同销售计算销项税额，其进项税额符合条件的可以抵扣

B．该批货物不计算销项税额，同时该批货物的进项税额不得抵扣

C．该批货物不计算销项税额，但该批货物的进项税额可以抵扣

D．将该批货物视同销售计算销项税额，但进项税额不可以抵扣

5．下列属于应征增值税的劳务有（　　）。

A．修缮　　B．加工　　C．修配　　D．修理

6．下列有关增值税纳税地点的表述，正确的是（　　）。

A．固定业户应当向其机构所在地的主管税务机关申报纳税

B．固定业户到外县（市）销售货物或者应税劳务，应当向其机构所在地的主管税务机关申请开具外出经营活动税收管理证明，并向销售地或者劳务发生地的主管税务机关申报纳税

C．进口货物应当向报关地海关申报纳税

D．扣缴义务人应当向其机构所在地或者居住地的主管税务机关申报缴纳其扣缴的税款

7．准予计算进项税额的运输费用金额，是指运输费用结算单据上注明的（　　）。

A．运输费用　　B．建设基金　　C．装卸费　　D．保险费等其他杂费

8．应税服务的年应征增值税销售额超过（　　）规定标准的纳税人为一般纳税人，未超过规定标准的纳税人为小规模纳税人。

A．直接主管税务机关　　B．省级主管税务机关

C．财政部　　D．国家税务总局

9．金融服务包括（　　）。

A．贷款服务　　B．直接收费金融服务

C．保险服务　　D．金融商品转让

10．纳税人发生应税行为，应当向索取增值税专用发票的购买方开具增值税专用发票，并在增值税专用发票上分别注明销售额和销项税额。属于下列情形之一的，不得开具增值税专用发票（　　）。

A．向消费者个人销售服务

B．向消费者个人转让无形资产或者不动产

C．适用免征增值税规定的应税行为

D．向消费者个人无偿赠送无形资产或不动产

11．增值税纳税义务、扣缴义务发生时间为（　　）。

A．纳税人发生应税行为并收讫销售款项或者取得索取销售款项凭据的当天；先开具发票的，为开具发票的当天

B．纳税人提供建筑服务、租赁服务采取预收款方式的，其纳税义务发生时间为收到预收款的当天

C．纳税人从事金融商品转让的，为金融商品所有权转移的当天

D．纳税人发生视同销售情形的，其纳税义务发生时间为服务、无形资产转让完成的当天或者不动产权属变更的当天

12．纳税人发生应税行为价格明显偏低或者偏高且不具有合理商业目的而无销售额的，主管税务机关有权按照下列顺序确定销售额（　　）。

A．按照纳税人最近时期销售同类服务、无形资产或不动产的平均价格确定

B．市场上的平均价格确定

C．按照组成计税价格确定

D．按照其他纳税人最近时期销售同类服务、无形资产或不动产的平均价格确定

13．纳税人取得的下列款项中，（　　）应该计入销售额计算增值税。

A．向购买方收取的价款

B．视同销售的价款

C．以委托方名义开具发票代委托方收取的款项

D．销售的包装物的款项

14．下列项目的进项税额不得从销项税额中抵扣的有（　　）。

A．用于简易计税方法计税项目的购进货物

B．非正常损失的购进货物

C．非正常损失的在产品、产成品所耗用的购进货物

D．非正常损失的不动产

15．一般纳税人取得的以下票据中，（　　）准予从销项税额中抵扣。

A．从销售方处取得的增值税专用发票

B．从海关处取得的海关进口增值税专用缴款书

C．扣缴义务人取得的解缴税款的完税凭证

D．购进农产品时开具的收购发票或者取得的销售发票

16．一般纳税人发生下面的应税行为中，按9%缴纳增值税的有（　　）。

A．交通运输服务　　B．基础电信

C．提供有形动产租赁服务　　D．销售不动产

17．下列行为中属于视同销售服务、无形资产或者不动产的是（　　）。

A．单位向红十字会无偿转让无形资产

B．单位将无形资产与下属单位换取一批货物，作为原材料

C．单位向自己的集团公司无偿转让无形资产

D．单位向某国企无偿转让不动产

18．在境内销售服务、无形资产或者不动产，是指（　　）。

A．所销售或者租赁的不动产在境内

B．境外单位向个人销售完全在境外使用的无形资产

C．所销售自然资源使用权的自然资源在境内

D．境外单位向境内单位出租完全在境外使用的有形动产

19．下列行为中，（　　）不属于增值税的纳税范围。

A．收取时开具省级财政部门监制的财政票据并全部上缴的政府性基金

B．个体工商户聘用的员工为雇主提供取得工资的服务

C．收取时开具省级财政部门监制的财政票据并全部上缴的行政事业性收费

D．单位销售自己研究开发的软件产品

三、判断题（正确的打“√”，错误的打“×”）

（　　）1．根据增值税条例规定，准予从销项税额中抵扣的进项税额，仅限于从销售方取得的增值税专用发票上注明的增值税税额。

（　　）2．在增值税的计算方法中，由于简便易行、计算准确，既适用于单一税率，又适用于多档税率，因此被大多数国家所采用。

（　　）3．现行增值税根据企业利润大小及会计核算水平这两个标准，将纳税人分为一般纳税人和小规模纳税人。

（　　）4．两个或者两个以上的纳税人，只能分别进行纳税，不能合并纳税。

（　　）5．纳税人销售农业产品免征增值税。

（　　）6．将自产、委托加工的或购买的货物用于非应税项目，视同销售货物征收增值税。

（　　）7．纳税人采取折扣方式销售货物的，一律按销售净额计征增值税。

（　　）8．在境内提供应税服务，是指应税服务发生在中国境内。

（　　）9．一般纳税人会计核算不健全，或者不能够提供准确的税务资料，税务机关可以责令其改正，并不影响其使用发票和按照一般计税方法计算缴纳增值税。

（　　）10．一般纳税人提供财政部和国家税务总局规定的特定应税服务，可以选择适用简易计税方法计税，但一经选择，36个月内不得变更。

（　　）11．组成计税价格的公式为：组成计税价格=成本×（1+成本利润率）。

（　　）12．无形资产，指不具实物形态，但能带来经济利益的资产，包括技术、商标、著作权、商誉、自然资源使用权和其他权益性无形资产。

（　　）13．港口设施经营人收取的港口设施保安费按照港口码头服务缴纳增值税。

（　　）14．一般纳税人从小规模纳税人处购买货物或应税服务，只能取得增值税普通发票，不能取得增值税专用发票。

（　　）15．纳税人发生应税行为适用免税、减税规定的，可以放弃免税、减税，依照规定缴纳增值税。放弃免税、减税后，36个月内不得再申请免税、减税。

（　　）16．纳税人兼营销售货物、劳务、服务、无形资产或者不动产，适用不同税率或者征收率的，应当分别核算适用不同税率或者征收率的销售额；未分别核算的，从高适用税率。

（　　）17．非正常损失，指因管理不善造成货物被盗、丢失、霉烂变质，以及因违反法律、法规造成货物或者不动产被依法没收、销毁、拆除的情形及自然灾害损失。

（　　）18．将建筑物、构筑物等不动产或者飞机、车辆等有形动产的广告位出租给其他单位或者个人用于发布广告，按照经营租赁服务缴纳增值税。

（　　）19．企业购进的旅客运输服务、贷款服务、餐饮服务、居民日常服务和娱乐服务发生的进项税额可以从销项税额中抵扣。

（　　）20．登记为一般纳税人后，如果年应税销售规模达不到一般纳税人标准的，可以随意转为小规模纳税人。

（　　）21．中华人民共和国境外（以下简称境外）单位或者个人在境内发生应税行为，在境内有自己的经营机构，以经营机构为增值税纳税人。

（　　）22．会计核算健全，能够提供准确税务资料，年应税销售额必须超过规定标准的纳税人，才可以向主管税务机关办理一般纳税人资格登记，成为一般纳税人。

（　　）23．个人在境内提供增值税应税服务，需要缴纳增值税。

四、计算题

1．某企业（一般纳税人）7月将自产的产品无偿赠送给贫困地区，实际成本为60 000元，无同类产品售价，成本利润率为10%，适用的增值税税率为13%，请计算该业务确认的销项税额。

2．某企业为增值税一般纳税人，7 月外购化工原料 100 吨，取得的增值税专用发票上注明的价款为 200 000 万元，增值税 26 000 万元，途中因管理不善而丢失，实际验收入库时发现短缺 20 吨。要求：计算该企业准予抵扣的进项税额。

3．某企业为增值税一般纳税人，7 月向农业生产者购进免税农产品一批，税务机关批准使用的收购凭证上注明的买价为 2 000 000 元。当月销售货物取得含税销售额 4 520 000 元，销售的货物适用 13%的增值税税率。要求：计算该企业 7 月份增值税应纳税额。

4．某工业企业为小规模纳税人，7 月购进货物，支付货款共 32 000 元，销售其生产的货物取得收入（含税）50 000 元。要求：计算该企业当月应纳增值税税额。

5．无锡某汽车运输公司开展联运业务，2020 年 7 月发生下列业务：受甲公司委托完成货物运输业务一项，运程为无锡—上海—大连，甲公司一次性支付运费 80 万元（含税），途中转运费 36 万元由该汽车运输公司支付给某海运公司，运输途中购进汽车用柴油 3 万元（取得专用发票），支付码头停车费 2 万元，司机住宿费 0.5 万元。要求：计算该公司 2020 年 7 月应纳税额。

6．甲电信集团某分公司是增值税一般纳税人。2020 年 7 月，利用固网、移动网、卫星、互联网提供语音通话服务，取得价税合计收入 2 220 万元；出租带宽、波长等网络元素取得价税合计服务收入 555 万元；出售带宽、波长等网络元素取得价税合计服务收入 888 万元。另外，该分公司在提供电信业服务时，还附带赠送用户识别卡、电信终端等货物或者电信业服务，给客户提供基础电信服务价税合计 333 万元。已知该分公司当月认证增值税专用发票进项税额为 200 万元，且符合进项税额抵扣规定。要求：计算该分公司 2020 年 7 月应缴纳的增值税。

7．C 大酒店为增值税一般纳税人，2020 年 5 月提供住宿服务取得收入 100 万元，提供餐饮服务取得收入 100 万元，提供会议服务取得收入 20 万元，提供水疗、健身服务取得收入 5 万元，出租附属小花园作为婚纱拍摄场地取得收入 5 万元，出租音响设备取得收入 3 万元，商务中心销售烟、酒、茶等商品取得收入 20 万元。5 月发生经营成本为 160 万元，其中购买修缮服务、清洗布草、添置电器、购买各类商品（烟、酒、茶、农产品等）取得增值税发票上注明的税额合计 12 万元。C 大酒店全部选择一般计税方法，请问 5 月需缴纳多少增值税？

8．无锡市甲运输公司是增值税一般纳税人，2020 年 7 月取得全部收入 200 万元，其中，国内客运收入 185 万元，支付联运企业运费 50 万元，销售货物取得支票 12 万元，运送该批货物取得运输收入 3 万元（以上均为含税价）。假设该企业本月无进项税额，期初无留抵税额。要求：计算甲公司销售额和销项税额。

9．泉林公司为一般纳税人，2020 年 7 月发生业务如下：（1）为某企业提供运输服务，取得收入 20 000 元。（2）销售货物一批，税率为 13%，取得收入 40 000 元。（3）销售 2013 年自建的不动产，取得收入 120 000 元。（4）销售散装蔬菜一批，取得收入 20 000 元。（5）当期进项税额共 5 000 元，其中该公司无法准确划分不得抵扣的进项税额为 4 000 元。假设各项收入均为不含税收入。要求：（1）计算该公司 7 月份销项税额；（2）计算不得抵扣的进项税额；（3）计算 7 月份的应纳增值税税额。

10．某地区一般纳税人 2020 年 7 月取得交通运输收入 109 万元（含税），当月外购汽油 10 万元（不含税），购入运输车辆 20 万元（不含税），以上各项均取得增值税专用发票。发生的联运支出 40 万元（不含税金额，取得专用发票）。要求：计算该纳税人 2020 年 7 月应纳税额。

11．某地区纳税人提供应税服务的起征点为 20 000 元，某个体工商户（小规模纳税人）本月取得交通运输服务收入 20 001 元（含税），该个体工商户本月应缴纳多少增值税？

12．某地区设计公司为增值税一般纳税人，2020 年 7 月发生以下经济业务：（1）为甲个人提供服装设计服务，取得收入 100 000 元；（2）为乙个人提供创意策划服务，取得收入 80 000 元；（3）为丙企业提供环境设计服务，取得收入 60 000 元；（4）为丁个人提供美容服务时一并提供发型设计服务，取得收入 2 000 元；（5）提供的创意策划服务，取得收入 10 000 元；（6）购买办公用计算机，取得 1 张增值税专用发票上注明的税款为 5 000 元；购买公司小轿车用汽油，取得 1 张增值税专用发票上注明的税款为 3 000 元；购买接待用礼品，取得 1 张增值税专用发票上注明的税款为 4 000 元；取得 1 张湖南省某纳税人开具的公路内河运输普通发票价税合计为 28 571.43 元；取得 1 张税务机关代开的运输业增值税专用发票价税合计为 14 285.71 元。企业核算健全，所有收入为含税价款，取得的各类发票均已认证相符，计算取小数点后两位。要求：计算该公司 12 月应纳增值税税额。

13．甲建筑公司为增值税一般纳税人，2020 年 5 月 1 日承接 A 工程项目，5 月 30 日按发包方要求为所提供的建筑服务开具增值税专用发票，注明金额 200 万元。该项目当月发生工程成本为 100 万元，其中购买材料、动力、机械等取得增值税专用发票上注明的金额为 50 万元。A 工程项目，甲建筑公司选择适用一般计税方法计算应纳税额，该公司 5 月需缴纳多少增值税？

14．甲建筑公司为增值税一般纳税人，2020 年 5 月 1 日承接 A 工程项目，并将 A 工程项目中的部分施工项目分包给了乙公司，5 月 30 日发包方按进度支付工程价款 200 万元（不含税）。当月对该项目甲公司购进材料取得增值税专用发票上注明的税额为 8 万元；乙公司就其分包建筑服务开具给甲公司增值税专票，发票注明的税额为 4 万元。对 A 工程项目，甲建筑公司选择适用一般计税方法计算应纳税额，该公司 5 月需缴纳多少增值税？

15．某酒店为增值税一般纳税人，2020 年 5 月发生以下业务：（1）经营住宿服务取得客房含税收入 848 万元，其中 424 万元开具增值税专用发票。（2）提供餐饮服务，取得餐饮含税收入 318 万元，全部开具增值税普通发票。（3）利用自有运输车队接送顾客取得含税价款 2.18 万元，开具增值税普通发票。（4）提供会议服务，取得服务费 10.6 万元（含税），全部开具增值税专用发票。（5）出租酒店会议室，取得租金 9.45 万元（含税），全部开具增值税专用发票。上述收入酒店均能分别核算，其中出租会议室业务已到主管税务机关备案选择按简易计税方法征收。（6）采购一次性用品、床上用品、清洁用品等低值易耗品，取得增值税专用发票上注明的价税合计为 156.92 万元，税额 20.40 万元。（7）外购食品及酒水，取得增值税专用发票上注明的税额为 13.60 万元。（8）购买农产品，取得 10 张农产品销售发票，发票上注明农产品的买价共 100 万元。（9）取得电费增值税专用发票注明的税额为 7.65 万元；取得水费增值税专用发票上注明的税额为 1.16 万元。（10）提供接送顾客服务耗用汽油，取得增值税专用发票上注明的价税合计为 1.13 万元。（11）向境外管理方支付商标使用费 10.6 万元，为境外管理方代扣代缴增值税，取得解缴税款的完税凭证上注明的增值税税额 0.6 万元。企业取得的增值税专用发票均在当月通过认证并在当月抵扣。要求：计算本期应纳税额。

五、综合分析题

1．某外商投资企业（一般纳税人）7 月发生购销业务如下。

（1）购入货物取得的增值税专用发票上注明的货价金额是 200 万元，同时支付货物运输费用，取得的运输业增值税专用发票上注明的运费价税合计金额是 3 万元。

（2）销售货物，开具的专用发票上注明的销售价款为 500 万元。另外，用以旧换新的方式向消费者个人销售货物一批，开具普通发票上注明的收入为 80 万元（已扣除收购旧货支付的款项 6 万元）。

（3）将自产货物（市场不含税价 100 万元）用于投资联营企业。

（4）购买职工福利用冰柜 10 万元，工厂机器设备 50 万元，均取得专用发票。

（5）销售自己已使用过的小汽车一辆，取得收入 5 万元，该小汽车原值为 14 万元，于 2005 年 2 月购入。

（6）采购生产用燃料（煤炭），取得专用发票上注明的价款为 75 万元。

（7）购买钢材用于厂房改造工程，取得专用发票上注明的价款为 30 万元。

（8）以折扣方式销售货物，开具的专用发票上注明的销售额为 80 万元，折扣额 8 万元另开具红字发票。

（9）购进生产用原材料，已支付货款，取得增值税专用发票上注明的增值税为 16.5 万元，但尚未到货。

要求：请按税法有关规定，分析每笔业务进项税额、销项税额应如何确定，并正确计算该公司当月应纳增值税税额（取得的专用发票均在当月通过认证）。

2．某外资企业（增值税一般纳税人）7 月发生业务如下。

（1）购入甲材料，取得增值税专用发票注明的价款为 200 万元，增值税为 26 万元，支付运费 10 万元，取得运输业增值税专用发票。当月将其中的 20%用于本企业职工福利。

（2）购入生产设备一台，取得增值税专用发票注明的价款为 10 万元，增值税为 1.3 万元，支付运费 1 万元，取得运输业增值税专用发票。

（3）自制生产设备，领用库存原材料成本 20 万元，领用自制产品成本为 50 万元（同类产品不含税售价为 60 万元），支付加工费取得增值税专用发票注明的价款为 5 万元，增值税为 0.65 万元。

（4）库存原材料发生火灾损失，成本价为 10 万元；因管理不善造成自制产品报废损失，成本价为 100 万元（同类产品不含税价格为 80 万元），其中材料成本占成本的 80%。

（5）转让年初购入的生产设备，原值为 50 万元，转让价格为 45 万元。

（6）购入自用小轿车一辆，取得机动车销售统一发票注明的价款为 20 万元，增值税为

2.6 万元；购入自用货车一辆，取得机动车销售统一发票注明的价款为 10 万元，增值税为 1.3 万元。

（7）转让 2008 年进口的设备，原值为 13.8 万元，转让价格为 15 万元。

（8）销售自制产品 500 件，不含税售价每件为 0.3 万元；同时又对外捐赠 100 件，用于职工福利领用 50 件。

（9）月初留抵税额为 1.5 万元。

要求：计算应缴纳的增值税税额（取得的专用发票均在当月通过认证）。

项目三

消费税涉税实务

学习目标

知识目标：了解我国开征消费税的意义、消费税的特点；熟悉消费税的纳税人、征税范围、税目、税率，以及在税率适用上的一些特殊规定；掌握消费税应纳税额的计算；消费税的会计处理及纳税申报的相关手续。

技能目标：消费税有关会计处理，消费税纳税申报工作。

素质目标：消费税鼓励节约资源，保护环境，有利于促进资源合理配置，促进经济健康发展，培养学生科学的消费观念。

重难点：我国消费税征管的一些规定，消费税应纳税额的计算及纳税申报流程。

案例导入

无锡某化妆品有限公司销售高档化妆品一批，不含增值税价款为 192 000 元。随同化妆品出售包装物单独作价，共计 8 000 元（不含增值税），货款已收，产品已发出。该公司应纳的消费税税额是多少？

【案例解析】税法规定：应税消费品连同包装物出售的，无论是否单独作价，均应并入销售额中计算消费税。因此，该公司消费税计税依据为：192 000+8 000= 200 000（元），应纳消费税税额=200 000×15%=30 000（元）。

消费税是 1994 年税制改革在流转税中新设置的一个税种。消费税是在对货物普遍征收增值税的基础上，选择少数消费品再征收的一个税种，主要是为了调节产品结构，引导消费方向，保证国家财政收入。

任务一　消费税概述

一、消费税的概念

消费税是对我国境内从事生产、委托加工和进口应税消费品的单位和个人，就其销售额或销售数量，在特定环节征收的一种税。

消费税实行价内税，只在应税消费品的生产、委托加工和进口环节缴纳，在以后的批发、零售等环节不再纳税。消费税税款最终由消费者承担。

二、消费税的特点

（1）消费税以税法规定的特定产品为征税对象。即国家可以根据宏观产业政策和消费政策的要求，有目的地、有重点地选择一些消费品征收消费税，以适当地限制某些特殊消费品的消费需求。

（2）按不同的产品设计不同的税率，同一产品同等纳税；消费税是价内税，是价格的组成部分。

（3）消费税实行从价定率、从量定额及既从价又从量复合计征三种方法征税。

（4）消费税征收环节具有单一性，我国的消费税主要选择了生产销售环节进行征税，即实行一次课征制，对批发、零售环节的消费品一般不再征税。

（5）消费税税收负担具有转嫁性。消费税最终都转嫁到消费者身上，消费者在支付商品价格的同时，也就承担了税负。

三、消费税的纳税人、征税对象、税目及税率

（一）消费税的纳税人

消费税的纳税人是在我国境内生产、委托加工、零售和进口《中华人民共和国消费税暂行条例》规定的应税消费品的单位和个人。具体包括：

（1）生产应税消费品的单位和个人。

（2）委托加工应税消费品的单位和个人，其消费税由受托方在加工完毕收取加工费时代收代缴。

（3）零售应税消费品的单位和个人，销售金银饰品、钻石及其饰品，在零售环节征收消费税；将超豪华小汽车销售给消费者的单位和个人为超豪华小汽车零售环节纳税人。

（4）进口应税消费品的单位和个人，其消费税由海关在进口时代征。

（二）消费税的征税对象

消费税的征税对象包括了五种类型的产品。

第一类：一些过度消费会对人类健康、社会秩序、生态环境等方面造成危害的特殊消费品，如烟、酒、鞭炮、焰火等。

第二类：奢侈品、非生活必需品，如贵重首饰、高档化妆品等。

第三类：高能耗及高档消费品，如小轿车、摩托车等。

第四类：不可再生和替代的稀缺资源类消费品，如汽油、柴油等。

第五类：木材类资源，如实木地板等。

（三）消费税的税目及税率

消费税政策调整后，共设置了15个税目，共有14个档次的税率，最低1%，最高56%。另外，卷烟批发环节还加征了一道从价税，税率为11%，并按0.005元/支加征从量税；2015年2月1日将电池、涂料列入消费税征收范围，在生产、委托加工和进口环节征收，适用税率为4%。消费税税目税率表如表3-1所示。

表3-1 消费税税目税率表

税目	税率
一、烟	
1．卷烟	
（1）甲类卷烟	每标准条（200支，下同）调拨价在70元（不含增值税）以上（含70元）的卷烟，56%加0.003元/支；
（2）乙类卷烟	每标准条调拨价在70元（不含增值税）以下的卷烟，36%加0.003元/支；
（3）批发环节	11%加0.005元/支
2．雪茄烟	36%
3．烟丝	30%

续表

税　　目	税　　率
二、酒 1．白酒 2．黄酒 3．啤酒 （1）甲类啤酒 （2）乙类啤酒 4．其他酒	 20%加 0.5 元/500 克（或者 500 毫升） 240 元/吨 250 元/吨（销售价格在 3 000 元/吨以上的） 220 元/吨（销售价格在 3 000 元/吨以下的） 10%
三、高档化妆品	15%
四、贵重首饰及珠宝玉石 1．金银首饰、铂金首饰和钻石及钻石饰品 2．其他贵重首饰和珠宝玉石	 5% 10%
五、鞭炮、焰火	15%
六、成品油 1．汽油 2．柴油 3．航空煤油 4．石脑油 5．溶剂油 6．润滑油 7．燃料油	 1.52 元/升　（1 吨=1 388 升） 1.20 元/升　（1 吨=1 176 升） 1.20 元/升　（1 吨=1 246 升） 1.52 元/升　（1 吨=1 385 升） 1.52 元/升　（1 吨=1 282 升） 1.52 元/升　（1 吨=1 126 升） 1.20 元/升　（1 吨=1 015 升）
七、摩托车 1．气缸容量（排气量，下同）在 250 毫升（不含 250 毫升）以下的 2．气缸容量 250 毫升的 3．气缸容量在 250 毫升以上的	 不征税 3% 10%
八、小汽车 1．乘用车 （1）气缸容量（排气量，下同）小于 1.0 升（含 1.0 升） （2）气缸容量在 1.0 升以上至 1.5 升（含 1.5 升） （3）气缸容量在 1.5 升以上至 2.0 升（含 2.0 升） （4）气缸容量在 2.0 升以上至 2.5 升（含 2.5 升） （5）气缸容量在 2.5 升以上至 3.0 升（含 3.0 升） （6）气缸容量在 3.0 升以上至 4.0 升（含 4.0 升） （7）气缸容量在 4.0 升以上的 2．中轻型商用客车 3．超豪华小汽车	 1% 3% 5% 9% 12% 25% 40% 5% 按子税目 1 和子税目 2 的规定征收，同时在零售环节按 10%加征消费税
九、高尔夫球及球具	10%
十、高档手表	20%
十一、游艇	10%
十二、木制一次性筷子	5%

续表

税　目	税　率
十三、实木地板	5%
十四、电池	4%
十五、涂料	4%

即学即思

根据我国现行的消费税制度，下列说法正确的是（　　）。

A. 消费税是价内税　　B. 消费税选择部分生活消费品课税

C. 消费税对同一消费品只课征一次　　D. 消费税是价外税

答案：A、B。消费税征收环节具有单一性，实行一次课征制；消费税按不同的产品设计不同的税率，同一产品同等纳税；消费税是价内税，是价格的组成部分；卷烟消费税在生产和批发两个环节征收。

课后练习

1. 消费税采用了哪些税率形式？
2. 消费税主要对哪些消费品征税？

任务二　消费税应纳税额的计算

消费税应纳税额的从价定率计算

案例导入

A公司（一般纳税人）用自产的摩托车换取原材料一批，摩托车的不含税销售价格为24万元，假设换取的原材料价格、增值税与摩托车的售价、增值税税额相同，摩托车的成本为12万元，适用的消费税税率为3%。产品已经发出，材料已经验收入库。问该公司这笔业务应缴纳的消费税是多少？

【案例解析】应纳消费税=240 000×3%=7 200（元）

根据消费税的税率情况，消费税的计算方法有三种，即从价定率、从量定额和复合计算方法。

一、从价定率计算方法

采用从价定率计算方法应纳消费税计算公式：

应纳税额=应税销售额×消费税税率

（一）应税销售额的概念

应税销售额是指纳税人销售货物或提供应税劳务向购买方收取的全部价款和价外费

用，但是不包括收取的销项税额。

（二）应税销售额的内容

（1）销售货物或应税劳务向购买方收取的全部价款。

（2）向购买方收取的各种价外费用。凡价外费用，无论其会计制度如何核算，均应并入销售额计算应纳税额。

提醒你：

但下列项目不包括在内	同时符合以下条件的代垫运输费用： （1）承运部门的运输费用发票开具给购买方的； （2）纳税人将该项发票转交给购买方的
	同时符合以下条件代为收取的政府性基金或者行政事业性收费： （1）由国务院或者财政部批准设立的政府性基金，由国务院或者省级人民政府及其财政、价格主管部门批准设立的行政事业性收费； （2）收取时开具省级以上财政部门印制的财政票据； （3）所收款项全额上缴财政

（3）如果纳税人应税消费品的销售额中未扣除增值税税款或者因不得开具增值税专用发票而采取价税合并形式收取货款的，在计算消费税额时，应换算成不含增值税税额之后再行计算，其换算公式为：

应税消费品的销售额=含增值税的销售额÷（1+增值税税率或征收率）

注：这里所说的价外费用与增值税规定的价外费用相同。

重要提示

征收消费税的销售额不含增值税，但却包含消费税本身。消费税是产品价格及产品成本的一部分。

即学即思

从会计核算上看，增值税和消费税的核算方法一样吗？它们分别通过什么科目进行核算？

例题 3-1

无锡市某日化公司（一般纳税人）销售一批高档化妆品，销售额为 300 000 元（不含税），另开出普通发票收取运费 5 650 元。计算该公司应纳的消费税税额。

答案：该公司应纳的消费税税额=［300 000+5 650÷（1+13%）］×15%=45 750（元）

（4）财政部、国家税务总局 2016 年 11 月 30 日发布关于对超豪华小汽车加征消费税有关事项的通知，将超豪华小汽车销售给消费者的单位和个人为超豪华小汽车零售环节纳税人。超豪华小汽车零售环节消费税应纳税额计算公式：

应纳税额=零售环节不含税销售额×零售环节税率

国内汽车生产企业直接销售给消费者的超豪华小汽车，消费税税率按照生产环节税率和零售环节税率加总计算。消费税应纳税额计算公式：

应纳税额=销售额×（生产环节税率+零售环节税率）

例题 3-2

某汽车生产企业将自产的 10 辆小汽车委托某经销商销售，该批小汽车每辆不含税售价为 150 万元，消费税税率为 40%。计算汽车生产企业和经销商应纳的消费税。

答案：汽车生产企业应纳的消费税=10×150×40%=600（万元）

经销商应纳的消费税=10×150×10%=150（万元）

假设该生产企业直接将小汽车销售给消费者，则

汽车生产企业应纳的消费税=10×150×（40%+10%）=750（万元）

（三）应税销售额的特殊规定

（1）应税消费品连同包装物销售，无论包装物是否单独计价及在会计上如何核算，均应并入应税消费品的销售额中缴纳消费税。包装物押金的处理如表 3-2 所示。

表 3-2　包装物押金的处理

种　类	处　理
包装物不作价随同产品销售，而是收取押金	此项押金不应并入应税消费品的销售额中征税。但对因逾期未收回的包装物不再退还的或者已收取的时间超过 12 个月的押金，应并入应税消费品的销售额，按照应税消费品的适用税率缴纳消费税
既作价随同应税消费品销售，又另外收取押金的包装物的押金	凡纳税人在规定的期限内没有退还的，均应并入应税消费品的销售额，按照应税消费品的适用税率缴纳消费税
酒类生产企业	对啤酒、黄酒以外酒类产品收取的包装物押金，均应在收到押金时并入酒类产品销售额中征收消费税

重要提示

《财政部　国家税务总局关于酒类产品包装物押金征税问题的通知》规定：对酒类产品生产企业销售酒类产品而收取的包装物押金，无论押金是否返还与会计上如何核算，均需并入酒类产品销售额中，依酒类产品的适用税率缴纳消费税。该规定只适用于实行从价定率办法征收消费税的白酒和其他酒，而不适用于实行从量定额办法征收消费税的啤酒和黄酒产品。

（2）有些应税消费品可以按销售额扣除外购已税消费品买价后的余额作为计税价格计算缴纳消费税（所谓“外购已税消费品的买价”是指购货发票上注明的销售额，不包括增值税税款）。这项规定体现了消费税“税不重征”的原则，避免了就流转额全额征税而出现的重复征税现象，是对传统流转税的一种改进。

知识链接

外购应税消费品已纳税款的扣除

（1）以外购或委托加工收回的已税烟丝生产的卷烟。

（2）以外购或委托加工收回的已税高档化妆品生产的高档化妆品。

（3）以外购或委托加工收回的已税珠宝玉石生产的贵重首饰及珠宝玉石。

（4）以外购或委托加工收回的已税鞭炮、焰火生产的鞭炮、焰火。

（5）以外购或委托加工收回的已税杆头、杆身和握把为原料生产的高尔夫球杆。

（6）以外购或委托加工收回的已税木制一次性筷子为原料生产的木制一次性筷子。

（7）以外购或委托加工收回的已税实木地板为原料生产的实木地板。

（8）以外购或委托加工收回的已税石脑油、润滑油、燃料油为原料生产的成品油。

（9）以外购或委托加工收回的已税汽油、柴油为原料生产的汽油、柴油。

（10）以外购或委托加工收回的已税摩托车生产的摩托车。

（11）以外购或委托加工收回的已税啤酒液为原料连续生产的啤酒。

扣税方法：按当期生产领用数量扣除已纳消费税。

当期准予扣除的外购应税消费品已纳税款=当期准予扣除的外购应税消费品（当期生产领用数量）买价×外购应税消费品适用税率

当期准予扣除的外购应税消费品买价=期初库存的外购应税消费品买价+当期购进的应税消费品买价−期末库存的外购应税消费品的买价

买价是指发票上的销售额，不包括增值税税额。

即学即思

根据消费税法律制度的规定，纳税人外购和委托加工的应税消费品，用于连续生产应税消费品的，已缴纳的消费税税款准予从应纳消费税税额中抵扣。下列各项中，可以抵扣已缴纳的消费税的有（　　）。

A. 委托加工收回的已税化妆品用于生产化妆品

B. 委托加工收回的已税燃料油生产应税消费品

C. 委托加工收回的已税白酒生产的白酒

D. 委托加工收回的已税烟丝用于生产卷烟

答案：委托加工收回的已税白酒生产的白酒，已纳税款不能抵扣，应该选 A、B、D。

（3）纳税人通过自设非独立核算门市部销售的自产应税消费品，应当按照门市部对外销售金额缴纳消费税。

例题 3-3

无锡市捷达摩托车厂为增值税一般纳税人，7 月将生产摩托车 100 辆，以每辆出厂价

2 000 元（不含增值税）给自设非独立核算的门市部；门市部又以每辆 3 390 元（含增值税）销售给消费者。摩托车适用的消费税税率为 10%，摩托车厂 7 月份应缴纳消费税税额是多少？

答案：应纳税额=销售额×税率=3 390÷（1+13%）×100×10%=30 000（元）

（4）纳税人用于换取生产资料和消费资料、投资入股和抵偿债务等方面的应税消费品，应当以纳税人同类应税消费品的最高销售价格作为计税依据计算消费税。

例题 3-4

无锡市某汽车厂 7 月份以自产小汽车 10 辆换取钢铁厂生产的钢材 200 吨，每吨钢材售价为 5 000 元。该厂生产的同一型号小汽车销售价格分别为 10 万元/辆、9 万元/辆和 8 万元/辆，假定小汽车适用的消费税税率为 5%，则该汽车厂应缴纳消费税税额是多少？

答案：计算用于换取钢材的小汽车应纳消费税的销售额为 10 万元/辆。

应纳消费税税额=10×10×5%=5（万元）

（5）纳税人销售的应税消费品，如果是以外汇计算销售额的，其销售额的人民币折合率可以选择销售额发生的当天或者当月 1 日的人民币汇率中间价。纳税人应在事先确定采取何种折合率，确定后一年内不得变更。

知识链接

销售额和应税销售额的区别

销售额是会计上的用语，一般指主营业务收入；而应税销售额是税务上的用语，是指按照税法规定，应当缴纳税金的销售收入。两者在通常情况下是一致的，但特定情况下存在一定的差异，其原因在于，为避免偷逃税情况的发生，税法对某些非销售行为规定为视同销售，征收相关税收。

二、从量定额计算方法

采用从量定额计算方法应纳消费税的计算公式：

应纳税额=应税销售量×单位消费税税额

采用从量定额计税时，黄酒、啤酒以吨为税额单位，汽油、柴油以升为税额单位。

纳税人发生应当按照定额税率征收消费税情形的，其销售数量按照如下规定。

（1）销售应税消费品的，为应税消费品的销售数量。

（2）自产自用应税消费品的，为应税消费品的移送使用数量。

（3）委托加工应税消费品的，为纳税人收回的应税消费品数量。

（4）进口的应税消费品为海关核定的应税消费品进口征税数量。

例题 3-5

无锡市某炼油厂 7 月销售汽油 300 吨，另外用 50 吨汽油抵偿债务。要求：计算该炼油厂当月应纳消费税税额。（已知汽油 1 吨=1 388 升，汽油单位税额为 1.52 元/升。）

答案：当月应纳消费税税额=（300+50）×1 388×1.52=738 416（元）

三、复合计算方法

按照规定，卷烟和白酒应纳消费税税额实行从价定率和从量定额相结合的复合计征办法。计算公式：

应纳税额=应税销售数量×定额税率+应税销售额×比例税率

重要提示

消费税最高税率适用的规定：

（1）纳税人兼营不同税率的应税消费品（生产销售两种税率以上的应税消费品时）应当分别核算不同税率应税消费品的销售额或销售数量，未分别核算的，按最高税率征税。

（2）纳税人将应税消费品与非应税消费品及适用税率不同的应税消费品组成成套消费品销售的，应根据成套消费品的销售金额按应税消费品中适用最高税率的消费品税率征税。

例题 3-6

无锡市某酒厂 7 月销售白酒 30 000 斤（1 斤=0.5 千克），售价为 15 元/斤，随同销售的包装物价格 6 000 元；本月销售礼品盒 8 000 套，售价为 300 元/套，每套包括白酒 2 斤、单价为 80 元；干红酒 2 斤、单价为 70 元。该酒厂 7 月应纳消费税为多少元？（题中的价格均为不含税价格）

答案：该酒厂 7 月应纳消费税=（30 000×15+6 000）×20%+30 000×0.5+8 000×300×20%+8 000×4×0.5=602 200（元）

例题 3-7

无锡市 A 卷烟企业（增值税一般纳税人）7 月销售自产甲类卷烟 1 000 大箱（每箱 50 000 支，下同）给 B 卷烟批发企业，取得不含税销售额 3 000 万元；B 卷烟批发企业当月销售卷烟 900 大箱给零售商，取得不含税销售额 3 500 万元。要求：分别计算 A、B 企业应纳消费税。

答案：A 卷烟每标准条不含税销售价格=30 000 000÷1 000÷250=120（元）

120（元/条）>70（元/条），按税率 56%计征消费税。

A 企业应纳消费税=3 000×56%+1 000×50 000×0.003÷10 000=1 695（万元）

B 企业应纳消费税=3 500×11%+900×50 000×0.005÷10 000=407.5（万元）

四、自产自用应税消费品的征税规定

自产自用应税消费品主要征税范围如下。

（一）用于连续生产应税消费品

根据《中华人民共和消费税暂行条例》规定，纳税人自产自用的应税消费品，用于连续生产应税消费品，不纳税。

例如，卷烟厂生产的烟丝，烟丝已是应税消费品。如果卷烟厂将自己生产的烟丝用于连续生产卷烟，则用于连续生产卷烟的烟丝就不缴纳消费税，而只对生产的卷烟征收消费税。如果生产的烟丝是直接销售的，则按照税法规定缴纳消费税。

（二）用于其他方面的

根据《中华人民共和消费税暂行条例》规定，纳税人自产自用的应税消费品，除用于连续生产应税消费品外，凡用于其他方面的，于移送使用时纳税。

纳税人自产自用的应税消费品，按照纳税人生产的同类消费品的销售价格计算纳税；没有同类消费品销售价格的，按照组成计税价格计算，公式为：

组成计税价格=成本×（1+成本利润率）÷（1–消费税税率）

实行复合计税办法计算纳税的组成计税价格公式为：

组成计税价格=［成本×（1+成本利润率）+自产自用数量×定额税率］÷（1–消费税税率）

同类消费品的销售价格是指纳税人或者代收代缴义务人当月销售的同类消费品的销售价格，如果当月同类消费品各期销售价格高低不同，应按加权平均价格计算。但销售的应税消费品有下列情况之一的，不得列入加权平均计算：

① 销售价格明显偏低又无正当理由的；

② 无销售价格的。

如果当月无销售或者当月未完结，应按照同类消费品上月或者最近月份的销售价格计算纳税。

重要提示

应税消费品全国平均成本利润率由国家税务总局确定，如表3-3所示。

表3-3　应税消费品全国平均成本利润率

税　　目	成本利润率
高档手表	20%
甲类卷烟、粮食白酒、高尔夫球及球具、游艇	10%
小汽车中的乘用车	8%
摩托车、贵重首饰和珠宝玉石	6%
电池	4%
涂料	7%
乙类卷烟等其他应税消费品	5%

例题 3-8

无锡市某化妆品有限公司将一批自产的化妆品用于职工福利，化妆品的成本为 18 000 元，该化妆品无同类产品市场价格，成本利润率为 5%，消费税税率为 15%。要求：计算该批化妆品应缴纳的消费税税额。

答案：组成计税价格=成本×（1+成本利润率）÷（1−消费税税率）

=18 000×（1+5%）÷（1−15%）=22 235.29（元）

应纳税额=22 235.29×15%=3 335.29（元）

即学即思

企业发生的下列行为中，不需要缴纳消费税的是（　　）。

A. 用自产的应税消费品换取生产资料

B. 用自产的应税消费品支付代扣手续费

C. 用自产的应税消费品连续生产应税消费品

D. 在销售数量之外另付给购货方自产的应税消费品作为奖励

答案：C。根据《中华人民共和消费税暂行条例》规定，纳税人自产自用的应税消费品，用于连续生产应税消费品，不纳税；凡用于其他方面的，于移送使用时纳税。

五、委托加工应税消费品应纳税额的计算

（一）委托加工应税消费品的确定

委托加工应税消费品是指委托方提供原料和主要材料，受托方只收取加工费和代垫部分辅助材料加工应税消费品的应税行为。

作为委托加工的应税消费品，必须具备两个条件：一是由委托方提供原料和主要材料；二是受托方只收取加工费和代垫部分辅助材料。

（二）代收代缴税款

受托方是法定的代收代缴义务人，由受托方在向委托方交货时代收代缴消费税；纳税人委托个体经营者加工应税消费品，一律于委托方收回后在委托方所在地缴纳消费税。

委托加工的应税消费品，受托方在交货时已代收代缴消费税，委托方收回后直接销售的，不再征收消费税。

（三）委托加工应税消费品组成计税价格的确定

（1）受托方有同类消费品销售价格的，按同类消费品的销售价格计算纳税，其应纳税额的计算公式为：

应纳税额=同类消费品销售单价×委托加工数量×适用税率

同类消费品的销售价格是指受托方（代收代缴义务人）当月销售的同类消费品的销售价格，如果当月同类消费品各期销售价格高低不同，应按销售数量加权平均计算。

提醒你：

销售的应税消费品有下列情况的，不得列入加权平均计算	（1）销售价格明显偏低又无正当理由的
	（2）无销售价格的。如果当月无销售或者当月未完结，应按照同类消费品上月或最近月份的销售价格计算纳税

（2）没有同类消费品销售价格的，按组成计税价格计税。

实行从价定率计税方法计算纳税的组成计税价格公式为：

组成计税价格=（材料成本+加工费）÷（1–消费税税率）

实行复合计税方法计算纳税的组成计税价格公式为：

组成计税价格=（材料成本+加工费+委托加工数量×定额税率）÷（1–消费税税率）

应纳税额=组成计税价格×适用税率

重要提示

按照《消费税暂行条例实施细则》的规定，“材料成本”是指委托方所提供加工材料的实际成本。委托加工应税消费品的纳税人，必须在委托加工合同上如实注明（或以其他方式提供）材料成本，凡未提供材料成本的，受托方税务机关有权核定其材料成本。“加工费”是指受托方加工应税消费品向委托方所收取的全部费用（包括代垫辅助材料的实际成本），不包括增值税税额。

例题 3-9

无锡市大通有限公司本月受托加工 A 类化妆品 100 件，受托方同类产品含增值税售价为 56 500 元；受托加工 B 类化妆品 50 件，成本为 40 000 元，加工费为 10 000 元。化妆品税率为 15%，则该公司应代收代缴消费税税额为多少元？

答案：受托加工 A 类化妆品 100 件，按照受托方同类消费品的销售价格计算纳税。

应税消费品的销售额=含增值税的销售额÷（1+增值税税率或者征收率）

=56 500÷（1+13%）=50 000（元）

A 类化妆品应纳税额=同类消费品销售价格×适用税率

=50 000×15%=7 500（元）

受托加工 B 类化妆品 50 件，没有同类消费品销售价格的，按照组成计税价格计算。

纳税组成计税价格=（材料成本+加工费）÷（1–消费税税率）

=（40 000+10 000）÷（1–15%）=58 823.53（元）

B 类化妆品应纳税额=组成计税价格×适用税率=58 823.53×15%=8 823.53（元）

该公司应代收代缴消费税税额=7 500+ 8 823.53=16 323.53（元）

（3）用委托加工收回的应税消费品连续生产应税消费品计算征收消费税问题。

纳税人用委托加工收回的应税消费品连续生产应税消费品，在计征消费税时可以扣除委托加工收回应税消费品已纳消费税税款。

当期准予扣除的委托加工应税消费品已纳消费税税款的计算公式为：

当期准予扣除的委托加工应税消费品已纳税款=期初库存的委托加工应税消费品已纳税款+当期收回的委托加工应税消费品已纳税款–期末库存的委托加工应税消费品已纳税款

例题 3-10

无锡市某酒厂为增值税一般纳税人，7 月发生以下业务：

（1）从农业生产者手中收购粮食 40 吨，每吨收购价为 2 000 元，共计支付收购价款 80 000 元。（2）该酒厂将收购的粮食从收购地直接运往异地的乙酒厂生产加工白酒，白酒加工完毕，企业收回白酒 12 吨，取得乙酒厂开具防伪税控的增值税专用发票，注明加工费 35 000 元，代垫辅料价值 10 000 元，加工的白酒当地无同类产品市场价格。（3）本月内该酒厂将收回的白酒批发售出 9 吨，每吨不含税销售额为 18 000 元。（4）另外支付给运输单位销货运输费用 15 000 元（含税），取得增值税专用发票。白酒消费税税率为 20%。

要求：（1）计算乙酒厂应代收代缴的消费税和应纳增值税。

（2）计算无锡市某酒厂应纳消费税和增值税。

答案：（1）对于乙酒厂，委托方提供的原材料成本为不含增值税的价格。

① 代收代缴的消费税的组成计税价格=［40×2 000×（1–10%）+（35 000+10 000）+12×2 000×0.5］÷（1–20%）=161 250（元）

应代收代缴的消费税=161 250×20%+12×2 000×0.5=44 250（元）

② 应纳增值税=（35 000+10 000）×13%=5 850（元）

（2）无锡市某酒厂。

① 销售委托加工收回的白酒不缴纳消费税。

② 应纳增值税。

销项税额=9×18 000×13%=21 060（元）

进项税额=40×2 000×10%+5 850+15 000÷（1+9%）×9%=15 088.53（元）

应纳增值税=21 060–15 088.53=5 971.47（元）

重要提示

纳税人用委托加工收回的已税珠宝玉石生产的改在零售环节征收消费税的金银首饰，计税时一律不得扣除委托加工收回的珠宝玉石的已纳消费税税款。

六、金银首饰征收消费税应纳税额的计算

（一）纳税义务人

纳税义务人是在我国境内从事金银首饰零售业务的单位和个人。委托加工、委托代销

金银首饰的受托方也是纳税人。

提醒你：

下列业务视同零售业务	（1）为经营单位以外的单位和个人加工金银首饰
	（2）经营单位将金银首饰用于馈赠、赞助、集资、广告、样品、职工福利、奖励等方面
	（3）未经中国人民银行总行批准，从事金银首饰批发业务的单位将金银首饰销售给经营单位

（二）改在零售环节征收消费税的金银首饰范围

（1）在零售环节征收消费税的金银首饰范围：金、银和金基、银基合金首饰，以及金、银和金基、银基合金的镶嵌首饰。从 2003 年 5 月 1 日起，铂金首饰消费税改为零售环节征税。

（2）对原销售金银首饰，又销售非金银首饰的生产经营单位，凡是划分不清楚或不能分别核算两类商品的：

① 在生产环节销售的，一律从高适用税率征收消费税；

② 在零售环节销售的，一律按金银首饰征收消费税；

③ 金银首饰与其他产品组成成套消费品销售的，应按照销售额全额征收消费税。

（三）金银首饰消费税税率为 5%

（四）计税依据

（1）纳税人销售金银首饰的计税依据是不含增值税税额的销售额，其计算公式为：

金银首饰不含增值税的销售额=含增值税的销售额÷（1+增值税税率或征收率）

（2）金银首饰连同包装物销售的，不论包装物是否单独计价，也不论会计上如何核算，均应并入金银首饰的销售额，计征消费税。

（3）委托方带料加工的金银首饰，应按受托方销售同类金银首饰的销售价格确定计税依据征收消费税。没有同类金银首饰销售价格的，按照组成计税价格计算纳税，其计算公式为：

组成计税价格=（材料成本+加工费）÷（1−金银首饰消费税税率）

（4）纳税人采用以旧换新（含翻新改制）方式销售的金银首饰，应按实际收取的不含增值税的全部价款确定计税依据征收消费税。

（5）经营单位将金银首饰用于馈赠、赞助、集资、广告、样品、职工福利、奖励等方面时，应按纳税人销售同类金银首饰的销售价格确定计税依据征收消费税。没有同类金银首饰销售价格的，按照组成计税价格计算纳税，计算公式为：

组成计税价格=购进原价×（1+成本利润率）÷（1−金银首饰消费税税率）

公式中的“成本利润率”一律定为 6%。

（6）金银首饰消费税改变纳税环节后，用已税珠宝玉石生产的镶嵌首饰，在计税时一律不得扣除已纳消费税税款。比如，用外购或者委托加工收回的玛瑙，如果用于生产镶嵌玛瑙的黄金吊坠，在生产销售该吊坠不需要缴纳消费税，但在零售时需要缴纳消费税，并且所耗用的玛瑙原料已纳的消费税税款不得扣除；如果用于生产玛瑙手串，生产销售该玛瑙手串时应计算缴纳消费税，玛瑙原料已纳消费税可以扣除。

例题 3-11

无锡大东方集团公司（一般纳税人）2020 年 7 月向消费者个人销售金银首饰取得收入 159 500 元，销售金银镶嵌首饰取得收入 357 800 元，销售镀金首饰取得收入 32 898 元，销售镀金镶嵌首饰取得收入 12 378 元，取得修理清洗收入 780 元。问该公司上述业务应纳消费税为多少元？

答案：应纳消费税=（159 500+357 800）÷（1+13%）×5%=22 889.38（元）

例题 3-12

无锡某商场是一般纳税人，7 月采取“以旧换新”方式销售 24K 纯金项链 100 条，新项链对外销售含税价格为 35 000 元，旧项链作价 13 000 元，每条项链从消费者手中收取新旧差价款 22 000 元；销售包金项链 10 条，向消费者开出的普通发票金额为 50 000 元；销售镀金项链 15 条，向消费者开出的普通发票金额为 80 000 元（金银首饰成本利润率为 6%）。

要求：根据上述资料计算该商场销售金银首饰应缴纳的消费税。

答案：税法规定，金银首饰的“以旧换新”业务，按实际收到的价款计算消费税和增值税；其他商品的“以旧换新”业务，按货物的正常售价计算消费税和增值税。

销售纯金项链应纳消费税=100×22 000÷（1+13%）×5%=97 345.13（元）

包金和镀金项链不属于金银首饰的征税范围。

该商场销售金银首饰应缴纳的消费税=97 345.13（元）

重要提示

金银首饰消费税改变征税环节后，经营单位进口金银首饰的消费税，由进口环节征收改为在零售环节征收；出口金银首饰由出口退税改为出口不退消费税。

七、进口消费品应纳税额的计算

（1）进口的应税消费品，实行从价定率计算方法计算应纳税额的，按照组成计税价格计算纳税。计算公式为：

组成计税价格=（关税完税价格+关税）÷（1–消费税比例税率）

应纳税额=组成计税价格×适用税率

公式中的“关税完税价格”是指海关核定的关税计税价格。

重要提示

如进口的应税消费品属于适用从价与从量相结合计征的产品，在分子中还应加上“消费税定额税”。

（2）实行从量定额计算方法计算应税消费品的应纳税额：

应纳税额=应税消费品数量×消费税单位税额

这里的“应税消费品数量”是指海关核定的应税消费品进口征税数量。

（3）依据确定的进口卷烟消费税适用比例税率计算进口卷烟消费税组成计税价格和应纳消费税税额。

进口卷烟消费税组成计税价格=（关税完税价格+关税+消费税定额税）÷（1–进口卷烟消费税适用比例税率）

重要提示

公式中，关税完税价格和关税为每标准条的关税完税价格及关税税额；消费税定额税率为每标准条（200 支）0.6 元（依据现行消费税定额税率折算而成）；消费税税率固定为 36%。

应纳消费税税额=进口卷烟消费税组成计税价格×进口卷烟消费税适用比例税率+消费税定额税

例题 3-13

无锡某公司从境外进口一批高档化妆品，经海关核定，关税的完税价格为 85 000 元，进口关税税率为 25%，消费税税率为 15%。计算该公司应纳关税税额和消费税税额。

答案：应纳关税税额=85 000×25%=21 250（元）

组成计税价格=（85 000+21 250）÷（1–15%）=125 000（元）

应纳消费税税额=125 000×15%=18 750（元）

例题 3-14

无锡市某商贸公司 7 月从国外进口卷烟 4 万条（每条 200 支），支付买价 100 万元，支付到达我国海关前的运输费用、保险费用 8 万元。假设关税税率为 30%，计算进口应纳的消费税。

答案：（1）进口卷烟应纳关税=（100+8）×30%=32.4（万元）

（2）进口卷烟消费税的计算：

① 定额消费税=4×0.003×200=2.4（万元）

② 每标准条确定消费税适用比例税率的价格=[（108+32.4+2.4）÷（1–36%）]÷4 =55.78（元）

适用从价消费税税率为 36%，进口卷烟应纳消费税=（108+32.4+2.4）÷（1–36%）×36%+2.4= 82.73（万元）

即学即思

某外贸进出口公司，9 月进口 14 辆小轿车，每辆车的关税完税价格为 8 万元，已知小轿车关税税率为 100%，消费税税率为 5%，进口这些小轿车应缴纳消费税多少万元？

答案：应缴纳消费税=14×（8+8×100%）÷（1−5%）×5%=11.79（万元）

课后练习

1. 什么是价外费用？对价外费用如何处理？
2. 自产自用应税消费品没有销售额，应当如何处理？
3. 应税消费品计税价格的核定权限是如何规定的？
4. 什么是委托加工？对委托加工应税消费品如何征收消费税？

任务三　消费税的计税凭证、科目设置及会计处理

一、计税凭证

由于缴纳消费税的消费品同时需要缴纳增值税，且两者都以含消费税不含增值税的销售额为计税依据，故两种税的计税凭证可以共用同一会计凭证，即增值税专用发票；在按规定不得开具增值税专用发票时，可以普通发票作为计税凭证，只是先要进行价税分离处理，然后再计税。

二、科目设置

消费税的纳税人应在“应交税费”总账科目下，设置“应交消费税”明细科目。“应交税费——应交消费税”明细账户可采用三栏式结构：贷记纳税人计算出的应纳消费税税额；借记已纳的消费税税额；若期末余额在贷方，则表示纳税人尚未缴纳的税额；若期末余额在借方，则表示纳税人多缴纳应退或可以抵扣的税额；若期末余额为零，则表示征纳双方结清了税款。

三、会计处理

（1）销售自制应税消费品，应当按应缴纳的消费税税额借记“税金及附加”科目；贷记“应交税费——应交消费税”科目。同时还需做与销售收入和应交增值税有关的账务处理。

例题 3-15

无锡市某日化厂（一般纳税人）所设门市部7月2日对外零售化妆品，开出普通发票的金额为45 200元，所得款项已全部存入银行。该消费品消费税税率为15%，计算应交增值税和消费税，并进行账务处理。

答案：应交增值税=45 200÷（1+13%）×13%=5 200（元）

应交消费税=45 200÷（1+13%）×15%=6 000（元）

借：银行存款　　　　　　　　　　　　　　　　　　45 200
　　贷：主营业务收入　　　　　　　　　　　　　　　　40 000
　　　　应交税费——应交增值税（销项税额）　　　　　　5 200
借：税金及附加　　　　　　　　　　　　　　　　　6 000
　　贷：应交税费——应交消费税　　　　　　　　　　　6 000

（2）以应税消费品作为投资的，将按规定把应缴纳的消费税税额计入长期投资总额，借记“长期股权投资”科目；贷记“应交税费——应交消费税”科目。

例题 3-16

无锡市大通地板有限公司将自产的一批实木地板投资到江阴市华润有限公司，开具增值税专用发票，价款 40 000 元，增值税 5 200 元，该批地板的成本为 30 000 元。消费税税率为 5%。计算应交消费税，并进行账务处理。

答案：应交消费税=40 000×5%=2 000（元）

借：长期股权投资——其他投资　　　　　　　　　　47 200
　　贷：主营业务收入　　　　　　　　　　　　　　　　40 000
　　　　应交税费——应交增值税（销项税额）　　　　　　5 200
　　　　应交税费——应交消费税　　　　　　　　　　　2 000

（3）视同销售自制应税消费品应交消费税的，按规定将应交消费税税额借记“税金及附加”科目；贷记“应交税费——应交消费税”科目。

例题 3-17

无锡市大通地板有限公司将一批实木地板用于抵偿应付大华公司的货款，地板市场价格 10 000 元，消费税税率为 10%。计算应交消费税，并进行账务处理。

答案：应交消费税=10 000×10%=1 000（元）

借：税金及附加　　　　　　　　　　　　　　　　　1 000
　　贷：应交税费——应交消费税　　　　　　　　　　　1 000

（4）自产自用应税消费品应交消费税的，按规定将应交消费税税额借记“固定资产”“在建工程”“营业外支出”“销售费用”“应付职工薪酬”等科目，贷记“应交税费——应交消费税”科目。

例题 3-18

无锡市某化妆品有限公司将一批自产的化妆品用于职工福利，化妆品的成本为 18 000 元，该化妆品无同类产品市场价格，成本利润率为 5%，消费税税率为 15%。计算应交消费税，并进行账务处理。

答案：应交消费税=18 000×（1+5%）÷（1−15%）×15%=3 335.29（元）

借：应付职工薪酬——职工福利　　　　　　　　　　3 335.29
　　贷：应交税费——应交消费税　　　　　　　　　　　3 335.29

例题 3-19

无锡市捷达摩托车制造有限公司 7 月 11 日将自产的一批摩托车用于赞助摩托车大赛。同类摩托车销售价格为 200 000 元，该批摩托车成本 120 000 元，消费税税率为 10%。要求：计算捷达摩托车制造有限公司的应交消费税，并进行账务处理。

答案：应交消费税=200 000×10%=20 000（元）

借：营业外支出　　　　　　　　　　　　20 000

　　贷：应交税费——应交消费税　　　　　　20 000

（5）应税消费品的包装物随同消费品一同出售但单独计价的，按规定应交消费税税额，借记“其他业务成本”科目，贷记“应交税费——应交消费税”科目；随同产品出售但不单独计价的包装物，其收入随同销售的产品一起计入产品销售收入。即按包装物与产品的销售额合计计算的应交消费税税额，借记“税金及附加”等科目，贷记“应交税费——应交消费税”科目。

（6）对于委托加工应税消费品的，受托方在委托方提货时代收代缴税款。受托方按应扣税款借记“银行存款”和“应收账款”等科目；贷记“应交税费——应交消费税”科目。委托方收回应税消费品后，若直接用于销售，则应将代收代缴的消费税计入委托加工的应税消费品成本，借记“委托加工物资”“生产成本”“自制半成品”等科目；贷记“应付账款”和“银行存款”等科目。若委托方将收回的应税消费品用于连续生产应税消费品，按规定准予抵扣消费税税额的，则委托方应将代收代缴的消费税税款借记“应交税费——应交消费税”科目，贷记“应付账款”和“银行存款”等科目。

例题 3-20

某家具公司委托 A 企业加工一批实木地板，应交消费税共计 100 000 元。请问当家具公司将实木地板提回时，A 企业代收代缴的税款应如何处理？

答案：借：应收账款　　　　　　　　　　100 000

　　　　贷：应交税费——应交消费税　　　　100 000

假定上述家具公司收回实木地板后继续用于实木地板的加工，请问该家具公司应如何进行账务处理？

答案：家具公司对 A 企业代收代缴的消费税税额 100 000 元可以抵扣，所做的会计分录如下。

借：应交税费——应交消费税　　　　　　100 000

　　贷：应付账款　　　　　　　　　　　　100 000

课后练习

1. A 厂提供原料 19 万元委托 B 厂加工木质一次性筷子。提货时支付加工费等 2.3 万元，取得专用发票。该批木质一次性筷子按 B 厂同类商品的市场售价计算，价值为 25.3 万元。

收回后继续加工后出售，本月取得收入 28 万元（注：A、B 厂均为增值税一般纳税人，以上所有金额均为不含税金额）。要求：根据以上资料编制 A、B 厂相关的会计分录。

2. 某酒厂 8 月份出售自产粮食白酒 3 吨，销售收入为 35 000 元；包装物单独计价，售价为 500 元。委托 A 厂加工黄酒 30 吨，材料成本为 10 000 元，加工费为 8 000 元，收回后直接销售。（注：某酒厂和 A 厂均为增值税一般纳税人，以上所有金额均为不含税额）。要求：计算某酒厂应交消费税和增值税税额，并做相应的会计处理。

任务四　消费税的纳税申报

一、消费税的纳税环节

不同类别的消费品其纳税环节各不相同，消费税的纳税环节如表 3-4 所示。

表 3-4　消费税的纳税环节

<table>
<tr><th>类　别</th><th colspan="2">纳 税 环 节</th></tr>
<tr><td>生产应税消费品</td><td colspan="2">销售时纳税</td></tr>
<tr><td rowspan="2">自产自用的应税消费品</td><td>连续生产</td><td>不纳税</td></tr>
<tr><td>用于其他方面的</td><td>移送使用时纳税</td></tr>
<tr><td>委托加工应税消费品</td><td colspan="2">受托方在向委托方交货时代收代缴税款
委托方销售时不纳税</td></tr>
<tr><td>进口应税消费品</td><td colspan="2">报关进口时纳税</td></tr>
<tr><td rowspan="6">金银首饰</td><td>销售（零售）</td><td>销售时纳税</td></tr>
<tr><td>馈赠、赞助、集资、广告、样品、职工福利、奖励等</td><td>移送时纳税</td></tr>
<tr><td>带料加工、翻新改制</td><td>委托方交货时纳税</td></tr>
<tr><td>进口金银首饰</td><td>零售环节纳税</td></tr>
<tr><td>出口金银首饰</td><td>不退消费税</td></tr>
<tr><td>钻石及钻石饰品、铂金首饰</td><td>零售环节纳税</td></tr>
</table>

即学即思

消费税的纳税环节和增值税的纳税环节相同吗？

二、纳税义务的发生时间

（1）纳税人销售应税消费品，其纳税义务的发生时间如下。

① 纳税人采取赊销和分期收款结算方式的，为销售合同规定的收款日期的当天。

② 纳税人采取预收货款结算方式的，为发出应税消费品的当天。

③ 纳税人采取托收承付和委托银行收款方式销售应税消费品的，为发出应税消费品并办妥托收手续的当天。

④ 纳税人采取其他结算方式的，为收讫销售款或者取得索取销售款凭据的当天。

（2）纳税人自产自用的应税消费品，其纳税义务的发生时间为移送使用的当天。

（3）纳税人委托加工的应税消费品，其纳税义务的发生时间为纳税人提货的当天。

（4）纳税人进口的应税消费品，其纳税义务的发生时间为报关进口的当天。

（5）纳税人销售金银首饰，其纳税义务发生时间为收讫销货款或取得索取销货凭据的当天；用于馈赠、赞助、集资、广告、样品、职工福利、奖励等方面的金银首饰，其纳税义务发生时间为移送的当天；带料加工、翻新改制的金银首饰，其纳税义务发生时间为受托方交货的当天。

即学即思

以下有关消费税纳税义务发生时间的说法，正确的是（　　）。

A. 预收货款结算方式下为发出应税消费品的当天

B. 赊销方式下为收到货款的当天

C. 预收货款结算方式下为收到货款的当天

D. 分期收款结算方式下为实际收款日期

答案：A。纳税人采取赊销和分期收款结算方式的，为销售合同规定的收款日期的当天；采取预收货款结算方式的，为发出应税消费品的当天。

三、纳税期限和报缴期限

（一）纳税期限

消费税的纳税期限分别为1日、3日、5日、10日、15日、1个月或者1个季度。纳税人的具体纳税期限由主管税务机关根据纳税人应纳税额的大小分别核定；不能按照固定期限纳税的，可以按次纳税。

（二）报缴期限

（1）消费税的报缴税款期限，纳税人以1个月或者1个季度为1期纳税的，自期满之日起15日内申报纳税；以1日、3日、5日、10日或者15日为1期纳税的，自期满之日起5日内预缴税款，于次月1日起15日内申报纳税并结清上月应纳税款。

（2）纳税人进口应税消费品，应当自海关填发税款缴纳证的次日起15日内缴纳税款。

四、纳税地点

（一）生产销售应税消费品及自产自用应税消费品的纳税地点

（1）纳税人销售应税消费品及自产自用的应税消费品，应当向纳税人核算地主管税务机关申报纳税。

（2）纳税人到外县（市）销售或委托外县（市）代销自产应税消费品的，于应税消费品销售后，回纳税人核算地或所在地缴纳消费税。

（3）纳税人的总机构与分支机构不在同一县（市）的，应在生产应税消费品的分支机构所在地缴纳消费税。但经国家税务总局及所属的省、自治区、直辖市国家税务局批准，纳税人分支机构应纳消费税税款，也可由总机构汇总向总机构所在地主管税务机关缴纳。

（二）委托加工应税消费品的纳税地点

（1）工业企业受托加工的应税消费品，纳税地点确定在受托方所在地，由受托方向所在地主管税务机关解缴代收的税款。

（2）个体工商业户受托加工的应税消费品，纳税地点确定在委托方所在地，由委托方在收回应税消费品后，向所在地主管税务机关申报纳税。

（三）进口应税消费品的纳税地点

进口的应税消费品，由进口人或者其代理人向报关地海关申报纳税。

（四）金银首饰的纳税地点

金银首饰的经营单位到外县（市）临时销售金银首饰，应当向其机构所在地主管国家税务局申请开具外出经营活动税收管理证明，回其机构所在地主管国家税务局申报纳税。

即学即思

下列项目中，符合消费税纳税地点规定的是（　　）。

A. 自产自用的应税消费品在使用地纳税

B. 委托个体加工应税消费品的，在受托方所在地纳税

C. 总、分机构不在同一县（市）的，在总机构所在地纳税

D. 委托外地代销的，销售后回纳税人核算地纳税

答案：D。自产自用的应税消费品，应当向纳税人核算地主管税务机关申报纳税；个体工商业户受托加工的应税消费品，纳税地点确定在委托方所在地；纳税人的总机构与分支机构不在同一县（市）的，应在生产应税消费品的分支机构所在地缴纳消费税。

即学即思

某酒厂总部设在北京，生产酒的基地设在江苏，则下列关于消费税纳税地点的说法正确的有（　　）。

A. 在北京纳税

B. 在江苏纳税

C. 经国家税务总局批准在北京纳税

D. 经由北京、江苏国税局协商决定在哪里纳税

答案：A、B、C。纳税人总机构与分支机构不在同一县（市）的，应在生产应税消费品的分支机构所在地缴纳消费税。但经国家税务总局及所属的省、自治区、直辖市国家税务局批准，纳税人分支机构应纳消费税税款，也可由总机构汇总向总机构所在地主管税务机关缴纳。

五、纳税申报办法

消费税的纳税人主要采用自行计算应纳税额，向税务机关填报纳税申报表，经税务机关审查核定后自行到银行缴纳消费税的纳税方式。因此，正确填制纳税申报表是纳税人正确纳税的重要环节。

（一）纳税申报应提交的资料

（1）《消费税纳税申报表》两份。

（2）生产石脑油、溶剂油、航空煤油、润滑油、燃料油的纳税人在办理纳税申报时还应提供“生产企业生产经营情况表”和“生产企业产品销售明细表（油品）”。

（3）外购应税消费品连续生产应税消费品的，提供外购应税消费品增值税专用发票（抵扣联）原件和复印件。如果外购应税消费品的增值税专用发票属于汇总填开的，除提供增值税专用发票（抵扣联）原件和复印件外，还应提供随同增值税专用发票取得的由销售方开具并加盖财务专用章或发票专用章的销货清单原件和复印件。

（4）委托加工收回应税消费品连续生产应税消费品的，提供“代扣代收税款凭证”原件和复印件。

（5）进口应税消费品连续生产应税消费品的，提供“海关进口消费税专用缴款书”原件和复印件。

（6）扣缴义务人必须在规定的申报期限内报送“消费税代扣代缴税款报告表”及国税机关要求报送的其他有关资料。

（7）汽油、柴油消费税纳税人还需报送：①“生产企业生产经营情况表（油品）”；②“生产企业产品销售明细表（油品）”；③主管部门下达的月度生产计划；④企业根据生产计划制订的月份排产计划。

（二）消费税纳税申报实务操作

无锡A卷烟厂是增值税一般纳税人，主要生产卷烟，其不含增值税的调拨价格为68元/标准条，税务机关为其核定的纳税期限为1个月。该厂2020年10月1日未缴的消费税为4 360 000元，10月10日到税务机关缴纳。该企业的卷烟属于乙类卷烟，比例税率为36%，定额税率为0.003元/支，即150元/标准箱。10月有关业务资料如下：

（1）月初库存外购烟丝的买价为300万元。

（2）10月8日购入烟丝，不含增值税价款为500万元，取得了增值税专用发票。发票账单和烟丝同时到达企业，该批烟丝已经验收入库。

（3）10月9日委托B烟丝厂加工烟丝一批，原材料成本为100 000元，支付不含增值税的加工费为40 000元。B烟丝厂无同类消费品的销售价格。10月25日烟丝加工完成，验收入库，加工费用等已经支付，取得B烟丝厂开具的增值税专用发票一张。收回烟丝后用于生产卷烟。

（4）10月10日，将本厂生产的200条卷烟作为礼品赠送给客户，其生产成本为5 600元。

（5）10月22日，以直接收款方式销售卷烟1 000标准箱（5 000万支），取得不含增值税销售额1 700万元，该批卷烟的销售成本为700万元。

（6）月末，烟丝存货为200万元。

要求：计算A卷烟厂该年10月应纳的消费税税款，进行相应的账务处理，并填写“烟类应税消费品消费税纳税申报表”（见表3-5）。

实务操作解答：

（1）将外购烟丝用于生产卷烟，可按生产领用数量抵扣烟丝已纳消费税。

借：原材料——烟丝　　5 000 000

　　应交税费——应交增值税（进项税额）　　650 000

　　贷：银行存款　　5 650 000

借：生产成本　　3 500 000

　　应交税费——应交消费税　　1 500 000

　　贷：原材料　　5 000 000

（2）由于B烟丝厂无同类消费品的销售价格，则委托加工这批烟丝的组成计税价格为：

$$组成计税价格=\frac{100\ 000+40\ 000}{1-30\%}=200\ 000（元）$$

应由B烟丝厂代收代缴的消费税=200 000×30%=60 000（元）

① 发出委托加工材料时：

借：委托加工物资　　100 000

　　贷：原材料　　100 000

② 支付加工费用时：

应纳增值税=40 000×13%=5 200（元）

借：委托加工物资　　40 000
　　应交税费——应交增值税（进项税额）　　5 200
　　应交税费——应交消费税　　60 000
　　贷：银行存款　　105 200

③ 加工完成收回委托加工材料时：

借：原材料　　140 000
　　贷：委托加工物资　　140 000

④ 用于生产卷烟时：

借：生产成本　　140 000
　　贷：原材料　　140 000

（3）A 卷烟厂将自己生产的卷烟赠送客户，属于纳税人将自产的应税消费品用于其他方面，应该在移送使用时纳税。

应该按照同类消费品的销售价格——68 元/条确定销售额。

销售额=68×200=13 600（元）

应纳增值税=13 600×13%=1 768（元）

应纳消费税=13 600×36%+200×200×0.003=5 016（元）

借：管理费用——业务招待费　　12 384
　　贷：库存商品　　5 600
　　　　应交税费——应交增值税（销项税额）　　1 768
　　　　应交税费——应交消费税　　5 016

（4）增值税销项税额=17 000 000×13%=2 210 000（元）

应纳消费税=17 000 000×36%+1 000×150=6 270 000（元）

确认销售收入如下：

借：银行存款　　19 210 000
　　贷：主营业务收入——卷烟　　17 000 000
　　　　应交税费——应交增值税（销项税额）　　2 210 000

结转成本如下：

借：主营业务成本　　7 000 000
　　贷：库存商品　　7 000 000

计提消费税如下：

借：税金及附加　　6 270 000
　　贷：应交税费——应交消费税　　6 270 000

（5）当期准予扣除已纳消费税的外购烟丝的买价=300+500−200=600（万元）

当期准予扣除的外购应税消费品已纳税款=600×30%=180（万元）

（6）烟类应税消费品消费税纳税申报表的填制，如表 3-5 所示。

表 3-5　烟类应税消费品消费税纳税申报表

税款所属期：××年 10 月 1 日　　　至××年 10 月 31 日

纳税人名称（公章）：A 卷烟厂

纳税人识别号：

填表日期：××年 11 月 10 日　　　单位：卷烟万支、雪茄烟支、烟丝千克　　金额单位：元（列至角分）

项目 应税消费品名称	适用税率		销售数量	销售额	应纳税额
	定额税率	比例税率			
卷烟	30 元/万支	36%	5 004	17 013 600.00	6 275 016.00
卷烟	30 元/万支	56%	0	0.00	0.00
雪茄烟	—	36%	0	0.00	0.00
烟丝	—	30%	0	0.00	0.00
合计	—	—	—	—	6 275 016.00

本期准予扣除税额：1 860 000.00 本期减（免）税额：0.00 期初未缴税额：4 360 000.00	声　明 此纳税申报表是根据国家税收法律的规定填报的，我确定它是真实的、可靠的、完整的。 经办人（签章）： 财务负责人（签章）： 联系电话：
本期缴纳前期应纳税额：4 360 000.00 本期预缴税额：0.00 本期应补（退）税额：4 415 016.00 期末未缴税额：4 415 016.00	（如果你已委托代理人申报，请填写） 授权声明 为代理一切税务事宜，现授权×××（地址）×××为本纳税人的代理申报人，任何与本申报表有关的往来文件，都可寄予此人。 授权人签章：

以下由税务机关填写

受理人（签章）：　　　　　受理日期：　　年　月　日　　　　　受理税务机关（章）：

在实际纳税申报中，纳税人可以按照实际应纳税的消费品选择具体的纳税申报表进行填报。其相关表格的格式及填报说明可以在各级税务局的网站上下载。

能 力 训 练

一、单项选择题

1. 某酒厂用自产粮食白酒抵偿另一个单位的货款，消费税的计税销售额应选择（　　）。

A．同类粮食白酒中间价　　　B．同类粮食白酒加权平均价

C．同类粮食白酒最高售价　　D．粮食白酒组成计税价格

2．应税消费品的全国平均成本利润率由（　　）确定并发布。

A．省、自治区、直辖市国家税务局　　B．国务院

C．财政部　　D．国家税务总局

3．某公司（增值税一般纳税人）销售一批化妆品．销售额为 226 000 元（含税），另收取运费 4 000 元（不含税），应缴纳消费税（　　）元。

A．71 400　　B．35 700　　C．30 000　　D．30 600

4．某酒厂生产一种新开发的药酒（税率 10%），广告样品使用 0.2 吨，已知该种药酒无同类产品出厂价，生产成本为每吨 35 000 元，成本利润率为 10%，该厂当月应纳消费税为（　　）元。

A．770　　B．855.56　　C．777.78　　D．658.12

5．下列属于应纳消费税的有（　　）。

A．生产销售实木家具　　B．生产销售塑料地板

C．生产销售一次性竹筷子　　D．生产销售实木地板

6．某卷烟厂研发生产一种新型卷烟，当月生产 20 箱作为礼品样品用于市场推广，没有同类售价，已知成本为 50 万元，卷烟的成本利润率为 10%，经税务机关批准，卷烟适用的税率为 56%，则该批卷烟应纳消费税为（　　）万元。

A．70.68　　B．46.55　　C．70.30　　D．45.20

7．某酒厂（增值税一般纳税人）销售啤酒 100 吨，含增值税售价为 3 390 元/吨，则下列陈述正确的是（　　）。

A．该厂的应纳消费税为 22 000 元

B．该厂的应纳消费税为 25 000 元

C．确认啤酒的消费税税率时应当按照含增值税价格判定

D．啤酒每吨应当折合成升计算缴纳消费税

8．某化妆品厂为增值税一般纳税人，自设一非独立核算的门市部，2020 年 8 月该厂将生产的一批化妆品交门市部，出厂价为 260 万元（不含税）。门市部零售取得含税收入 350.3 万元。该项业务应缴纳的消费税税额为（　　）万元。

A．39　　B．46.5　　C．40.3　　D．52.55

9．某金店采取以旧换新的方式销售金耳环，其征收消费税的计税依据是（　　）。

A．同类新金耳环的不含增值税销售价格

B．实际收取的含增值税的全部价款

C．实际收取的不含增值税的全部价款

D．同类新金耳环的含增值税销售价格

10．某商业企业（一般纳税人）向消费者个人销售金银首饰取得收入 95 000 元（不含增值税），销售非金银首饰取得收入 39 780 元（含增值税）。该企业上述业务应纳消费税为（　　）元。

A．7 546.5　　B．6 450　　C．8 150　　D．4 750

11．纳税人自产自用应税消费品应当缴纳消费税，如果没有同类消费品销售价格，应以组成计税价格计算纳税。组成计税价格的计算公式为（　　）。

A．成本×（1+成本利润率）÷（1–消费税税率）

B．成本×（1+成本利润率）÷（1+消费税税率）

C．成本×（1+成本利润率）

D．成本×（1+消费税税率）÷（1–成本利润率）

12．将委托加工收回的应税消费品连续生产应税消费品，不能扣除委托加工消费品已纳税款的是（　　）。

A．烟丝　　B．小汽车　　C．化妆品　　D．木制一次性筷子

13．根据规定，卷烟和白酒的计税价格由（　　）核定。

A．财政部　　B．省级国家税务局

C．国家税务总局　　D．县以上国家税务局

14．某炼油厂销售汽油 200 吨，另外用 30 吨汽油抵偿债务，则该炼油厂该月应纳（　　）元消费税。

A．310 912　　B．446 936　　C．264 275.2　　D．485 244.8

15．应税消费品的销售额包括销售应税消费品从购买方收取的全部价款和价外费用。价外费用不包括价外收取的（　　）。

A．违约金　　B．增值税销项税额

C．延期付款利息　　D．运输装卸费

16．企业发生的下列行为中，不需要缴纳消费税的是（　　）。

A．用自产应税消费品换取生产资料

B．将外购润滑油简单加工成小包装对外销售

C．直接销售委托加工收回的已税的应税消费品

D．将委托加工收回的白酒贴标再对外销售

17．根据消费税法律制度的规定，下列各项中在零售环节加征消费税的是（　　）。

A．超豪华小汽车　　B．游艇

C．电池　　D．高档手表

18．根据消费税法律制度的规定，下列各项中不征收消费税的是（　　）。

A．销售自产小汽车　　B．金店零售黄金饰品

C．烟酒商店销售葡萄酒　　D．手表厂生产销售高档手表

19．甲化妆品有限公司为增值税一般纳税人，2020 年 9 月销售高档化妆品套装 400 套，每套含增值税售价为 678 元，将同款套装 30 套用于对外赞助。已知增值税税率为 13%，消费税税率为 15%，甲公司当月销售成套化妆品应缴纳的消费税是（　　）元。

A．36 000　　B．40 680　　C．38 700　　D．43 731

20．根据消费税法律制度的规定，下列关于消费税纳税地点的表述中，正确的是（　　）。

A．纳税人销售的应税消费品，除另有规定外，应当向纳税人机构所在地或居住地的税务机关申报纳税

B．纳税人总机构与分支机构不在同一省的，由总机构汇总向总机构所在地的税务机关申报纳税

C．进口的应税消费品，由进口人或者其代理人向机构所在地的税务机关申报纳税

D．委托加工的应税消费品，受托方为个人的，由受托方向居住地的税务机关申报纳税

二、多项选择题

1．下列不属于委托加工应税消费品的有（　　）。

A．由委托方提供原料和主要材料，受托方只收取加工费和代垫部分辅助材料

B．由受托方提供材料和辅料进行生产

C．由受托方将原料和辅料卖给委托方，然后再接受委托

D．由受托方以委托方的名义购进原材料和辅料

2．实行单一从量定额征收消费税的产品有（　　）。

A．卷烟　　B．啤酒　　C．白酒　　D．黄酒

3．某汽车制造厂生产的小汽车应按自产自用缴纳消费税的有（　　）。

A．用于本厂的广告推广车　　B．赠送给贫困地区

C．移送仓库待销售　　D．移送上级单位无偿使用

4．下列货物征收消费税的是（　　）。

A．保健食品　　B．小汽车　　C．手机　　D．高档手表

5．下列应该征收消费税的销售行为有（　　）。

A．零售单位销售金银饰品　　B．批发单位销售卷烟

C．生产单位销售化妆品　　D．进口小轿车

6．下列属于消费税特点的有（　　）。

A．课税环节的单一性　　B．征收方法的多样性

C．课税具有调节性　　D．课税对象的普遍性

7．我国对（　　）在按照比例税率从价征收消费税的基础上，还要根据其销售数量定额征收一道消费税。

A．金银首饰　　B．啤酒　　C．白酒　　D．卷烟

8．纳税人自产的应税消费品用于（　　）等方面，应当按纳税人同类应税消费品最高销售价格（非加权平均价格）作为计税依据。

A．职工消费　　B．投资入股

C．抵偿债务　　D．换取生产资料和消费资料

9．以下应当在零售环节征收消费税的金银首饰包括（　　）。

A．金银首饰　　B．金基、银基的镶嵌首饰

C．镀金（银）、包金（银）首饰　　D．铂金首饰

10．根据消费税法律制度的规定，下列各项中应缴纳消费税的有（　　）。

A．生产销售高档化妆品　　B．零售金银首饰

C．进口高档手表　　D．委托加工白酒

三、判断题（正确的打“√”，错误的打“×”）

（　　）1．我国消费税的征税范围与增值税的征税范围是不交叉的。

（　　）2．对卷烟、烟丝、白酒和啤酒在按比例税率征收消费税的同时，还须按照定额税率再征一道消费税。

（　　）3．纳税人兼营不同税率的应税消费品，即生产销售两种税率以上的应税消费品时，应分别核算不同税率应税消费品的销售额或销售数量；未分别核算的，按平均税率征税。

（　　）4．如果纳税人的销售额包含增值税税额，应当换算为不含增值税的销售额，换算公式为：应税消费品的销售额=含税销售额÷（1+增值税税率或征收率）。

（　　）5．对包装物不作价随同产品销售，而是收取押金的，此项押金应一律并入应税消费品销售额，按照应税消费品的适用税率征收消费税。

（　　）6．纳税人将自己生产的应税消费品用于连续生产应税消费品的，应在移送使用环节缴纳消费税。

（　　）7．纳税人用外购的已税珠宝玉石生产的改在零售环节征收消费税的金银首饰（镶嵌首饰），在计税时准予扣除外购珠宝玉石的已纳税款。

（　　）8．委托加工应税消费品的单位和个人应纳的消费税，由受托方在加工完毕收取加工费时代收代缴。

（　　）9．纳税人将应税消费品与非应税消费品，以及适用税率不同的应税消费品组成成套消费品销售的，应分别核算各自的销售收入，对纳税人取得的非应税消费品销售收入，不缴纳消费税。

（　　）10．纳税人将自产应税消费品用于在建工程、管理部门、非生产机构、提供劳务，以及用于馈赠、赞助、广告、样品、职工福利奖励等，应当视同销售，征收消费税。

四、计算题

1．某公司7月进口卷烟200箱，每箱关税完税价格为60 000元，关税税率为25%。要求：计算该公司进口环节应纳消费税。

2．甲酒厂为增值税一般纳税人，8月将外购成本为60 000元的20吨玉米运往异地的乙酒厂生产加工白酒，加工完毕收回白酒10吨，取得乙酒厂开具的增值税专用发票，注明加工费40 000元，加工的白酒当地无同类产品市场价格。当月甲酒厂将收回的上述白酒售出7吨，每吨不含税销售额为16 000元。要求：分别计算乙酒厂代收代缴和甲酒厂当月应纳消费税。

3．某汽车制造厂为增值税一般纳税人，6月销售汽缸容量小于1 000毫升小轿车10辆，不含税售价为50 000元/辆，另向客户收取运输费2 000元/辆。此外，该厂用自产2 300毫升

的小轿车 5 辆向某汽车配套设施厂换取一批小轿车底盘，小轿车生产成本为 120 000 元/辆，小轿车的成本利润率为 8%。要求：计算其当月应纳消费税。

4．某商场是一般纳税人，4 月采取“以旧换新”的方式售 24 K 纯金项链 28 条，新项链对外销售价格为 25 000 元（不含税，下同），旧项链作价 13 000 元，每条项链收取差价 12 000 元；销售包金项链和镀金项链 25 条，价格为 130 000 元。金银首饰成本利润率为 6%。要求：计算该商场应纳消费税。

5．某化妆品公司生产 A 化妆品和 B 护肤品，7 月发生以下业务：

（1）用生产成本为 100 000 元的 350 盒 A 化妆品换取原材料，A 化妆品当月销售价格为 280 元/盒。

（2）将 A 化妆品 60 盒与 B 护肤品 60 盒组成成套化妆品 60 套，销售给某商场，每套售价为 240 元。B 护肤品的成本为 35 元/盒。

（3）将成本 8 000 元的材料委托其他厂加工 D 化妆品，支付加工费 25 000 元，D 化妆品已收回，受托方没有同类销售价格可参照（化妆品和护肤品的成本利润率为 5%）。要求：计算该化妆品公司应纳消费税。

6．某卷烟厂 7 月期初库存外购烟丝为 7 万元（不含税，下同），当月购进烟丝为 35 万元，期末库存外购烟丝为 20 万元。当月销售 A 卷烟 40 大箱，销售收入（不含税）为 80 万元，销售 B 卷烟 30 大箱，销售收入（不含税）为 18 万元。要求：计算该卷烟厂当月应纳消费税。

7．某酒厂（增值税一般纳税人）5 月销售白酒 50 吨，含增值税售价共计 339 万元（税务机关核定最低计税价格为不含税 280 万元）；将自制新品种粮食白酒 2 吨作为福利使用，无同类产品价格，成本价为 4 万元，成本利润率为 10%。要求：计算该酒厂应纳消费税。

8．某日化厂用外购已税化妆品加工生产化妆品，5 月外购已税化妆品 140 万元（不含增值税），当月期初库存外购化妆品 55 万元，月末库存外购化妆品 60 万元。该厂当月销售化妆品的销售额为 250 万元（不含增值税）。要求：计算该日化厂当月应纳消费税。

9．朝阳地板厂某月委托三通制造公司加工实木地板 1 000 件，朝阳地板厂向三通制造公司提供原料，每件实木地板消耗原料成本 150 元，三通制造公司加工一件实木地板的加工费为 30 元，代垫辅料 14 元（均不含增值税）。该公司没有同类消费品。朝阳地板厂收回实木地板后一半用于继续生产实木地板，另一半直接出售，取得不含税价款 10 万元。月底销售加工完的实木地板 500 件，每件不含税价格为 250 元。要求：计算朝阳地板厂应纳消费税。

10．甲公司为增值税一般纳税人，主要从事化妆品生产和销售业务，2020 年 9 月有关经营情况如下：（1）进口一批高档护肤类化妆品，海关核定的关税完税价格为 85 万元，关税税率 5%。（2）购进生产用化妆包，取得的增值税专用发票注明的税额为 13 万元，支付其运输费用，取得增值税专用发票上注明的税额为 0.36 万元。因管理不善该批化妆包全部丢失。（3）委托加工高档美容类化妆品，支付加工费取得增值税专用发票上注明的税额为 52 万元。（4）购进生产用酒精，取得的增值税专用发票上注明的税额为 11.05 万元。

（5）销售自产成套化妆品，取得含增值税价款678万元，另收取包装物押金3.39万元。已知增值税税率为13%，高档化妆品消费税税率为15%，取得的扣税凭证已通过税务机关认证。要求，根据上述资料，不考虑其他因素，回答下列问题：

（1）计算甲公司进口高档护肤类化妆品应缴纳的增值税和消费税；

（2）计算甲公司准予从销项税额中抵扣的进项税额；

（3）计算甲公司销售自产成套化妆品应缴纳的增值税和消费税。

项目四

关税涉税实务

学习目标

知识目标：了解关税的概念和分类、纳税人、征税范围、关税的税则及税率；掌握关税完税价格的确定与税额计算、关税的会计处理。

技能目标：关税的具体计算与会计处理；关税纳税申报表的填制与申报。

素质目标：关税是最古老的贸易政策工具，它既抵御外来竞争，又保护国内产业。通过学习，可以培养学生的爱国主义情结。

重难点：能够运用关税法的基本知识、会计的基本技能和相关规定进行关税纳税申报和进出口报关。

案例导入

某旅客从国外进境携带在境外获取的个人自用进境物品，需要缴纳关税吗？

【案例解析】根据现行规定，进境居民旅客携带在境外获取的个人自用进境物品，总值在 5 000 元人民币以内（含 5 000 元）的，海关予以免税放行，单一品种限自用、合理数量；进境居民旅客携带超出 5 000 元人民币的个人自用进境物品，经海关审核确属自用的，海关仅对超出部分的个人自用进境物品征税，对不可分割的单件物品，全额征税。

任务一 关税概述

一、关税的概念

关税是海关依法对进出国境或关境的货物、物品征收的一种流转税。关境又称“海关境域”或“关税领域”，是指一国海关法规可以全面实施的领域。国境是一个主权国家的领土范围。

通常情况下，一国的关境和国境是一致的，商品进出国境也就是进出关境。但两者不完全相同。当一个国家在其国境内设有自由港、自由贸易区时，这些区域就进出口关税而言处在关境之外，这时，关境小于国境，如我国香港地区和澳门地区保持自由港地位，为我国单独的关税地区，即单独关境区。相反，当几个国家结成关税同盟时，组成一个共同的关境，实施统一的关税法令和统一的对外税则，这些国家彼此之间的货物进出国境就不征收关税，只对来自或运往其他国家的货物进出共同关境时征收关税，这些国家的关境大于国境，如欧洲联盟。

关税一般分为进口关税、出口关税和过境关税。我国目前对进出境货物征收的关税分为进口关税和出口关税两类。

即学即思

上网查一查，关税可以起到哪些作用？

二、关税的纳税人

关税的纳税人包括以下几类，如图 4-1 所示。

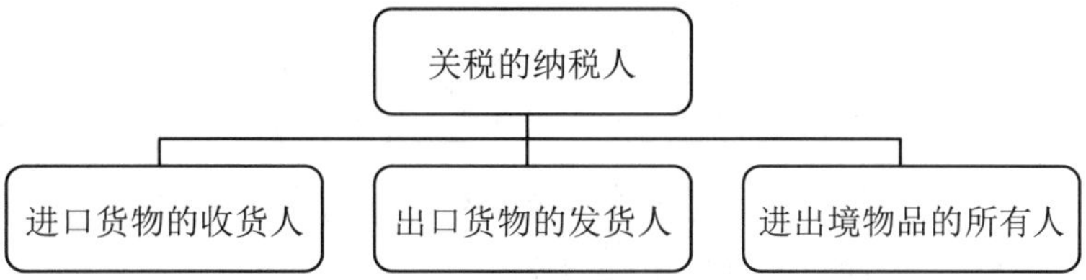

图 4-1 关税的纳税人

进出口货物的收、发货人是依法取得对外贸易经营权，并进口或者出口货物的法人或者其他社会团体。进出境物品的所有人包括该物品的所有人和推定为所有人的人。

重要提示

一般情况下，对于携带进境的物品，推定其携带人为所有人；对分离运输的行李，推定相应的进出境旅客为所有人；对以邮递方式进境的物品，推定其收件人为所有人；以邮递或其他运输方式出境的物品，推定其寄件人或托运人为所有人。

三、关税的征税范围

关税的征收范围包括国家准许进出口的货物、进境物品，但法律、行政法规另有规定的除外。货物是指贸易性商品；物品是指入境旅客随身携带的行李物品、个人邮递物品、各种运输工具上的服务人员携带进境的自用物品、馈赠物品及其他方式进境的个人物品。对从境外采购进口的原产于中国境内的货物，海关也要依照《海关进出口税则》征收进口关税。具体地说，除国家规定享受减免税的货物可以免征或减征关税外，所有进口货物和少数出口货物均属于关税的征税范围。

四、关税税则、税率

（一）关税税则

关税的税目和税率由《海关进出口税则》规定。《海关进出口税则》是根据世界海关组织（WCO）发布的《商品名称及编码协调制度》（HS）制定的，是我国海关据以征收关税的法律依据，也是我国关税政策的具体表现。它主要包括三个部分：归类总规则、进口税率表、出口税率表。其中，归类总规则是进出口货物分类的具有法律效力的原则和方法。

（二）关税税率

关税的税率为差别比例税率，分为进口关税税率、出口关税税率和特殊关税。

1. 进口关税税率

我国加入世界贸易组织（WTO）之后，自 2002 年 1 月 1 日起，我国进口税则设有最惠国税率、协定税率、特惠税率、普通税率等税率。对进口货物在一定期限内可以实行暂定税率。

① 最惠国税率适用原产于与我国共同适用最惠国待遇条款的 WTO 成员国或地区的进口货物，或原产于与我国签订有相互给予最惠国待遇条款的双边贸易协定的国家或地区进口的货物，以及原产于我国境内的进口货物。

② 协定税率适用原产于我国参加的含有关税优惠条款的区域性贸易协定有关缔约方

的进口货物。目前对原产于韩国、斯里兰卡和孟加拉国 3 个曼谷协定成员的 739 个税目进口商品实行协定税率（曼谷协定税率）。

③ 特惠税率适用原产于与我国签订有特殊优惠关税协定的国家或地区的进口货物，目前对原产于孟加拉国的 18 个税目进口商品实行特惠税率（曼谷协定特惠税率）。

④ 普通税率适用于原产于上述国家或地区以外的其他国家或地区的进口货物。按照普通税率征税的进口货物，经国务院关税税则委员会特别批准，可以适用最惠国税率。

根据经济发展的需要，国家对部分进口原材料、零部件、农药原药和中间体、乐器及生产设备实行暂定税率。适用最惠国税率的进口货物有暂定税率的，应当从低适用税率；适用普通税率的进口货物，不适用暂定税率。

2. 出口关税税率

我国出口税则为一栏税率，即出口税率。国家仅对少数资源性产品及易于竞相杀价、盲目进口、需要规范出口秩序的半制成品征收出口关税。与进口关税一样，出口关税税率也规定有暂定税率。出口暂定税率优先适用于出口税则中规定的出口关税税率。未规定出口关税税率的货物，不征出口关税。

3. 特别关税

为了应对个别国家对我国出口货物的歧视，任何国家或者地区如对进口原产于我国的货物征收歧视性关税或者给予其他歧视性待遇的，海关可以对原产于该国或者地区的进口货物征收特别关税。

特别关税包括报复性关税、反倾销税与反补贴、保障性关税。报复性关税是指对违反与我国签订或者共同参加的贸易协定及相关协定，对我国在贸易方面采取禁止、限制、加征关税或者其他影响正常贸易的国家或地区所采取的一种进口附加税。反倾销税与反补贴是指进口国海关对外国的倾销货物，在征收关税的同时附加征收的一种特别关税，其目的在于抵销他国的补贴。保障性关税是指当某类货物进口量剧增，对我国相关产业带来巨大威胁或损害时，按照 WTO 有关规则，采取的一般保障措施，主要是采取提高关税的形式。

即学即思

下列各项中，属于关税征税对象的是（　　）。

A. 贸易性商品

B. 个人邮寄物品

C. 入境旅客随身携带的行李和物品

D. 馈赠物品或以其他方式进入国境的个人物品

答案：关税征收范围包括国家准许进出口的货物、进境物品，故选 A、B、C、D。

课后练习

1.（判断题）当国境内设有自由贸易区时，关境就大于国境。（　　）

2.（判断题）关税是海关依法对进出关境的货物和物品征收的一种流转税。（　　）

3.（判断题）我国的关税按照统一的关税税则征收一次关税后，就可以在整个关境内流通，不再征收关税。(　　)

4.（单选题）下列不属于特别关税的是（　　）。

A. 反倾销税、反补贴税　　B. 关税追征

C. 报复性关税　　D. 保障性关税

5.（多选题）非贸易性物品的关税纳税人是（　　）。

A. 入境旅客随身携带的行李、物品的持有人　　B. 进口个人邮件的收件人

C. 外贸进出口公司　　D. 有进出口经营权的企业

任务二　关税应纳税额的计算

关税应纳税额的计算

案例导入

无锡某进出口贸易公司从美国进口了一台电梯，发票列明如下：成交价格为珠海USD100 000，电梯进口后的安装、调试费为USD6 000。经海关审查上述成交价格属实，且安装、调试费已包括在成交价格中。请问：海关审定该台电梯的完税价格为多少？

【案例解析】根据审价办法，进口货物的成交价格中，安装、装配、调试或技术指导的费用不包括在完税价格中，如果成交价格中已经包含这些项目，则将其从成交价格中扣除。本题完税价格=USD100 000–USD6 000=USD94 000。

一、关税完税价格的确定

我国对进出口货物征收关税，主要采取从价计征的方法，以货物的完税价格为计税依据征收关税。完税价格是海关对进出口货物或物品征税时，计算应纳关税税额的依据。它分为进口货物的完税价格和出口货物的完税价格。

（一）进口货物的完税价格

1. 以成交价格为基础的完税价格

进口货物的完税价格，由海关以进口应税货物的成交价格，以及该货物运抵中华人民共和国境内输入地点起卸前的运输及其相关费用、保险费为基础进行审查确定。进口货物的成交价格是指卖方向中华人民共和国境内销售该货物时，买方为进口该货物向卖方实付、应付的价款总额，包括直接支付的价款和间接支付的价款。

提醒你：

进口货物的下列费用应当计入完税价格	由买方负担的除购货佣金以外的佣金和经纪费。购货佣金指买方为购买进口货物向自己的采购代理人支付的劳务费用。经纪费指买方为购买进口货物向代表买卖双方利益的经纪人支付的劳务费用
	由买方负担的与该货物视为一体的容器的费用
	由买方负担的包装材料费用和包装劳务费用
	与该货物的生产和向我国境内销售有关的，由买方以免费或者以低于成本的方式提供并可以按适当比例分摊的料件、工具、模具、消耗材料及类似货物的价款，以及在境外开发、设计等相关服务的费用
	作为该货物向中华人民共和国境内销售的条件，应当由买方直接或间接支付的、与该货物有关的特许权使用费。特许权使用费是指买方为获得与进口货物相关的、受著作权保护的作品、专利、商标、专有技术和其他权利的使用许可而支付的费用。但是，在估定完税价格时，进口货物在境内的复制权费不得计入该货物的实付或应付价格之中
	卖方直接或者间接从买方获得的该货物进口后转售、处置或者使用的收益
	卖方违反合同规定延期交货的罚款

重要提示

下列税收、费用，不计入该货物的完税价格：

① 在货物成交过程中，进口人向境外采购代理人支付的买方佣金。

② 厂房、机械设备等进口后进行建设、安装、装配、维修和技术服务的费用。

③ 进口货物运抵境内输入地点起卸后的运输及其相关费用、保险费。

④ 卖方付给进口人的正常回扣。

⑤ 进口关税及其他国内税收。

2. 进口货物海关估价方法

一般来讲，进口货物以我国口岸到岸价格（通常称CIF价格）成交的，或者以到达我国口岸价格加佣金，或到达我国口岸价格加保险费成交的，可将成交价格直接作为完税价格。

计算公式为：

关税完税价格=CIF价格

进口货物以国外口岸离岸价格（通常称FOB价格）成交的，应另加从发货口岸到国内交货口岸运到我国口岸的运杂费（包括运费、佣金等费用）、保险费作为完税价格。

关税完税价格=成交价格+运杂费+保险费

或　　关税完税价格=FOB价格+运杂费+保险费

或　　关税完税价格=（FOB价格+运杂费）÷（1−保险费率）

注：其中运费按该货物进口同期运输行业公布的运费率（额）计算；按照“货价加运费”两者总额的3‰计算保险费。

运往境外修理的机械器具、运输工具或者其他货物的完税价格，出境时已向海关报明并在海关规定期限内复运进境的，以海关审定的修理费和料件费为完税价格。

租赁、租借方式进境的货物，以海关审查确定的货物租金作为完税价格。

例题 4-1

华东工厂从美国某企业购买了一批机械设备，成交条件为 CIF 广州，该批货物的发票列示如下：机械设备 USD500 000，运保费 USD5 000，卖方佣金 USD25 000，培训费 USD2 000，设备调试费 USD2 000。要求：计算该批货物向海关申报的完税价格。

答案：本题中计入项目包括卖方佣金，培训费和调试费不计入该货物的完税价格中。

完税价格=机械设备+卖方佣金+运保费

= USD 500 000+ USD25 000+ USD5 000 = USD 530 000

（二）出口货物的完税价格

1. 以成交价格为基础的完税价格

出口货物的完税价格，由海关以该货物向境外销售的成交价格为基础审查确定，并应包括该货物运至中华人民共和国境内输出地点装载前的运输及其相关费用、保险费，但其中包含的出口关税税额应当扣除。

出口货物的成交价格是指该货物出口时卖方为出口该货物应当向买方直接收取和间接收取的价款总额。出口货物的成交价格中含有支付给境外佣金的，如果单独列明，应当扣除。

2. 出口货物海关估价方法

出口货物以 FOB 价成交的，以扣除出口关税税额后的金额作为完税价格。

计算公式为：

关税完税价格=FOB 价格÷（1+出口关税税率）–单独列明的支付给境外的佣金

出口货物以 CIF 价格成交的，即价格包括离境口岸到达境外口岸之间的运输费、保险费，则应扣除运输费、保险费。计算公式为：

关税完税价格=（CIF 价格–运输费–保险费）÷（1+出口关税税率）

二、关税税额的计算

（一）从价税应纳关税的计算

从价税是以进出口货物的价格为标准计征关税。这里的价格不是指成交价格，而是指进（出）口货物的完税价格。

关税税额=应税进（出）口货物完税价格×适用税率

重要提示

进口税款的缴纳形式为人民币。进口货物以外币计价成交的，按照规定应当折合成人民币计征关税。完税价格金额计算到元为止，元以下四舍五入；关税税额计算到分为止，分以下四舍五入。

例题 4-2

无锡某进出口公司从美国进口商品一批，CIF 价格折合人民币为 500 000 元，进口关税税率为 15%。要求：计算该公司应纳进口关税税额。

答案：关税完税价格=CIF 价格=500 000（元）

应纳进口关税税额=500 000×15%=75 000（元）

例题 4-3

无锡某进出口公司出口一批应税货物，离岸价格为 280 万元，出口税率为 40%。要求：计算该公司应缴纳的关税税额。

答案：关税完税价格=280÷（1+40%）=200（万元）

应纳关税税额=200×40%=80（万元）

（二）从量税应纳关税的计算

从量税是以商品的数量、重量、容量、长度和面积等计量单位为标准来征收关税的。它的特点是不因商品价格的涨落而改变税额，计算比较简单。目前我国对原油、啤酒等少数货物进口实行从量税。

关税税额=应税进（出）口货物数量×单位货物完税价格

（三）复合税应纳关税的计算

复合税也称混合税，它是对进口商品既征从量税又征从价税的一种办法。目前我国对广播用录像机、摄像机、放像机、数字照相机和摄录一体机实行复合税。

关税税额=应税进（出）口货物完税价格×适用税率+应税进（出）口货物数量×单位完税价格

例题 4-4

无锡某企业进口广播级录像机 5 台，每台价格为 2 800 美元，共支付运费、保险费等 150 美元，假定人民币汇价为 1 美元=6.15 元人民币（关税税率：当每台价格不高于 2 000 美元时，执行 36%的单一从价税；当每台价格高于 2 000 美元时，每台征收 5 480 元的从量税，再加上 3%的从价税）。要求：计算该企业应纳关税税额。

答案：应纳关税税额=5×5 480+（5×2 800+150）×6.15×3%=30 010.68（元）

（四）滑准税应纳关税的计算

滑准税是一种关税税率随进口商品价格由高到低而由低到高设置计征关税的方法，使进口商品价格越高，其进口关税税率越低；进口商品价格越低，其进口关税税率越高。其主要特点是可以保持滑准税商品的国内市场价格的相对稳定，尽可能减少国际市场价格波动的影响。我国目前对棉花实行滑准税。

关税税额=应税进（出）口货物数量×单位完税价格×滑准税税率

课后练习

1. 上海某进出口公司从美国进口货物一批，货物以离岸价格成交，成交价折合人民币为 1 410 万元（包括单独计价并经海关审查属实的向境外采购代理人支付的买方佣金 10 万元，但不包括使用该货物而向境外支付的软件费 50 万元、向卖方支付的佣金 15 万元），另支付货物运抵我国上海港的运费、保险费等 35 万元。假设该货物适用关税税率为 20%、增值税税率为 13%、消费税税率为 10%。要求：分别计算该公司应纳关税、消费税和增值税。

2. 某企业从日本进口一批电子零件，成交价格为 550 万元，而日本出口方出售该批货物的国际市场价格为 700 万元。另外，该企业承担了该批零件的包装材料费 50 万元，同时，该企业支付给出口方零件进口后的技术服务费用 150 万元。已知电子零件的进口关税税率为 10%。要求：计算该企业进口电子零件应缴纳的关税。

3.（单选题）关税税率随进口商品价格由高到低而由低到高设置，这种计征关税的方法称为（　　）。

A. 从量税　　B. 复合税　　C. 特惠税　　D. 滑准税

任务三　关税的科目设置及会计处理

一、科目设置

为了正确地反映和核算关税有关纳税事项，纳税人应在“应交税费”科目下设置“应交进口关税”和“应交出口关税”明细科目，其贷方登记企业应缴纳的关税税额；借方登记企业已缴纳的关税税额。期末贷方余额表示应缴未缴的关税税额；期末借方余额表示多缴的关税税额。

二、工业企业关税的会计处理

（一）进口关税的会计处理

工业企业通过外贸企业代理或直接从国外进口原材料应支付的进口关税，不通过“应交税费”科目核算，而是将其与进口原材料的价款、国外运费和保险费及国内费用一并直接计入进口原材料成本，借记“材料采购”或“原材料”科目，贷记“银行存款”或“应付账款”等科目。当企业根据与外商签订的加工装配和中小型补偿贸易合同而引进国外设备，其应支付的进口关税在支付时，借记“在建工程——引进设备工程”科目，贷记

“银行存款”等科目。

例题 4-5

无锡某有进出口经营权的工业企业为增值税一般纳税人，7 月 1 日从法国购进原材料一批，价款 10 万欧元，当日的外汇牌价为 1∶7.96。进口该原材料应付关税 5 万元，原材料已经验收入库，企业用外汇支付价款。请问该企业应如何进行账务处理？

答案：（1）购入现汇时：

借：银行存款——欧元户　　796 000

　　贷：银行存款——人民币户　　796 000

（2）支付货物价款、增值税、关税时：

原材料采购成本=796 000 +50 000=846 000（元）

应支付增值税=846 000×13%=109 980（元）

借：材料采购　　846 000

　　应交税费——应交增值税（进项税额）　　109 980

　　贷：银行存款——欧元户　　796 000

　　　　银行存款——人民币户　　159 980

（3）验收入库时：

借：原材料　　846 000

　　贷：材料采购　　846 000

（二）出口关税的会计处理

工业企业出口产品应缴纳的出口关税，支付时可直接借记“税金及附加”科目，贷记“银行存款”科目，并结转销售成本。

例题 4-6

无锡某合金厂向英国出口一批氧化钼，国内港口 FOB 价格折合人民币为 4 600 000 元，氧化钼出口关税税率为 15%，关税以银行存款付讫。请问该企业应如何进行账务处理？

答案：出口关税税额=4 600 000÷（1+15%）×15%=600 000（元）

（1）确认销售收入时：

借：应收账款　　4 600 000

　　贷：主营业务收入　　4 600 000

（2）缴纳关税时：

借：税金及附加　　600 000

　　贷：银行存款　　600 000

三、商品流通企业关税的会计处理

1. 自营进口

自营进口商品缴纳的关税是商品购进成本的组成部分，把缴纳的进口关税计入商品的采购成本，借记“材料采购”科目，贷记“应交税费——应交进口关税”科目。实际缴纳时，借记“应交税费——应交进口关税”科目，贷记“银行存款”科目。也可不通过“应交税费——应交进口关税”科目核算，直接借记“材料采购”科目，贷记“银行存款”等科目。

例题 4-7

无锡市天华外贸公司为增值税一般纳税人，7 月 8 日从美国 A 公司自营进口甲商品 400 台，以境外口岸 FOB 价格成交，单价折合人民币 20 000 元。已知该货物运抵中国关境内输入地点起卸前的包装费、运费、保险费和其他劳务费用为每台 2 000 元人民币。甲商品的进口关税税率为 20%，增值税税率为 13%。该企业如何进行账务处理？

答案：关税完税价格=400×20 000+400×2 000 =8 800 000（元）

应纳进口关税税额=8 800 000×20% =1 760 000（元）

应纳增值税税额=（8 800 000+ 1 760 000）×13%=1 372 800（元）

甲商品采购成本=8 800 000+1 760 000=10 560 000（元）

计算关税和增值税时：

借：材料采购　　10 560 000

　　应交税费——应交增值税（进项税额）　　1 372 800

　　贷：银行存款（应付账款）　　11 932 800

2. 自营出口

自营出口商品缴纳的关税属于进出口企业出口销售业务中的费用，应借记“税金及附加”科目，贷记“应交税费——应交出口关税”科目。实际缴纳时，借记“应交税费——应交出口关税”科目，贷记“银行存款”科目。

例题 4-8

无锡市某外贸进出口公司为增值税一般纳税人，自营出口商品一批，该商品离岸价格（FOB）为 864 000 元，出口关税税率为 20%。该企业如何进行账务处理？

答案：完税价格= FOB 价÷（1+出口关税税率）

= 864 000÷（1+20%）=720 000（元）

应纳出口关税=720 000×20%=144 000（元）

借：税金及附加　　144 000

　　贷：应交税费——应交出口关税　　144 000

实际上缴关税时：

借：应交税费——应交出口关税　　144 000

　　贷：银行存款　　144 000

课后练习

某外贸进出口公司受某单位委托进口商品一批，该批商品成交价 CIF 上海 USD200 000，进口关税税率为 30%，手续费按进价的 2%收取。计税日外汇牌价为 1∶7.00。委托单位已经预付了 1 850 000 元。该批商品已经运达，进出口商向海关办理报关及进口关税完税手续后，再跟委托单位办理结算。要求：计算该公司应缴纳的关税并做相应的会计处理。

任务四　关税的纳税申报

一、关税的申报时间

关税的纳税人或其代理人应在规定的报关期限内向货物或物品的进出境地海关申报。关税是在货物实际进出境时，即在纳税人按进出口货物通关规定向海关申报后、海关放任前一次性缴纳。进口货物的报送期限为自运输工具申报进境之日起 14 日内，由收货人或其代理人向海关报关；出口货物应在出口货物运抵海关监管区后、装货的 24 小时以前，由发货人向海关报关。

二、纳税期限

关税的纳税义务人或其代理人，应在海关填发税款缴纳凭证之日起 15 日内向指定银行缴纳。纳税义务人未按期缴纳税款的，从滞纳税款之日起，按日加收滞纳税款万分之五的滞纳金。纳税义务人因不可抗力或者在国家税收政策调整的情况下，不能按期缴纳税款的，经海关总署批准，可延期缴纳税款，但最长不得超过 6 个月。

三、纳税地点

关税的纳税地点可以在关境地，也可以在纳税人住址所在地海关。

自 2016 年 6 月 1 日起，旅客携运进出境的行李物品有下列情形之一的，海关暂不予放行：

（1）旅客不能当场缴纳进境物品税款的；

（2）进出境的物品属于许可证件管理的范围，但旅客不能当场提交的；

（3）进出境的物品超出自用合理数量，按规定应当办理货物报关手续或其他海关手续，其尚未办理的；

（4）对进出境物品的属性、内容存疑，需要由有关主管部门进行认定、鉴定、验核的；

（5）按规定暂不予以放行的其他行李物品。暂不予放行的行李物品属于易燃易爆、有毒或鲜活、易腐、易失效等不宜长期存放的，以及有其他无法存放或不宜存放情形的，海关可以要求旅客当场办理退运手续，或者移交相关专业机构处理，因此产生的费用由旅客承担。对暂不予放行的行李物品办理暂存的，海关应当向旅客出具暂存凭单，旅客核实无误后签字确认。旅客办理物品提取手续时，应当向海关提交凭单原件并出示本人有效进出境证件。海关暂不予放行的物品自暂存之日起 3 个月内，旅客应当办结海关手续。逾期不办的，由海关依法对物品进行处理。

四、税收优惠

关税的减税、免税分为法定性减免税、政策性减免税和临时性减免税。

法定减免是指根据《海关法》和《关税条例》列明予以减免的，如国际组织、外国政府无偿赠送的物资、中华人民共和国缔结或者参加的国际条约规定减征、免征的货物、物品，来料加工、补偿贸易进口的原材料等。《海关法》规定的法定减免有以下几种货物、物品：

（1）关税税额在人民币 50 元以下的一票货物；

（2）无商业价值的广告品和货样；

（3）外国政府、国际组织无偿赠送的物资；

（4）在海关放行前遭受损坏的货物，可以根据海关认定的受损程度减征关税；

（5）进出境运输工具装载的途中必需的燃料、物料和饮食用品。

有下列情形之一的，纳税义务人自缴纳税款之日起 1 年内，可以申请退还关税，并应当以书面形式向海关说明理由，提供原缴款凭证及相关资料：

（1）已征进口关税的货物，因品质或者规格原因，原状退货复运出境的；

（2）已征出口关税的货物，因品质或者规格原因，原状退货复运进境，并已重新缴纳因出口而退还的国内环节有关税收的；

（3）已征出口关税的货物，因故未装运出口，申报退关的。

五、申报资料

进出口货物通关的一般程序包括申报、查验、征税、放行。根据《海关法》规定，纳税义务人在向海关申报纳税时，应当向海关提供有关单证，包括进出口货物报关单、货物发票、陆运单、空运单和海运进口的提货单及海运出口的装货单、货物装箱单、出口收汇核销单。海关认为必要时，还应交验贸易合同、货物产地证书等。根据例题 4-7 填写海关进（出）口关税专用缴款书（见表 4-1）。

表 4-1 海关进（出）口关税专用缴款书

收入系统：海关系统　　　　填发日期：20××年 7 月 8 日　　　　NO.123456

<table>
<tr><td rowspan="3">收款单位</td><td>收入机关</td><td colspan="3">中央金库</td><td rowspan="3">缴款单位（人）</td><td>名称</td><td>无锡天华外贸公司</td></tr>
<tr><td>科目</td><td></td><td>预算级次</td><td></td><td>账号</td><td>5810-1003896</td></tr>
<tr><td>收款国库</td><td colspan="3"></td><td>开户行</td><td>无锡建行湖滨分行</td></tr>
<tr><td>税号</td><td>货物名称</td><td>数量</td><td>单位</td><td>完税价格（¥）</td><td colspan="2">税率（%）</td><td>税款金额（¥）</td></tr>
<tr><td></td><td>甲商品</td><td>400</td><td>台</td><td>8 800 000.00</td><td colspan="2">20</td><td>1 760 000.00</td></tr>
<tr><td></td><td></td><td></td><td></td><td></td><td colspan="2"></td><td></td></tr>
<tr><td></td><td></td><td></td><td></td><td></td><td colspan="2"></td><td></td></tr>
<tr><td colspan="5">金额大写（人民币）：壹佰柒拾陆万元整</td><td colspan="2">合计（¥）</td><td>1 760 000.00</td></tr>
<tr><td>申请单位编号</td><td></td><td>报关单编号</td><td colspan="2"></td><td colspan="2">填制单位</td><td rowspan="4">收款国库
（银行）
业务公章</td></tr>
<tr><td>合同（批文）号</td><td></td><td>运输工具（号）</td><td colspan="2"></td><td colspan="2">制单人</td></tr>
<tr><td>缴款期限</td><td></td><td>提/装货单号</td><td colspan="2"></td><td colspan="2">复核人</td></tr>
<tr><td>注</td><td colspan="4">一般征税
国际代码</td><td colspan="2">单证专用章</td></tr>
</table>

能 力 训 练

一、单项选择题

1．关税的纳税义务人不可能是（　　）。

A．进口货物的收货人　　B．进口货物的发货人

C．入境物品的所有人　　D．出口货物的发货人

2．长风有限公司申报进口一批货物，货价折合 350 万元人民币，运抵输入地点起卸前的运费折合 10 万元人民币，则该批进口货物的完税价格为（　　）。

A．350 万元　　B．360 万元　　C．340.63 万元　　D．300 万元

3．海天进出口公司从美国进口一批化工原料共 500 吨，货物以境外口岸离岸价格成交，单价折合每吨 30 000 元人民币（不包括另向卖方支付的每吨 2 000 元人民币的佣金）。已知该货物运抵中国海关境内输入地点起卸前的包装、运输、保险和其他劳务费用为每吨 3 000 元人民币，关税税率为 10%，则该批化工原料应纳的关税为（　　）。

A．150 万元　　B．165 万元　　C．160 万元　　D．175 万元

4．第一人民医院 2015 年以 100 万元（人民币，下同）的价格进口了一台医疗仪器，2020 年 4 月因出现故障运往日本修理（出境时已向海关报明）。2020 年 7 月，按海关规定的期限复运进境。此时，该仪器的国际市场价已为 150 万元，若经海关审定的修理费和料件费为 50 万元，进口关税税率为 6%，则该仪器复运进境时应缴纳的进口关税为（　　）。

A．6 万元　　B．9 万元　　C．3 万元　　D．12 万元

5．特别关税包括报复性关税、反倾销税与反补贴税、保障性关税。征收特别关税由（　　）决定。

A．海关总署　　B．国家税务总局

C．财政部　　D．国务院关税税则委员会

6．某进出口贸易公司从美国进口了一台电梯，发票列明如下：成交价格为珠海 USD 88 000，电梯进口后的安装、调试费为 USD5 000。经海关审查上述成交价格属实，且安装、调试费已包括在成交价格中，则海关审定该台电梯的完税价格为（　　）。

A．USD88 000　　B．USD93 000　　C．USD83 000　　D．USD9 000

7. 某公司从英国进口一套机械设备，发票列明如下：发票价格为 CIF 上海 USD20 000，设备进口后的安装及调试费为 USD800，设备进口后从上海运至武汉的运费为 USD100，进口关税为 USD100。上述安装调试费、上海运至武汉的运费、进口关税已包括在价款中，则经海关审定的该设备的成交价格为（　　）。

A．USD20 000　　B．USD20 800　　C．USD19 100　　D．USD19 000

8．某外贸进出口公司 2020 年 5 月进口 20 辆小轿车，每辆车的关税完税价格为 9 万元，已知小轿车关税税率为 100%，消费税税率为 5%，进口这些小轿车应缴纳的消费税为（　　）万元。

A．15.38　　B．18.95　　C．18　　D．13.79

9．某企业从法国进口一台模具加工机床，发票分别列明：设备价款 CIF 上海 USD800 000，机器进口后的安装、调试费为 USD50 000，卖方佣金 USD2 000，与设备配套使用的操作系统使用费为 USD70 000。该批货物经海关审定的成交价格应为（　　）。

A．USD802 000　　B．USD872 000　　C．USD870 000　　D．USD852 000

10．出口货物的完税价格由海关以该货物的成交价格为基础审查确定，如果成交价格包含出口关税，则出口货物的完税价格为（　　）。

A．FOB　　B．CIF　　C．FOB−出口税　　D．CIF−出口税

11．某航空公司以租赁方式从美国进口一架价值 USD2 800 000 的小型飞机，租期为 1 年，年租金为 USD80 000，此情况经海关审查属实。在这种情况下，海关审定该飞机的完税价格为（　　）。

A．USD2 800 000　B．USD80 000　　C．USD2 880 000　　D．USD2 720 000

12．纳税义务人应当自海关填发税款缴纳书（　　），向指定银行缴纳税款。

A．之日起 7 日内　　B．之日起 15 日内

C．次日起 7 日内　　D．次日起 15 日内

13．纳税人应当自海关填发税款缴款书之日起 15 日内向指定银行缴纳税款。纳税人未按期缴纳税款的，从滞纳税款之日起，按日加收滞纳税款（　　）的滞纳金。

A．1‰　　B．0.2‰　　C．0.3‰　　D．0.5‰

14．关税纳税义务人因不可抗力或者在国家税收政策调整的情形下，不能按期缴纳税款的，经海关总署批准，可以延期缴纳税款，但最多不得超过（　　）。

A．3 个月　　B．6 个月　　C．9 个月　　D．12 个月

15. 目前我国对（　　）的进口实行滑准税。

A. 摄录一体机　B. 录像机　C. 棉花　D. 数字照相机

16. 根据关税法律制度的规定，下列关税应纳税额的计算方法中，关税税率随着进口商品价格的变动而反方向变动的是（　　）。

A. 从价税计算方法　B. 复合税计算方法

C. 滑准税计算方法　D. 从量税计算方法

17. 根据关税法律制度的规定，一般贸易进口的货物以海关审定的成交价格为基础的到岸价格作为完税价格。下列关于成交价格的表述中，正确的是（　　）。

A. 在货物成交过程中向境外采购代理人支付的买方佣金应计入成交价格

B. 在货物成交过程中，进口人在成交价格外另支付的卖方佣金，应计入成交价格

C. 卖方支付给进口人的正常回扣，应计入成交价格

D. 卖方违反合同规定延期交货的罚款，可以从成交价格中扣除

18. 甲公司进口一批高档化妆品，对此业务的税务处理，下列说法正确的是（　　）。

A. 甲公司进口高档化妆品无须缴纳增值税

B. 甲公司进口高档化妆品无须缴纳消费税

C. 甲公司进口高档化妆品无须缴纳城市维护建设税

D. 甲公司进口高档化妆品无须缴纳关税

二、多项选择题

1. 下列货物、物品进境时，属于关税纳税对象的是（　　）。

A. 个人邮寄物品　B. 馈赠物品　C. 贸易性商品　D. 海员自用物品

2. 关税的纳税人包括（　　）。

A. 进口货物的收货人　B. 进口个人邮件的收件人

C. 进口货物的发货人　D. 携带进境物品的携带人

3. 进口关税税率设有（　　）。

A. 普通税率　B. 特惠税率　C. 协定税率　D. 最惠国税率

4. 关税是由海关对进出境的（　　）征收的一种税。

A. 货物　B. 物品　C. 无形资产　D. 劳务

5. 关税按征税标准分类，可以分为（　　）。

A. 从量税　B. 从价税　C. 复合税　D. 滑准税

6. 关税的特点主要体现在（　　）。

A. 纳税上的统一性和一次性　B. 税率上的复式性

C. 征管上的权威性　D. 对民族经济的保护性

7. 进出境物品的纳税人可能是（　　）。

A. 携带进境物品的携带人　B. 邮递进境物品的收件人

C. 邮递出境物品的收件人　D. 邮递出境物品的托运人

8. 下列选择最惠国税率、协定税率、特惠税率或普通税率的依据中不正确的是（　　）。

A．货物的销售地　B．货物的生产地　C．货物的发出地　D．货物的原产地

9．进口货物的完税价格还包括（　　）。

A．由买方负担的除购货佣金以外的佣金和经纪费

B．由买方负担的在审查确定完税价格时与该货物视为一体的容器的费用

C．由买方负担的包装材料费用和包装劳务费用

D．进口货物运抵境内输入地点起卸后的运输及其相关费用、保费费

10．下列出口货物完税价格的确定方法中，符合关税规定的有（　　）。

A．海关依法估价确定的完税价格

B．以成交价格为基础确定的完税价格

C．根据境内生产类似货物的成本、利润和费用计算出的价格

D．以相同或类似的进口货物在境内销售价格为基础估定的完税价格

11．根据关税法律制度的规定，下列进口货物中，实行从价加从量复合税率计征进口关税的有（　　）。

A．摄像机　B．啤酒　C．放像机　D．广播用录像机

12．根据关税法律制度的规定，旅客携运进出境的下列行李物品，海关暂不予放行的有（　　）。

A．旅客不能当场缴纳进境物品税款的

B．进出境的物品属于许可证件管理的范围，但旅客不能当场提交的

C．进出境的物品超出自用合理数量，按规定应当办理货物报关手续或其他海关手续，其尚未办理的

D．对进出境物品的属性、内容存疑，需要由有关主管部门进行认定、鉴定、验核的

三、判断题（正确的打“√”，错误的打“×”）

（　　）1．关税的征税对象是贸易性商品，不包括入境旅客携带的个人行李和物品。

（　　）2．关税完税价格是纳税人向海关申报的价格，即货物实际成交价格。

（　　）3．出口货物应以海关审定的成交价格为基础的离岸价为关税的完税价格。

（　　）4．外国政府、国际组织无偿赠送的物资，依据关税基本法的规定，可实行特定减免。

（　　）5．进口货物离岸价格中不包括货物从内地口岸至最后出境口岸所支付的国内段运输费用。

（　　）6．出口货物的完税价格，是由海关以该货物向境外销售的成交价格为基础审查确定的，包括货物运至我国境内输出地点装卸前的运输费、保险费，但不包括出口关税。

（　　）7．无商业价值的广告品及货样，经海关审核无误后可以免征关税。

（　　）8．我国进口关税一律采用比例税率。

（　　）9．因故退还的境外进口货物，经海关审查无误后，可以免征出口关税，但已征收的进口关税不予退还。

（　　）10．根据关税法律制度的规定，旅客不能当场缴纳进境物品税款的，海关对其携运进境的该物品暂不予放行。

四、计算题

1．某企业从国外进口 3 台设备，总成交价格为 CFR 上海港 HKD28 000，保险费率为 3‰，设备进口关税税率为 10%，当日外汇牌价 HKD1=RMB1.07。要求：计算其应纳的进口关税税额。

2．无锡市某进出口公司从美国进口货物一批，货物以离岸价格成交，成交价折合人民币为 2 410 万元（包括单独计价并经海关审查属实的向境外采购代理人支付的买方佣金 10 万元，但不包括因使用该货物而向境外支付的软件费 50 万元、向卖方支付的佣金 15 万元），另支付货物运抵我国上海港的运费、保险费等 35 万元。假设该货物适用的关税税率为 20%、增值税税率为 13%、消费税税率为 20%。要求：分别计算该公司应缴纳的关税、消费税和增值税。

3．光明公司从境外进口一批高档化妆品，经海关核定，关税的完税价格为 154 000 元，进口关税税率为 25%，消费税税率为 15%，则进口环节应缴纳多少关税和消费税？

4．某公司进口货物一批，CIF 成交价格为人民币 600 万元，含单独计价并经海关审核属实的进口后装配调试费用 30 万元，该货物进口关税税率为 10%，海关填发税款缴纳证日期为 2020 年 1 月 10 日，该公司于 1 月 25 日缴纳税款。要求：计算其应纳关税及滞纳金。

5．某公司从新加坡进口钻石一批，到岸价共计 20 万元，另外在成交过程中，公司向卖方支付佣金 3 万元，卖方付给买方的发票中已列出的正常价格回扣 1 万元，已知钻石进口税率为 50%。要求：计算该批钻石应缴纳的关税。

6．有进出口经营权的某外贸公司，2020 年 10 月发生以下经营业务：

（1）经有关部门批准从境外进口小轿车 30 辆，每辆小轿车货价为 15 万元，运抵我国海关前发生的运输费用、保险费用无法确定，经海关查实其他运输公司相关业务的运输费用占货价的比例为 2%。公司向海关缴纳了相关税款，并取得完税凭证。公司委托运输公司将小轿车从海关运回本单位，支付运输公司运输费用 9 万元（含税），取得运输公司开具的专用发票。当月售出 24 辆，每辆取得含税销售额 39.55 万元。

（2）月初将上月购进的库存材料（价款 40 万元），经海关核准委托境外公司加工一批货物，月末该批加工货物在海关规定的期限内复运进境供销售，支付给境外公司的加工费 20 万元、进境前的运输费和保险费共 3 万元。公司向海关缴纳了相关税款，并取得了完税凭证（提示：小轿车关税税率为 60%、货物关税税率为 20%、增值税税率为 13%、消费税税率为 8%）。要求：

① 计算小轿车在进口环节应缴纳的关税、消费税和增值税。

② 计算加工货物在进口环节应缴纳的关税、增值税。

③ 计算国内销售环节 10 月份应缴纳的增值税。

五、实务题

无锡振东鞋业股份有限公司 2020 年 7 月 18 日从美国进口一批皮革，货物以境外口岸离岸价格成交，单价为每吨 USD4 000，共 20 吨。已知该货物运抵中国海关境内输入地起卸前的包装、运输和其他劳务费用共计 USD6 000，保险费费率为 0.3%。关税税率为 14%，假定当日美元兑人民币为 1∶6.12。计算无锡振东鞋业股份有限公司应缴纳的关税和增值税，并填制中华人民共和国海关进口货物报关单（见表 4-2）和海关进（出）口关税专用缴款书（见表 4-3），并对无锡振东鞋业股份有限公司的进口业务进行会计处理。

表 4-2　中华人民共和国海关进口货物报关单

预录入编号：××××　　　　海关编号：732875462

<table>
<tr><td>进口口岸</td><td>备案号</td><td colspan="2">进口日期</td><td>申报日期</td></tr>
<tr><td>经营单位</td><td>运输方式
江海运输</td><td colspan="2">运输工具名称
ZIYAHE7432E</td><td>提运单号
COSU12664318</td></tr>
<tr><td>收货单位</td><td>贸易方式
一般贸易</td><td colspan="2">征免性质
一般征税</td><td>征税比例
照章</td></tr>
<tr><td>许可证号
8845766248</td><td>启运国（地区）
美国</td><td colspan="2">装货港
美国</td><td>境内目的地
上海</td></tr>
<tr><td>批准文号 **246074549**</td><td>成交方式</td><td>运费</td><td>保费</td><td>杂费</td></tr>
<tr><td>合同协议号</td><td>件数</td><td>包装种类纸箱</td><td>毛重（千克）</td><td>净重（千克）</td></tr>
<tr><td>集装箱号</td><td colspan="2">随附单据</td><td colspan="2">用途</td></tr>
<tr><td colspan="5">标记号码及备注 **N/M**</td></tr>
<tr><td colspan="5">项号　商品名称　规格型号　数量及单位　原产国（地区）　单价　总价　币制　征免</td></tr>
<tr><td colspan="5"></td></tr>
<tr><td colspan="5"></td></tr>
<tr><td colspan="5">税费征收情况</td></tr>
<tr><td>录入员　录入单位
××××</td><td colspan="2">兹申明以上申报无讹，并承担法律责任</td><td colspan="2">海关审单批注及放行日期（签章）</td></tr>
<tr><td colspan="3" rowspan="3">报关员 王华
单位地址 ××××
申报单位（签章）
邮编××××　电话××××　填制日期</td><td>审单</td><td>审价</td></tr>
<tr><td>征税</td><td>统计</td></tr>
<tr><td>查验</td><td>放行</td></tr>
</table>

表 4-3 海关进（出）口关税专用缴款书（收据联）

收入系统：税务系统　　　　　　　　填发日期：　　年　　月　　日

<table>
<tr><td rowspan="3">收缴单位</td><td>收入机关</td><td colspan="3">中央金库</td><td rowspan="3">缴款单位（人）</td><td>名称</td><td></td><td rowspan="11">第一联：（收据）国库收款盖章后交缴款单位或缴款人</td></tr>
<tr><td>科目</td><td>进口关税</td><td>预算级次</td><td>中央</td><td>账号</td><td>×××××××××</td></tr>
<tr><td>收缴国库</td><td colspan="3">中国人民银行上海支行</td><td>开户银行</td><td>××上海分行</td></tr>
<tr><td>税号</td><td>货物名称</td><td>数量</td><td>单位</td><td>完税价格（¥）</td><td>税率（%）</td><td colspan="2">税款金额（¥）</td></tr>
<tr><td>×××</td><td></td><td></td><td></td><td></td><td></td><td colspan="2"></td></tr>
<tr><td></td><td></td><td></td><td></td><td></td><td></td><td colspan="2"></td></tr>
<tr><td colspan="6">金额人民币（大写）</td><td colspan="2">合计（¥）</td></tr>
<tr><td>申请单位编号</td><td colspan="2">3200017928</td><td>报关单编号</td><td>732875462</td><td>填制单位</td><td colspan="2">收缴国库（银行）</td></tr>
<tr><td>合同（批文）号</td><td colspan="2">246074549</td><td>运输工具号</td><td>ZIYAHE 7432E</td><td rowspan="3">制单人：
复核人：</td><td colspan="2" rowspan="3"></td></tr>
<tr><td>缴款日期</td><td colspan="2">2020 年 7 月 31 日</td><td>提/装货单号</td><td>COSU 12664318</td></tr>
<tr><td>备注</td><td colspan="2">一般征税：照章征税
国际代码：×××××</td><td colspan="2"></td></tr>
</table>

项目五

企业所得税涉税实务

学习目标

知识目标：通过本项目教学，可以使学生熟悉企业所得税的相关法律政策，企业所得税征收管理的相关规定，掌握应付所得税税款的计算方法及企业所得税相关业务的会计处理，了解企业所得税纳税申报的相关流程及操作办法。

技能目标：会计算企业应付所得税税款，能进行所得税业务的会计处理，会进行企业所得税申报等汇算清缴工作。

素质目标：培养学生善于思考，勤于积累，勇于求索的能力和严谨、细致、耐心的工作作风。

重难点：企业所得税应付税款的计算及所得税业务的会计处理。

案例导入

无锡市某企业2020年度实现主营业务收入5 080万元，主营业务成本3 210万元，投资收益85万元；税金及附加87万元；销售费用580万元；管理费用320万元；营业外支出60万元。该企业适用所得税税率为25%，该企业应交企业所得税是多少？如何进行会计核算？

【案例解析】

税前会计利润=5 080–3 210+85–87–580–320–60=908（万元）

应交企业所得税=908×25%=227（万元）

借：所得税费用　　227

　　贷：应交税费——应交所得税　　227

任务一　企业所得税概述

企业所得税是征收范围较广、计税难度较高、征收管理较为复杂的一种税收。我国现行企业所得税是以2007年3月16日第十届全国人大第五次会议审议通过并于2008年1月1日起施行的《中华人民共和国企业所得税法》（以下简称《企业所得税法》），国务院2007年12月28日通过的《中华人民共和国企业所得税实施条例》（以下简称《实施条例》），以及国家财政、税务主管部门制定、发布的一系列部门规章和规范性文件为法律依据的。

一、企业所得税的概念

企业所得税是指在中华人民共和国境内，以企业和其他取得收入的组织（以下统称企业）为企业所得税的纳税人，依照《中华人民共和国企业所得税法》的规定对其生产、经营所得和其他所得依法征收的一种税。

二、企业所得税的纳税人

中国境内的企业（个人独资企业、合伙企业除外）和其他取得收入的组织为企业所得税的纳税人。企业所得税的纳税人包括各类企业、事业单位、社会团体及其他取得收入的组织。

企业所得税采取收入来源地管辖权和居民管辖权相结合的双重管辖区，将缴纳企业所得税的企业分为居民企业和非居民企业，分别承担不同的纳税责任。

居民企业即所有实行独立经济核算的中华人民共和国境内的内资企业或其他组织，包括以下6类：①国有企业；②集体企业；③私营企业；④联营企业；⑤股份制企业；⑥有生产经营所得和其他所得的其他组织。

知识链接

居民企业和非居民企业

居民企业是指依法在我国境内成立，或者依照外国（地区）法律成立但实际管理机构在我国境内的企业。实际管理机构是指对企业的生产经营、人员、财务、财产等实施实质性全面管理和控制的机构。

非居民企业是指依照外国（地区）法律成立且实际管理机构不在我国境内，但在我国境内设立机构、场所的；或者在我国境内未设立机构、场所，但有来源于我国境内所得的企业。

重要提示

个人独资企业、合伙企业不适用本法。由于个人独资企业、合伙企业属于自然人性质的企业，不具有法人资格，股东承担无限责任，因此不适用于《企业所得税法》调整范畴。

例题 5-1

依据《企业所得税法》的规定，判定居民企业的标准有（　　）。

A. 登记注册地标准　　B. 所得来源地标准

C. 经营行为实际发生地标准　　D. 实际管理机构所在地标准

答案：A、D。居民企业是指依法在中国境内成立，或者依据外国（地区）法律成立但实际管理机构在中国境内的企业。

三、企业所得税的征税对象

企业所得税的征税对象，从内容上是纳税人（包括居民企业和非居民企业）所取得的生产经营所得、其他所得和清算所得；从范围上看包括居民企业来源于中国境内、境外的所得，以及非居民企业来源于境内的所得。

居民企业应当就其来源于中国境内、境外的所得缴纳企业所得税。

例题 5-2

注册地与实际管理机构所在地均在法国的某银行，取得的下列各项所得中，应按规定缴纳我国企业所得税的有（　　）。

A. 转让位于我国的一处不动产取得的财产转让所得

B. 在香港证券交易所购入我国某公司股票后取得的分红所得

C. 在我国设立的分行为我国某公司提供理财咨询服务取得的服务费收入

D. 在我国设立的分行为位于日本的某电站提供流动资金贷款取得的利息收入

答案：A、B、C、D。不动产转让所得按照不动产所在地确定；权益性投资资产转让所得按照被投资企业所在地确定；提供劳务所得，按照劳务发生地确定；利息所得、租金所得、特许权使用费所得，按照负担、支付所得的企业或者机构、场所所在地确定，或者按照负担、支付所得的个人的住所地确定。

重要提示

非居民企业在中国境内未设立机构、场所的，或者虽设立机构、场所但取得的所得与其所设机构、场所没有实际联系的，应当就其来源于中国境内的所得缴纳企业所得税。

四、企业所得税的税率

（1）企业所得税的基本税率为25%。

（2）非居民企业在中国境内未设立机构、场所的，或者虽设立机构、场所但取得的所得与其所设机构、场所没有实际联系的，应当就其来源于中国境内的所得缴纳企业所得税，适用税率为20%（实际减按10%的税率征收）。

（3）居民企业中符合条件的小型微利企业，减按20%的税率征收企业所得税。

（4）国家需要重点扶持的高新技术企业及技术先进型服务企业，减按15%的税率征收企业所得税。

知识链接

小型微利企业

小型微利企业是指从事国家非限制和禁止行业，且同时符合年度应纳税所得额不超过300万元、从业人数不超过300人、资产总额不超过5 000万元等三个条件的企业。

自2019年1月1日起，对小型微利企业年应纳税所得额不超过100万元的部分，减按25%计入应纳税所得额，按20%的税率缴纳企业所得税；对年应纳税所得额超过100万元但不超过300万元的部分，减按50%计入应纳税所得额，按20%的税率缴纳企业所得税。

例题5-3

以下适用25%企业所得税税率的企业有（　　）。

A. 在中国境内的居民企业

B. 在中国境内设有机构场所，且所得与机构场所有实际联系的非居民企业

C. 在中国境内设有机构场所，但所得与机构场所没有实际联系的非居民企业

D. 在中国境内未设立机构场所的非居民企业

答案：A、B

课后练习

1.（单选题）根据《企业所得税法》的规定，关于企业所得税税率的说法，不正确的是（　　）。

A. 企业所得税税率统一为25%

B. 企业所得税实行比例税率

C. 现行企业所得税的基本税率为 25%

D. 在中国境内未设立机构场所的非居民企业可以使用企业所得税的低税率缴纳所得税

2.（多选题）下列关于居民企业和非居民企业的说法，符合《企业所得税法》规定的是（　　）。

A. 企业分为居民企业和非居民企业

B. 居民企业应当就其来源于中国境内、境外所得缴纳企业所得税

C. 非居民企业在中国境内设立机构、场所，其机构、场所取得的来源于中国境内、境外所得都要缴纳企业所得税

D. 非居民企业在中国境内设立机构、场所，只就其机构、场所取得的来源于中国境内所得缴纳企业所得税

E. 非居民企业在中国境内未设立机构、场所的，只就其中国境内所得缴纳企业所得税

任务二　企业所得税应纳税额的计算

企业所得税应纳税额的计算

案例导入

无锡市某企业 2020 年实现销售收入 1 800 万元，当年发生销售成本 1 400 万元，管理费用 200 万元（其中，业务招待费 40 万元，为研究新产品发生研究开发费 100 万元），财务费用 60 万元，企业中有残疾人员 15 人，每月工资 1 000 元。计算该企业 2020 年应纳税所得额。

【案例解析】业务招待费扣除限额 40×60%=24（万元）＞1 800×5‰=9（万元），所以应调增应纳税所得额=40–9=31（万元）。

残疾人员的工资可以按照支付给残疾职工工资的 100%加计扣除，因此可以加计扣除的金额=15×1 000×12=18（万元）。

研究开发费用的 50%加计扣除，因此加计扣除的金额为 100×50%=50（万元）。

企业应纳税所得额=1 800–1 400–200–60+31–18–50=103（万元）

从以上案例可看出，纳税人每个纳税年度的收入总额减去准予扣除项目金额后的余额，为应纳税所得额。

一、应纳税所得额的计算

企业所得税的计税依据即应纳税所得额，应纳税所得额是指企业在每一个纳税年度的收入总额减去准予扣除金额后的余额，如果有允许扣除的以前年度的亏损也要扣除。

应纳税所得额的计算公式有以下两种方法。

1. 直接计算法

应纳税所得额=收入总额–不征税收入–免税收入–准予扣除项目金额–允许弥补的以前年度亏损

2. 间接计算法

应纳税所得额=会计利润总额+纳税调整增加额–纳税调整减少额–允许弥补的以前年度亏损

纳税调整增加额包括未计或少计的应税收益；会计利润中已经扣除，但税法规定不能扣除的项目，例如，税收滞纳金、行政罚款、未经核准的准备金支出等；会计利润中已经扣除，但超过税法规定扣除标准的部分，例如，业务招待费、广告宣传费等费用超标部分的扣除部分。

纳税调整减少额：减税或免税的收益，如国债利息收入。

重要提示

纳税人在计算应纳税所得额时，按照税法规定计算出的应纳税所得额与企业依照财务会计制度计算的利润总额，往往是不一致的。当企业财务会计处理办法与有关税收法规相抵触时，应当依照国家有关税收的规定计算纳税。企业按照有关财务会计制度规定计算的利润，必须按照税法的规定进行必要的调整后才能作为应纳税所得额，计算缴纳所得税。

（一）收入总额

企业以货币形式和非货币形式从各种来源取得的收入，为收入总额。

（1）企业取得收入的货币形式，包括现金、存款、应收账款、应收票据、准备持有至到期的债券投资及债务的豁免等。

（2）企业取得收入的非货币形式，包括固定资产、生物资产、无形资产、股权投资、存货、不准备持有至到期的债券投资、劳务及有关权益等。非货币形式收入应当按照公允价值确定收入额。

（二）不征税收入、免税收入

1. 不征税收入

（1）财政拨款。

财政拨款是指各级人民政府对纳入预算管理的事业单位、社会团体等组织拨付的财政资金，但国务院和国务院财政、税务主管部门另有规定的除外。

（2）依法收取并纳入财政管理的行政事业性收费、政府性基金。

行政事业性收费是指依照法律、法规等有关规定，按照国务院规定程序批准，在实施社会公共管理，以及在向公民、法人或者其他组织提供特定公共服务过程中，向特定对象收取并纳入财政管理的费用。

政府性基金是指企业依照法律、行政法规等有关规定，代政府收取的具有专项用途的财政资金。

（3）国务院规定的其他不征税收入。

国务院规定的其他不征税收入是指企业取得的，由国务院财政、税务主管部门规定专项用途并经国务院批准的财政性资金。

2. 免税收入

（1）国债利息收入。

重要提示

国债利息收入免税；国债转让收入不免税。

（2）居民企业之间直接进行股权投资取得的股息、红利等权益性投资收益。

（3）在中国境内设立机构、场所的非居民企业从居民企业取得与该机构、场所有实际联系的股息、红利等权益性投资收益。

（4）符合条件的非营利组织的收入。

（5）股权分置改革中，上市公司因股权分置改革而接受的非流通股股东作为对价注入资产和被非流通股股东豁免的债务，上市公司应增加注册资本或资本公积，不征收企业所得税。

知识链接

不征税收入与免税收入的区别

不征税收入不属于营利性活动带来的经济利益，是专门从事特定目的的收入，这些收入从企业所得税原理上讲是应永久不列为征税范围的收入。

免税收入是纳税人应税收入的重要组成部分，只是国家为了实现某些经济和社会目标，在特定时期或对特定项目取得的经济利益给予的税收优惠照顾，而在一定时期又有可能恢复征税的收入。

例题 5-4

无锡市某公司 2020 年年度收入总额为 1 000 万元，其中，不征税收入 200 万元，免税收入 100 万元，各项扣除合计 300 万元。计算其 2020 年度应纳税所得额。

答案：应纳税所得额=1 000–200–100–300=400（万元）

（三）一般准予扣除项目

凡是企业实际发生与取得应税收入有关的、合理的支出，包括成本、费用、税金、损失和其他支出，准予在计算应纳税所得额时扣除。这里所说的合理的支出是指符合生产经营活动常规，应当计入当期损益或者有关资产成本的必要的和正常的支出。

企业发生的支出应区分收益性支出和资本性支出，收益性支出在发生当期直接扣除；资本性支出应当分期扣除或者计入有关资产成本，不得在发生当期扣除。

企业的不征税收入用于支出所形成的费用或者财产，不得扣除或者计算对应的折旧、摊销扣除。

（1）成本是指企业在生产经营活动中发生的销售成本、业务支出及其他耗费。

（2）费用是指企业在生产经营活动中发生的销售费用、管理费用和财务费用，已经计入成本的有关费用除外。

（3）税金是指企业发生的除企业所得税和允许抵扣的增值税以外的各项税金及其附加。

（4）损失是指企业在生产经营活动中发生的固定资产和存货的盘亏、毁损、报废损失，转让财产损失，呆账损失，坏账损失，自然灾害等不可抗力因素造成的损失及其他损失。

（5）其他支出是指除成本、费用、税金、损失外，企业在生产经营活动中发生的与生产经营活动有关的合理的支出。

即学即思

根据企业所得税法律制度的规定，下列各项中，纳税人在计算企业所得税应纳税所得额时准予扣除的项目有（　　）。

A. 消费税　　B. 印花税　　　C. 土地增值税　　　D. 增值税

答案：A、B、C。企业实际发生的与取得收入有关的、合理的支出，包括成本、费用、税金、损失和其他支出，准予在计算应纳税所得额时扣除。

（四）具体准予扣除项目

（1）企业发生的合理的工资薪金支出。

工资薪金是指企业每一纳税年度支付给在本企业任职或者受雇的员工的所有现金形式或者非现金形式的劳动报酬，包括基本工资、奖金、津贴、补贴、年终加薪、加班工资，以及与员工任职或者受雇有关的其他支出。

重要提示

企业发放给职工的独生子女费、托儿补助费、差旅费补贴、住房补贴、交通补贴不计入允许扣除的工资总额。

（2）企业发生的职工福利费支出，不超过工资薪金总额14%的部分。

（3）企业拨缴的工会经费，不超过工资薪金总额2%的部分。

（4）除国务院财政、税务主管部门另有规定外，企业发生的职工教育经费支出，不超过工资薪金总额8%的部分，准予扣除；超过部分，准予在以后纳税年度结转扣除。

例题 5-5

某市一家居民企业主要生产销售彩色电视机，计入成本、费用中的企业生产经营部门员工的合理的实发工资为540万元（含管理部门实习生报酬10万元），当年发生的工会经费15万元、职工福利费80万元、职工教育经费11万元。该企业应如何进行纳税调整？

答案：应纳税所得额应调增=（15−540×2%）+（80−540×14%）=8.6（万元）

（5）企业依照国务院有关主管部门或者省级人民政府规定的范围和标准为职工缴纳的基本养老保险费、基本医疗保险费、失业保险费、工伤保险费、生育保险费等基本社会保险费和住房公积金，准予扣除。企业为投资者或者职工支付的补充养老保险费、补充医疗保险费，在国务院财政、税务主管部门规定的范围和 5%标准内部分，准予扣除。

知识链接

五 险 一 金

五险一金，是指用人单位给予劳动者的几种保障性的合称，包括养老保险、医疗保险、失业保险、工伤保险和生育保险，还有住房公积金。

养老保险缴费比例：单位缴 20%，个人缴 8%。个人缴费标准为本人上一年日平均工资的 8%，全额计入个人账户。医疗保险的缴费比例：单位缴 9%，个人缴 2%。外加 10 元大病统筹，大病统筹只管住院部分。失业保险缴费比例：单位缴 2%，个人缴 1%。失业保险要缴满一年才能享受，一般缴 1 年拿 2 个月，缴 2 年拿 4 个月，但一辈子最多拿 24 个月。工伤保险根据单位划分行业确定缴费比例，在 0.5%～25%，个人不用缴。生育保险单位缴 0.8%。个人不用缴。住房公积金根据企业的实际情况选择缴费比例，原则上最高缴费额不得超过职工平均工资的 12%，单位和职工各缴一半。

例题 5-6

某企业 2020 年企业所得税纳税申报表显示：全年发生工薪支出 1 000 万元，并分别提取职工福利经费 180 万元、工会经费 30 万元、职工教育经费 40 万元。该企业应如何进行纳税调整？

答案：允许抵扣的福利费=1 000×14%=140（万元）<180（万元）

允许抵扣的工会经费=1 000×2%=20（万元）<30（万元）

允许抵扣的职工教育经费=1 000×8%=80（万元）>40（万元）

应纳税所得额调增=（180–140）+（30–20）=50（万元）

（6）企业在生产经营活动中发生的合理的不需要资本化的借款费用。

例题 5-7

某白酒生产企业因扩大生产规模新建厂房，自有资金不足，于 2019 年 1 月 1 日向银行借入长期借款 1 笔，金额 3 000 万元，借款期限 2 年，借款利率为 4.2%。2019 年 1 月 1 日开工建设，2020 年 3 月 31 日房屋交付使用，则 2019 年和 2020 年可以在税前直接扣除的该项借款费用是多少？

答案：2019 年借款费用符合资本化条件，发生的利息费用应全部资本化，因此 2019 年应直接扣除的借款费用为 0。

2020 年资本化期间为 1—3 月，资本化期间的利息费用应当资本化，4—12 月的借款利息可以直接在税前扣除，扣除的金额为 3 000×4.2%÷12×9=94.5（万元）。

（7）企业在生产经营活动中发生的下列利息支出。

① 非金融企业向金融企业借款的利息支出、金融企业的各项存款利息支出和同业拆借

利息支出、企业经批准发行债券的利息支出；

② 非金融企业向非金融企业借款的利息支出，不超过按照金融企业同期同类贷款利率计算的数额的部分。

例题 5-8

无锡市某股份有限公司 2020 年 7 月分别从银行和业务往来单位借入 4 个月借款 500 万元和 300 万元，年利率分别为 6%、10%，共筹集资金 800 万元新建一车间，7 月投入建设，8 月完工，9 月投入使用。另于同年 1 月 1 日发行公司债券 500 万元，年利率 10%。该公司 2020 年可以扣除的财务费用是多少？

答案：允许扣除的财务费用=（500+300）×6%÷12×2+500×10%=58（万元）

（8）企业在货币交易中，以及纳税年度终了时将人民币以外的货币性资产、负债按照期末即期人民币汇率中间价折算为人民币时产生的汇兑损失，除已经计入有关资产成本及与向所有者进行利润分配相关的部分外，准予扣除。

（9）企业发生的与生产经营活动有关的业务招待费支出，按照发生额的 60%扣除，但最高不得超过当年销售（营业）收入的 5‰。企业在筹建期间，发生的与筹办活动有关的业务招待费支出，可以按实际发生额的 60%计入企业筹办费，并按有关规定在税前扣除。

例题 5-9

某企业全年销售收入为 1.1 亿元，全年发生业务招待费 50 万元，计算准予扣除的业务招待费。

答案：业务招待费扣除限额=11 000×5‰=55（万元）

准予扣除的业务招待费=50×60%=30（万元）

该企业当年可以扣除的业务招待费为 30 万元。

（10）企业发生的符合条件的广告费和业务宣传费支出，除国务院财政、税务主管部门另有规定外，不超过当年销售（营业）收入 15%的部分，准予扣除；超过部分，准予在以后纳税年度结转扣除。

企业在筹建期间，发生的广告费和业务宣传费支出，可以按实际发生额计入企业筹办费，并按有关规定在税前扣除。

自 2021 年 1 月 1 日起至 2025 年 12 月 31 日止，对化妆品制造或销售、医药制造和饮料制造（不含酒类制造）企业发生的广告费和业务宣传费支出，不超过当年销售（营业）收入 30%的部分，准予扣除；超过部分，准予在以后纳税年度结转扣除。烟草企业的烟草广告费和业务宣传支出，一律不得在计算应纳税所得额时扣除。

例题 5-10

某家电企业年销售收入为 1 000 万元，全年列支的广告费支出为 200 万元，其他业务宣传费支出 10 万元。要求：计算该企业当年准予扣除的广告费和业务宣传费。

答案：当年准予扣除的广告费和业务宣传费=1 000×15%=150（万元）

多列支的广告费和业务宣传费=（200+10）−150=60（万元）

多列支的 60 万元广告费结转以后年度扣除。

（11）企业依照法律、行政法规有关规定提取的用于环境保护、生态恢复等方面的专项资金，准予扣除。上述专项资金提取后改变用途的，不得扣除。

（12）企业参加财产保险，按照规定缴纳的保险费，准予扣除；企业参加雇主责任险、公众责任险等责任保险，按照规定缴纳的保险费，准予在企业所得税税前扣除。

（13）企业职工因公出差乘坐交通工具发生的人身意外保险支出，准予扣除；除企业依照国家规定为特殊工种职工支付的人身安全保险费和国务院财政、税务主管部门规定可以扣除的其他商业保险费外，企业为投资者或者职工支付的商业保险费，不得扣除。

（14）企业根据生产经营活动的需要租入固定资产支付的租赁费，按照以下方法扣除：

① 以经营租赁方式租入固定资产发生的租赁费支出，按照租赁期限均匀扣除；

② 以融资租赁方式租入固定资产发生的租赁费支出，按照规定构成融资租入固定资产价值的部分应当提取折旧费用，分期扣除。

（15）企业发生的合理的劳动保护支出。

（16）非居民企业在中国境内设立的机构、场所，就其中国境外总机构发生的与该机构、场所生产经营有关的费用，能够提供总机构出具的费用汇集范围、定额、分配依据和方法等证明文件，并合理分摊的。

（17）企业发生的公益性捐赠支出，在年度利润总额 12%以内的部分，准予在计算应纳税所得额时扣除；超过年度利润总额 12%的部分，准予结转以后 3 年内在计算应纳税所得额时扣除。

年度利润总额，是指企业依照国家统一会计制度的规定计算的大于零的数额。

公益性捐赠具体范围包括：

① 救助灾害、救济贫困、扶助残疾人等困难的社会群体和个人的活动；

② 教育、科学、文化、卫生、体育事业；

③ 环境保护、社会公共设施建设；

④ 促进社会发展和进步的其他社会公共和福利事业。

例题 5-11

2020 年度某企业会计报表上的利润总额为 100 万元，已累计预缴企业所得税 25 万元。该企业本年度发生的公益性捐赠支出 18 万元。要求：计算该企业公益性捐赠支出所得税前纳税调整额。

答案：该企业公益性捐赠支出所得税前纳税调整额=18−100×12%=6（万元）

即学即思

根据《企业所得税法》的规定，企业发生的公益性捐赠支出，在计算企业所得税应纳税所得额时的扣除标准是（　　）。

A. 全额扣除

B. 在年度应纳税所得额 12%以内的部分扣除

C. 在年度利润总额 12%以内的部分扣除

D. 在年度应纳税所得额 3%以内的部分扣除

答案：C。企业发生的公益性捐赠支出，在年度利润总额 12%以内的部分可以扣除。

（18）企业在生产经营活动中当期实际发生的、与取得应税收入有关的固定资产和流动资产盘亏、毁损净损失，由其提供清查盘存资料，经主管税务机关审核后准予扣除。企业因存货盘亏、毁损、报废等原因不得从销项税额中抵扣的进项税额，应视同企业财产损失，准予与存货损失一起在所得税前按规定扣除。以上损失，应按税法规定实际确认或者实际发生的金额在发生的当年申报扣除。

例题 5-12

某企业 2020 年毁损一批库存材料，账面成本 10 139.5 元（含运费 139.5 元），保险公司审理后同意赔付 8 000 元，该企业的损失得到税务机关的审核和确认，计算在所得税前可扣除的损失金额。

答案：不得抵扣的进项税=（10 139.5–139.5）×13%+139.5×9%=1 312.56（元）

所得税前可扣除的损失金额=10 139.5+1 312.56–8 000=3 452.06（元）

（五）不得扣除项目

（1）向投资者支付的股息、红利等权益性投资收益款项。

（2）企业所得税税款。

（3）税收滞纳金，指纳税人违反税收法规，被税务机关处以的滞纳金。

（4）罚金、罚款和被没收财物的损失，指纳税人违反国家有关法律、法规的规定，被有关部门处以的罚款，以及被司法机关处以的罚金和被没收的财务。

（5）赞助支出，具体指企业发生的与生产经营活动无关的各种非广告性质支出。

（6）未经核定的准备金支出，具体是指不符合国务院财政、税务主管部门规定的各项资产减值准备、风险准备等准备金支出。

（7）与取得收入无关的其他支出。

（8）不符合规定的其他捐赠支出。

例题 5-13

企业发生的下列支出中，在计算企业所得税应纳税所得额时不得扣除的有（　　）。

A. 税收滞纳金　　　　B. 企业所得税税款

C. 计入产品成本的车间水电费用支出　　　　D. 向投资者支付的权益性投资收益款项

答案：A、B、D。税收滞纳金、企业所得税税款、向投资者支付的权益性收益款项不允许扣除。

（六）亏损弥补

亏损是指企业依照《企业所得税法》和《企业所得税暂行条例实施细则》的规定，将每一纳税年度的收入总额减除不征税收入、免税收入和各项扣除后小于零的数额。

企业纳税年度发生的亏损，准予向以后年度结转，用以后年度的所得弥补，但结转年限最长不得超过 5 年。对电影行业企业 2020 年度发生的亏损，最长结转年限由 5 年延长至 8 年。

企业在汇总计算缴纳企业所得税时，其境外营业机构的亏损不得抵减境内营业机构的盈利，即不得以内补外。

例题 5-14

下表为经税务机关审定的某国有企业 7 年应纳税所得额情况，假设该企业一直执行 5 年亏损弥补的规定，则该企业 7 年间应缴纳企业所得税为多少？

单位：万元

年　　度	2016	2017	2018	2019	2020	2021	2022
未弥补亏损前的应纳税所得额	−100	10	−20	30	20	30	60

答案：关于 2016 年的亏损，要用 2017 年至 2021 年的所得弥补，尽管其间 2018 年亏损，也要占用 5 年抵亏期的一个抵扣年度，且先亏先补，2018 年的亏损需在 2016 年的亏损问题解决之后才能考虑。到了 2021 年，2016 年的亏损未弥补完，但 5 年抵亏期已满，还有 10 万元亏损不得在所得税前弥补。2018 年之后的 2019 年至 2021 年的所得，已被用于弥补 2016 年的亏损，2018 年的亏损只能用 2022 年所得弥补，在弥补 2018 年亏损后，2022 年还有所得 60−20=40（万元），要计算纳税，应纳税额=40×25%=10（万元）。

二、企业所得税应纳税额

应纳所得税额是企业当期应当缴纳的税额，等于应纳税所得额乘以适用税率。企业应纳税所得额乘以适用税率，减除依照企业所得税关于税收优惠的规定减免和抵免的税额后的余额，为应纳税额。

应纳税额=应纳税所得额×税率−减免税额−抵免税额

知识链接

应纳税所得额和应纳所得税额的区别

应纳税所得额是企业所得税的计税依据，根据《企业所得税法》的规定，应纳税所得额为企业每一年度的收入总额，减除不征税收入、免税收入、各项扣除，以及弥补的以前年度亏损后的余额。

应纳所得税额，就是企业当期应当缴纳的税额，等于应纳税所得额乘以适用税率。

例题 5-15

无锡市某公司为居民企业，在 2020 纳税年度内，共发生下列收入事项：（1）产品销售收入 6 000 万元；（2）清理无法支付的应付账款收入为 20 万元；（3）转让商标所有权收入 120 万元；（4）利息收入 20 万元（利息收入为购买国库券利息）。发生各项支出如下：（1）产品销售成本 4 000 万元；（2）产品销售费用 260 万元（其中广告费 180 万元）；（3）产品销售税金 180 万元；（4）管理费用 220 万元（其中业务招待费 60 万元）；（5）财务费用 60 万元；（6）营业外支出 80 万元（其中通过中国红十字会向地震灾区捐款 50 万元）。要求：计算该企业应缴纳的企业所得税税额。

答案：方法一，直接计算法。

（1）计算该企业应纳税收入总额。

按照税法规定，国库券利息免税，该企业其他收入项目均应纳税。

该企业年度应纳税收入总额=6 000+20+120=6 140（万元）

（2）分析计算可扣除项目金额。

① 产品销售成本、产品销售税金和财务费用可据实扣除。

② 广告费用支出扣除限额=6 000×15%=900（万元），实际发生的广告费为 180 万元，准予全部扣除，产品销售费用 260 万元可以全额扣除。

③ 业务招待费支出扣除限额=6 000×5‰=30（万元），业务招待费的扣除标准为 60×60%=36（万元），超过扣除限额，准予扣除 30 万元。管理费用可扣除 190 万元。

④ 利润总额=6 000+20+120+20–4 000–260–180–220–60–80=1 360（万元）

捐赠支出扣除限额=1 360×12%=163.2（万元），实际捐款 50 万元，营业外支出 80 万元可以全额扣除。

综上，准予扣除项目金额=4 000+260+180+190+60+80=4 770（万元）

（3）计算应纳税所得额。

应纳税所得额=应纳税收入总额–准予扣除项目金额=6 140–4 770=1 370（万元）

（4）计算应纳税额。

应纳税额=应纳税所得额×税率=1 370×25%=342.5（万元）

方法二，间接计算法。

（1）利润总额=6 000+20+120+20–4 000–260–180–220–60–80=1 360（万元）

（2）分析纳税调整项目。

① 利息收入调减所得额 20 万元。

② 管理费用调增所得额 220–190=30（万元）。

（3）计算应纳税所得额。

应纳税所得额=1 360–20+30=1 370（万元）

（4）计算应纳税额。

应纳税额=应纳税所得额×税率=1 370×25%=342.5（万元）

即学即思

无锡市某公司2020年实现销售收入8 000万元，销售成本（不含工资性成本）3 200万元，销售税金及附加50万元；管理费用400万元，其中业务招待费50万元；国库券利息收入200万元，企业债券利息收入10万元，支付税务部门滞纳金、罚款5万元；计入成本费用的工资性支出500万元，按规定比例提取并使用的职工福利费、拨缴的工会经费、发生的教育经费共计92.5万元，该单位职工总数400人，支付销售费用（不含工资费用）300万元。要求：计算该公司2020年应缴纳的企业所得税。

答案：允许扣除的业务招待费：50×60%=30（万元），8 000×5‰=40（万元），两者取小的数额，即30万元。

应纳税所得额=8 000−3 200−50−（400−50+30）+10−500−92.5−300=3 487.5（万元）

应纳企业所得税=3 487.5×25%=871.875（万元）

课后练习

1. 某市生产企业为增值税一般纳税人，为居民企业。2020年度发生相关业务如下：

（1）销售产品取得不含税销售额8 000万元，债券利息收入240万元（其中国债利息收入30万元）；应扣除的销售成本5 100万元，缴纳增值税600万元、城市维护建设税及教育费附加60万元。（2）发生销售费用1 400万元，其中广告费用800万元、业务宣传费用450万元。发生财务费用200万元，其中支付向某企业流动资金周转借款2 000万元一年的借款利息160万元（同期银行贷款利率为6%）；发生管理费用1 100万元，其中用于新产品、新工艺研制而实际支出的研究开发费用400万元。（3）2018年度、2019年度经税务机关确认的亏损额分别为70万元和40万元。要求：根据所给资料，计算下列问题。

（1）应纳税所得额准予扣除的销售费用为多少万元?

（2）应纳税所得额准予扣除的财务费用为多少万元?

（3）2020年境内应纳税所得额为多少万元?

2. 某中外合资家电生产企业，2020年销售产品取得不含税收入2 500万元，会计利润600万元，已预缴所得税150万元。经税务师事务所审核，发现以下问题：

（1）期间费用中广告费450万元、业务招待费15万元、研究开发费用20万元；（2）营业外支出50万元（含通过公益性社会团体向贫困山区捐款30万元，直接捐赠6万元）；（3）计入成本、费用中的实发工资总额150万元、拨缴职工工会经费3万元、支付职工福利费和职工教育经费37.25万元；（4）7月购置并投入使用的安全生产专用设备，企业未进行账务处理，购置设备投资额为81.9万元，预计使用10年，假定不考虑增值税的影响。要求：根据上述资料，计算下列问题。

（1）广告费、业务招待费的税前调整额是多少万元?

（2）对外捐赠的纳税调整额是多少万元?

（3）三项经费应调增所得额多少万元?

（4）境内所得应纳税所得额是多少万元?

任务三　企业所得税的科目设置及会计处理

一、科目设置

企业在选择应付税款法时，应设置“所得税费用”和“应交税费——应交所得税”科目。

企业在选择纳税资产负债表债务法时，应设置“所得税费用”“递延所得税资产”“递延所得税负债”“应交税费——应交所得税”科目。

1. “所得税费用”科目

“所得税费用”科目属于损益类科目，用以核算企业按规定从当期损益中扣除的所得税费用。其借方反映企业按应纳税所得额计算应缴纳的所得税，递延所得税负债增加、递延所得税资产减少对应的所得税费用；贷方反映递延所得税资产增加、递延所得税负债减少对应的所得税费用，期末转入“本年利润”科目的所得税额，结转后该科目无余额。

2. “递延所得税资产”科目

“递延所得税资产”科目用来核算企业确认的可抵扣暂时性差异产生的递延所得税资产。根据税法规定，可用以后年度税前利润弥补的亏损及税款抵减产生的所得税资产也在本科目核算。借方反映企业本期可抵扣暂时性增加应确认的递延所得税资产；贷方反映递延所得税资产的转回。期末，本科目借方的余额反映企业期末确认的递延所得税资产。

3. “递延所得税负债”科目

“递延所得税负债”科目用来核算企业确认的应纳税暂时性差异产生的递延所得税负债。借方反映递延所得税负债的转回，贷方反映当期应纳税暂时性差异增加应确认的递延所得税负债。期末，本科目的余额反映企业确认的递延所得税负债。

4. “应纳税费——应交所得税”科目

企业按照税法规定计算应交所得税，“应纳税费——应交所得税”科目贷方反映企业年末汇算清缴应缴纳的所得税，借方反映企业按月（季）预缴的所得税。期末借方余额反映企业预缴的税款，期末贷方余额反映企业应缴而未缴的所得税。

二、会计处理

1. 递延所得税负债的确认和计量

确认应纳税暂时性差异产生的递延所得税负债时，交易或事项发生时影响到会计利润或应纳税所得额的，相应的所得税影响应作为利润表中所得税费用的组成部分；与直接计入所有者权益的交易或事项相关的，其所得税影响应减少所有者权益；与企业合并中取得资产、负债相关的，递延所得税影响应调整购买日应确认的商誉或是计入合并当期损益的金额。

除所得税准则中明确规定可不确认递延所得税负债的情况以外，企业对于所有的应纳税暂时性差异均应确认相关的递延所得税负债。

递延所得税负债应以相关应纳税暂时性差异转回期间适用的所得税税率计量。在我国，除国家所得税税法税率发生变更，或者享受税收优惠政策的情况外，企业适用的所得税税率在不同的年度之间一般不会发生变化。企业在确认递延所得税负债时，可以现行税率为基础来确定。对于享受税收优惠政策的企业，如国家需要重点扶持的高新技术企业，享受一定时期的税率优惠，则所产生的暂时性差异应以预计其转回期间的适用税率为基础计量。

例题 5-16

A 企业于 2018 年 12 月 6 日购入某项设备，取得成本为 500 万元，会计上采用年限平均法计提折旧，使用年限为 10 年，净残值为零，因该资产长年处于强震动状态，计税时按双倍余额递减法计提折旧，使用年限及净残值与会计相同。A 企业适用的所得税税率为 25%。假定该企业不存在其他会计与税收处理的差异，2019 年和 2020 年企业应如何进行账务处理？

答案：（1）2019 年 12 月 31 日：

资产账面价值=500−500÷10=450（万元）

资产计税基础=500−500×20%=400（万元）

递延所得税负债余额=（450−400）×25%=12.5（万元）

2019 年应确认的递延所得税负债=12.5−0=12.5（万元）

借：所得税费用　　12.5

　　贷：递延所得税负债　　12.5

（2）2020 年 12 月 31 日：

资产账面价值=500−500÷10×2=400（万元）

资产计税基础=500−500×20%−400×20%=320（万元）

递延所得税负债余额=（400−320）×25%=20（万元）

2020 年应确认的递延所得税负债=20−12.5=7.5（万元）

借：所得税费用　　7.5

　　贷：递延所得税负债　　7.5

2. 递延所得税资产的确认和计量

资产、负债的账面价值与其计税基础不同产生可抵扣暂时性差异的，在估计未来期间能够取得足够的应纳税所得额用以利用该可抵扣暂时性差异时，应当以很可能取得用来抵扣可抵扣暂时性差异的应纳税所得额为限，确认相关的递延所得税资产。同递延所得税负债的确认相同，有关交易或事项发生时，对会计利润或应纳税所得额产生影响的，所确认的递延所得税资产应作为利润表中所得税费用的调整；有关的可抵扣暂时性差异产生于直接计入所有者权益的交易或事项，则确认的递延所得税资产也应计入所有者权益。

例题 5-17

某企业于 2018 年购入价值为 300 万元的固定资产，预计使用 5 年，无残值。会计上采用双倍余额递减法进行核算，税法规定只允许采用直线法计提折旧。企业所得税税率为 25%。请问 2019 年和 2020 年企业应如何进行账务处理？

答案：2019 年 12 月 31 日固定资产的账面价值=300–300×2÷5=180（万元）

2019 年 12 月 31 日固定资产的计税基础=300–300÷5=240（万元）

可抵扣暂时性差异余额=240–180=60（万元）

递延所得税资产的余额=60×25%=15（万元）

当年应确认的递延所得税资产=15–0=15（万元）

借：递延所得税资产　　15

　　贷：所得税费用　　15

2020 年 12 月 31 日固定资产的账面价值=300–120–180×2÷5=108（万元）

2020 年 12 月 31 日固定资产的计税基础=300–300÷5×2=180（万元）

可抵扣暂时性差异余额=180–108=72（万元）

递延所得税资产的期末余额=72×25%=18（万元）

当年应确认的递延所得税资产=18–15=3（万元）

借：递延所得税资产　　3

　　贷：所得税费用　　3

例题 5-18

大海公司 2020 年 12 月 1 日取得一项可供出售的金融资产，成本为 210 万元，2020 年 12 月 31 日，该项可供出售的金融资产的公允价值为 200 万元。大海公司适用的所得税税率为 25%。请问该公司应如何进行账务处理？

答案：2020 年 12 月 31 日该项可供出售的金融资产的账面价值为 200 万元。

2020 年 12 月 31 日该项可供出售的金融资产的计税基础为 210 万元。

2020 年 12 月 31 日该项可供出售的金融资产产生可抵扣暂时性差异为 10 万元，应确认的递延所得税资产为 2.5 万元（10×25%–0）。会计处理如下。

借：递延所得税资产　　2.5

　　贷：资本公积——其他资本公积　　2.5

3. 所得税费用的确认和计量

在按照资产负债表债务法核算所得税的情况下，利润表中的所得税费用包括当期所得税和递延所得税。当期所得税是指企业按照税法规定针对当期发生的交易和事项，确定应纳税所得额计算的应纳税额，即当期应缴的所得税，会计处理为借记“所得税费用”科目，贷记“应交税费——应交所得税”科目。递延所得税是指按照企业会计准则规定应予确认对未来应纳税所得额有影响的递延所得税负债和递延所得税资产。当期根据应纳税暂时性差异确认递延所得税负债时，借记“所得税费用”和“资本公积——其他资本公积”等科目，贷记“递延所得税负债”科目，当以后各期应纳税暂时性差异转回时做相反会计分录。当期根据可抵扣暂时性差异确认递延所得税资产时，借记“递延所得税资产”科目，贷记“所得税费用”和“资本公积——其他资本公积”等科目，等可抵扣暂时性差异转回时，做相反的会计分录。

例题 5-19

A 公司 2020 年度利润表中利润总额为 3 000 万元，该公司适用的所得税税率为 25%。递延所得税资产及递延所得税负债不存在期初余额。2020 年发生的有关交易和事项中，会计处理与税收处理存在差别的有：

（1）2020 年 1 月开始计提折旧的一项固定资产，成本为 1 500 万元，使用年限为 10 年，净残值为 0，会计处理按双倍余额递减法计提折旧，税收处理按直线法计提折旧。假定税法规定的使用年限及净残值与会计规定相同。

（2）向关联企业捐赠现金 500 万元。假定按照税法规定，企业向关联方的捐赠不允许税前扣除。

（3）当期取得作为交易性金融资产核算的股票投资成本为 800 万元，2018 年 12 月 31 日的公允价值为 1 200 万元。税法规定，以公允价值计量的金融资产在持有期间市价变动不计入应纳税所得额。

（4）违反环保法规定应支付罚款 250 万元。

（5）期末对持有的存货计提了 75 万元的存货跌价准备。

A 公司 2020 年资产负债表相关项目金额及其计税基础如表 5-1 所示。

表 5-1　A 公司 2020 年资产负债表相关项目金额及其计税基础

计量单位：万元

项　　目	账面价值	计税基础	应纳税暂时性差异	可抵扣暂时性差异
存货	2 000	2 075		75
固定资产				
固定资产原价	1 500	1 500		
减：累计折旧	300	150		
减：固定资产减值准备	0	0		
固定资产账面价值	1 200	1 350		150
交易性金融资产	1 200	800	400	
其他应付款	250	250		
总　　计			400	225

请问：该公司应如何进行账务处理？

答案：（1）2020 年度当期应交所得税：

应纳税所得额=3 000+150+500–400+250+75=3 575（万元）

应交所得税=3 575×25%=893.75（万元）

（2）2020 年度递延所得税：

递延所得税资产=225×25%=56.25（万元）

递延所得税负债=400×25%=100（万元）

递延所得税=100–56.25=43.75（万元）

（3）利润表中应确认的所得税费用：

所得税费用=893.75+43.75=937.50（万元），确认所得税费用的账务处理如下。

借：所得税费用　　9 375 000

　　递延所得税资产　　562 500

　　贷：应交税费——应交所得税　　8 937 500

　　　　递延所得税负债　　1 000 000

课后练习

无锡市 B 企业 2020 年全年税前会计利润为 1 000 万元，本年收到的国债利息收入为 20 万元，所得税税率为 25%。假设本年内无其他纳税调整因素。要求：计算应纳所得税，并进行会计处理。

任务四　企业所得税的纳税申报

一、纳税地点

（一）居民企业的纳税地点

（1）居民企业以企业登记注册地为纳税地点；登记注册地在境外的，以实际管理机构所在地为纳税地点。

（2）居民企业在中国境内设立不具有法人资格的营业机构的，应当汇总计算并缴纳企业所得税。

（二）非居民企业的纳税地点

非居民企业从境内的机构、场所取得的所得，以及发生在中国境外但与其所涉机构、场所有实际联系的所得，以机构、场所的所在地为纳税地点。非居民企业在中国境内设立两个或者两个以上机构、场所的，经税务机关审核批准，可以选择由其主要机构、场所汇总缴纳企业所得税。

二、纳税期限

企业所得税按年计征，分月或者分季预缴，年终汇算清缴，多退少补。

企业所得税的纳税年度采用公历年制（纳税年度自公历 1 月 1 日起至 12 月 31 日止）。企业在一个纳税年度中间开业，或者由于合并、关闭等原因终止经营活动，使该纳税年度的实际经营期不足 12 个月的，应当以其实际经营期为一个纳税年度。企业清算时，应当以清算期为一个纳税年度。

企业应当自年度终了之日起 5 个月内，向税务机关报送年度企业所得税纳税申报表，并汇算清缴，结清应缴应退税款。

企业在年度中间终止经营活动的，应当自实际经营终止之日起 60 日内，向税务机关办理当期企业所得税汇算清缴。

三、纳税申报

按月或按季预缴的，应当自月份或者季度终了之日起 15 日内，向税务机关报送预缴企业所得税纳税申报表，预缴税款。

企业在报送企业所得税纳税申报表时，应当按照规定附送财务会计报告和其他有关资料。企业在办理注销登记前，就其清算所得向税务机关申报并依法缴纳企业所得税。

企业分月或分季预缴企业所得税时，应当按照月度或者季度的实际利润额预缴；按照月度或季度的实际利润预缴有困难的，可以按照上一纳税年度应纳税所得额的月度或者季度平均额预缴，或者按照经税务机关认可的其他方法预缴，预缴的方法一经确定，该纳税年度内不得随意变更。

即学即思

企业所得税分月或分季预缴，年终汇算清缴，年终汇算清缴是在年度终了后（　　）。

A. 15 日　　B. 1 个月　　C. 3 个月　　D. 5 个月

答案：D。

四、企业所得税的核定征收

（1）纳税人具有下列情形之一的，核定征收企业所得税。

① 依照法律、行政法规的规定可以不设置账簿的；

② 依照法律、行政法规的规定应当设置但未设置账簿的；

③ 擅自销毁账簿或者拒不提供纳税资料的；

④ 虽设置账簿，但账目混乱或者成本资料、收入凭证、费用凭证残缺不全，难以查账的；

⑤ 发生纳税义务，未按照规定的期限办理纳税申报，经税务机关责令限期申报，逾期

仍不申报的；

⑥ 申报的计税依据明显偏低，又无正当理由的。

特殊行业、特殊类型的纳税人和一定规模以上的纳税人不适用该办法。

（2）税务机关应根据纳税人具体情况，对核定征收企业所得税的纳税人，核定应税所得率或者核定应纳所得税额。具有下列情形之一的，核定其应税所得率：

① 能正确核算（查实）收入总额，但不能正确核算（查实）成本费用总额的；

② 能正确核算（查实）成本费用总额，但不能正确核算（查实）收入总额的；

③ 通过合理方法，能计算和推定纳税人收入总额或成本费用总额的。

纳税人不属于上述情形的，核定其应纳所得税额。

（3）实行应税所得率方式核定征收企业所得税的纳税人，经营多种行业的，无论其经营项目是否单独核算，均由税务机关根据其主营项目确定适用的应税所得率。

（4）纳税人的生产经营范围、主营业务发生重大变化，或者应纳税所得额或应纳税额增减变化达到20%的，应及时向税务机关申报调整已确定的应纳税额或应税所得率。

五、企业所得税的税收优惠

我国《企业所得税法》规定的税收优惠包括免税收入、可以减免税的所得、优惠税率、加计扣除、抵扣应纳税所得额、加速折旧、减计收入、抵免应纳税额和其他专项优惠政策。

（一）减、免税所得

1. 企业从事下列项目的所得，免征企业所得税

（1）蔬菜、谷物、薯类、油料、豆类、棉花、麻类、糖料、水果、坚果的种植；

（2）农作物新品种的选育；

（3）中药材的种植；

（4）林木的培育和种植；

（5）牲畜、家禽的饲养；

（6）林产品的采集；

（7）灌溉、农产品初加工、兽医、农技推广、农机作业和维修等农、林、牧、渔服务业项目；

（8）远洋捕捞。

2. 企业从事下列项目的所得，减半征收企业所得税

（1）花卉、茶及其他饮料作物和香料作物的种植；

（2）海水养殖、内陆养殖。

3. 从事国家重点扶持公共基础设施项目投资经营所得

国家重点扶持的公共基础设施项目是指《公共基础设施项目企业所得税优惠目录》规

定的码头、机场、铁路、公路、城市公共交通、电力、水利等项目。

（1）企业从事上述国家重点扶持的公共基础设施项目投资经营所得，自项目取得第一笔生产经营收入所属纳税年度起，第一年至第三年免征企业所得税，第四年至第六年减半征收企业所得税，简称“三免三减半”。

（2）企业承包经营、承包建设和内部自建自用上述项目，不得享受上述企业所得税优惠。

4. 从事符合条件的环境保护、节能节水项目的所得

符合条件的环境保护、节能节水项目的所得，自项目取得第一笔生产经营收入所属纳税年度起，第一年至第三年免征企业所得税，第四年至第六年减半征收企业所得税。

5. 符合条件的技术转让所得

符合条件的技术转让所得免征、减征企业所得税，是指一个纳税年度内，居民企业技术转让所得不超过 500 万元的部分，免征企业所得税；超过 500 万元的部分，减半征收企业所得税。其计算公式为：

技术转让所得=技术转让收入–技术转让成本–相关税费

例题 5-20

居民企业甲公司 2019 年将自行开发的一项专利技术转让，取得转让收入 1 200 万元，与该项技术转让有关的成本和费用为 300 万元。要求：计算甲公司该项业务应缴纳的企业所得税。

答案：甲公司该项业务应缴纳的企业所得税=（1 200–300–500）×50%×25%=50（万元）

6. 非居民企业

非居民企业减按 10%的税率征收企业所得税。下列所得可以免征企业所得税：

（1）外国政府向中国政府提供贷款取得的利息所得；

（2）国际金融组织向中国政府和居民企业提供优惠贷款取得的利息所得；

（3）经国务院批准的其他所得。

（二）加计扣除

加计扣除是指企业在计算应纳税所得时，在据实扣除的基础上，还可以加扣一定比例。

1. 研究开发费用

研究开发费用的加计扣除是指企业为开发新技术、新产品、新工艺发生的研究开发费用，未形成无形资产计入当期损益的，在据实扣除的基础上，自 2021 年 1 月 1 日起，再按发生数的 100%加计扣除。形成无形资产的，在上述期间按照无形资产成本的 200%加计扣除。

下列行业不适用税前加计扣除政策：烟草制造业；餐饮住宿业；批发和零售业；房地产业；租赁和商务服务业；娱乐业；财政部和国家税务总局规定的其他行业。

2. 安置残疾人员及国家鼓励安置的其他就业人员所支付的工资

企业安置残疾人员所支付的工资的加计扣除，是在企业支付给残疾职工工资据实扣除的基础上，按支付给残疾职工工资的 100%加计扣除。支付给国家鼓励安置的其他就业人员的工资的加计扣除办法，由国务院另行规定。

（三）应纳税所得额抵扣

创业投资企业采取股权投资方式投资于未上市的国家需要重点扶持和鼓励的中小高新技术企业 2 年以上的，可按其投资额的 70%在股权持有满 2 年的当年抵扣该创业投资企业的应纳税所得额；当年不足抵扣的，可以在以后纳税年度结转抵扣。

（四）加速折旧

企业由于技术进步，产品更新换代较快的固定资产或常年处于强震动、高腐蚀的固定资产，确需加速折旧的，可以采用缩短折旧年限（最低折旧年限不得低于法定折旧年限的 60%）或加速折旧的方法（双倍余额递减法或者年数总和法）。

企业在 2018 年 1 月 1 日至 2020 年 12 月 31 日期间新购进（包括自行建造）的设备、器具，单位价值不超过 500 万元的，允许一次性计入当期成本费用在计算应纳税所得额时扣除，不再分年度计算折旧。

（五）减计收入

减计收入是指企业以《资源综合利用企业所得税优惠目录》规定的资源作为主要原材料，生产国家非限制和禁止并符合国家和行业相关标准的产品取得的收入，减按 90%计入收入总额。前述所称原材料占生产产品材料的比例不得低于优惠目录规定的标准。

（六）抵免应纳税额

税额抵免是指企业购置并实际使用《环境保护专用设备企业所得税优惠目录》《节能节水专用设备企业所得税优惠目录》《安全生产专用设备企业所得税优惠目录》规定的环境保护、节能节水、安全生产等专用设备的，该专用设备投资额的 10%可以从企业当年的应纳税额中抵免；当年不足抵免的，可以在以后 5 个纳税年度结转抵免。享受上述规定的企业所得税优惠的企业，应当实际购置并自身实际投入使用上述规定的专用设备；企业购置上述专用设备在 5 年内转让、出租的，应当停止享受企业所得税优惠，并补缴已经抵免的企业所得税税款。

即学即思

企业所得税税收优惠包括（　　）。

A. 免税收入　　B. 减计收入　　C. 加计扣除　　D. 加速折旧

答案：A、B、C、D。

企业所得税减免税期限超过一个纳税年度的，主管税务机关可以进行一次性确认，但每年必须对相关减免税条件进行审核，对情况变化导致不符合减免税条件的，应停止享受减免税政策。“中华人民共和国企业所得税月（季）度预缴纳税申报表（A类，2015年版）”适用于实行查账征收企业所得税的居民企业预缴月份、季度税款时填报，如表5-2所示。“中华人民共和国企业所得税月（季）度预缴和年度纳税申报表（B类，2015年版）”适用于实行核定征收企业所得税的居民企业预缴月份、季度税款和年度汇算清缴时填报，如表5-3所示。

表5-2　中华人民共和国企业所得税月（季）度预缴纳税申报表（A类，2015年版）

税款所属期间：　　年　　月　　日至　　年　　月　　日

纳税人识别号：□□□□□□□□□□□□□□□□□□

纳税人名称：　　　　　　　　　　　　　　　　金额单位：人民币元（列至角分）

行次	项　目	本期金额	累计金额
1	**一、按照实际利润额预缴**		
2	营业收入		
3	营业成本		
4	利润总额		
5	加：特定业务计算的应纳税所得额		
6	减：不征税收入和税基减免应纳税所得额（请填附表1）		
7	固定资产加速折旧（扣除）调减额（请填附表2）		
8	弥补以前年度亏损		
9	实际利润额（4行+5行−6行−7行−8行）		
10	税率（25%）		
11	应纳所得税额（9行×10行）		
12	减：减免所得税额（请填附表3）		
13	实际已预缴所得税额	—	
14	特定业务预缴（征）所得税额		
15	应补（退）所得税额（11行−12行−13行−14行）	—	
16	减：以前年度多缴在本期抵缴所得税额		
17	本月（季）实际应补（退）所得税额	—	
18	**二、按照上一纳税年度应纳税所得额的平均额预缴**		
19	上一纳税年度应纳税所得额	—	
20	本月（季）应纳税所得额（19行×1/4或1/12）		
21	税率（25%）		
22	本月（季）应纳所得税额（20行×21行）		
23	减：减免所得税额（请填附表3）		
24	本月（季）实际应纳所得税额（22行−23行）		
25	**三、按照税务机关确定的其他方法预缴**		
26	本月（季）税务机关确定的预缴所得税额		
27	**总分机构纳税人**		

续表

<table>
<tr><th>行次</th><th colspan="2">项　目</th><th>本期金额</th><th>累计金额</th></tr>
<tr><td>28</td><td rowspan="4">总机构</td><td>总机构分摊所得税额（15 行或 24 行或 26 行×总机构分摊预缴比例）</td><td></td><td></td></tr>
<tr><td>29</td><td>财政集中分配所得税额</td><td></td><td></td></tr>
<tr><td>30</td><td>分支机构分摊所得税额（15 行或 24 行或 26 行×分支机构分摊比例）</td><td></td><td></td></tr>
<tr><td>31</td><td>其中：总机构独立生产经营部门应分摊所得税额</td><td></td><td></td></tr>
<tr><td>32</td><td rowspan="2">分支机构</td><td>分配比例</td><td></td><td></td></tr>
<tr><td>33</td><td>分配所得税额</td><td></td><td></td></tr>
<tr><td colspan="2">是否属于小型微利企业：</td><td>是 □</td><td colspan="2">否 □</td></tr>
<tr><td colspan="5">谨声明：此纳税申报表是根据《中华人民共和国企业所得税法》《中华人民共和国企业所得税法实施条例》和国家有关税收规定填报的，是真实的、可靠的、完整的。
法定代表人（签字）：　　　　年　月　日</td></tr>
<tr><td colspan="2">纳税人公章：
会计主管：

填表日期：　年　月　日</td><td>代理申报中介机构公章：
经办人：
经办人执业证件号码：
代理申报日期：　年　月　日</td><td colspan="2">主管税务机关受理专用章：
受理人：

受理日期：　年　月　日</td></tr>
</table>

表 5-3　中华人民共和国企业所得税月（季）度预缴和年度纳税申报表（B 类，2015 年版）

税款所属期间：　　年　月　日至　　年　月　日

纳税人识别号：□□□□□□□□□□□□□□□□□□

纳税人名称：　　　　　　　　　　　　　　　　金额单位：人民币元（列至角分）

<table>
<tr><th colspan="3">项　目</th><th>行　次</th><th>累计金额</th></tr>
<tr><td colspan="5">一、以下由按应税所得率计算应纳所得税额的企业填报</td></tr>
<tr><td rowspan="14">应纳税所得额的计算</td><td rowspan="11">按收入总额核定应纳税所得额</td><td>收入总额</td><td>1</td><td></td></tr>
<tr><td>减：不征税收入</td><td>2</td><td></td></tr>
<tr><td>　　免税收入</td><td>3</td><td></td></tr>
<tr><td>其中：国债利息收入</td><td>4</td><td></td></tr>
<tr><td>　　　地方政府债券利息收入</td><td>5</td><td></td></tr>
<tr><td>　　　符合条件的居民企业之间股息红利等权益性收益</td><td>6</td><td></td></tr>
<tr><td>　　　符合条件的非营利组织收入</td><td>7</td><td></td></tr>
<tr><td>　　　其他免税收入</td><td>8</td><td></td></tr>
<tr><td>应税收入额（1 行–2 行–3 行）</td><td>9</td><td></td></tr>
<tr><td>税务机关核定的应税所得率（%）</td><td>10</td><td></td></tr>
<tr><td>应纳税所得额（9 行×10 行）</td><td>11</td><td></td></tr>
<tr><td rowspan="3">按成本费用核定应纳税所得额</td><td>成本费用总额</td><td>12</td><td></td></tr>
<tr><td>税务机关核定的应税所得率（%）</td><td>13</td><td></td></tr>
<tr><td>应纳税所得额［12 行÷（100%–13 行）×13 行］</td><td>14</td><td></td></tr>
<tr><td colspan="2" rowspan="2">应纳所得税额的计算</td><td>税率（25%）</td><td>15</td><td></td></tr>
<tr><td>应纳所得税额（11 行×15 行或 14 行×15 行）</td><td>16</td><td></td></tr>
<tr><td colspan="2" rowspan="4">应补（退）所得税额的计算</td><td>减：符合条件的小型微利企业减免所得税额</td><td>17</td><td></td></tr>
<tr><td>其中：减半征税</td><td>18</td><td></td></tr>
<tr><td>已预缴所得税额</td><td>19</td><td></td></tr>
<tr><td>应补（退）所得税额（16 行–17 行–19 行）</td><td>20</td><td></td></tr>
</table>

续表

<table>
<tr><td colspan="5">项　目</td><td>行　次</td><td>累 计 金 额</td></tr>
<tr><td colspan="7">二、以下由税务机关核定应纳所得税额的企业填报</td></tr>
<tr><td colspan="5">税务机关核定应纳所得税额</td><td>21</td><td></td></tr>
<tr><td>预缴申报时填报</td><td colspan="6">是否属于小型微利企业：　是□　否□</td></tr>
<tr><td rowspan="2">年度申报时填报</td><td>所属行业：</td><td></td><td colspan="3">从业人数：</td><td></td></tr>
<tr><td>资产总额：</td><td></td><td colspan="3">国家限制和禁止行业：</td><td>是□
否□</td></tr>
<tr><td colspan="7">谨声明：此纳税申报表是根据《中华人民共和国企业所得税法》《中华人民共和国企业所得税法实施条例》和国家有关税收规定填报的，是真实的、可靠的、完整的。
法定代表人（签字）：　年　月　日</td></tr>
<tr><td colspan="2">纳税人公章：
会计主管：

填表日期：　年　月　日</td><td colspan="3">代理申报中介机构公章：
经办人：
经办人执业证件号码：
代理申报日期：　年　月　日</td><td colspan="2">主管税务机关受理专用章：
受理人：

受理日期：　年　月　日</td></tr>
</table>

国家税务总局监制

在实际纳税申报中，纳税人可以按照实际应纳税额选择具体的纳税申报表进行填报。其相关表格的格式及填报说明可以在各级税务局的网站上下载。

能 力 训 练

一、单项选择题

1．根据《企业所得税法》的规定，下列属于企业所得税纳税人的有（　　）。

A．某国有企业　　B．个人

C．合伙企业　　D．个人独资企业

2．下列利息收入中，不计入企业所得税应纳税所得额的是（　　）。

A．企业债券利息　　B．外单位欠款付给的利息收入

C．国债利息收入　　D．银行存款利息收入

3．下列各项中，根据《企业所得税法》的规定，适用 25%税率的有（　　）。

A．符合条件的小型微利企业

B．国家重点扶持的高新技术企业

C．在中国境内设有机构场所，且所得与机构场所有实际联系的非居民企业

D．在中国境内设有机构场所，但所得与该机构场所没有实际联系的非居民企业

4．某工业企业 2020 年销售货物收入 3 000 万元，出租设备收入 300 万元，包装物出租收入 100 万元，视同销售货物收入 600 万元，转让一间仓库收入 70 万元，接受捐赠收入 20 万元，债务重组收益 10 万元，当年实际发生业务招待费 30 万元，该企业当年可在企业所得税前列支的业务招待费的金额为（　　）万元。

A．18　　B．20　　C．30　　D．22

5．某企业司机张某驾驶企业小汽车违章行驶造成车辆报废，该车账面净值为10万元，保险公司给予赔偿6万元，企业要求张某赔偿3万元，则该车可在企业所得税前扣除的净损失为（　　）万元。

A．10　　B．4　　C．3　　D．1

6．境外某公司在中国境内未设立机构、场所，2020年取得境内甲公司支付的贷款利息收入100万元，取得转让给境内乙公司不动产净收益20万元。2020年度该境外公司在我国应缴纳的企业所得税是（　　）万元。

A．12　　B．14　　C．18　　D．36

7．创业投资企业采取股权投资方式，投资于未上市的中小高新技术企业2年以上的，可按其投资额的（　　）比例抵扣该创业投资企业的企业所得税的应纳税所得额。

A．50%　　B．60%　　C．70%　　D．80%

8．依据企业所得税法的规定，财务会计制度与税收法规的规定不同而产生的差异，在计算企业所得税应纳税所得额时，应按照税收法规的规定进行调整。下列各项中，属于时间性差异，需要确认递延所得税资产的有（　　）。

A．业务招待费产生的差异　　B．职工福利费产生的差异

C．职工工会费用产生的差异　　D．职工教育经费产生的差异

9．2020年某居民企业购买规定的安全生产专用设备用于生产经营，取得的增值税普通发票上注明设备价款11.7万元。已知2019年企业发生亏损20万元。2020年度企业税前会计利润60万元，不存在纳税调整事项，2020年度该企业实际应缴纳企业所得税（　　）万元。

A．10　　B．8.83　　C．15　　D．11.7

10．在一个纳税年度内，居民企业技术转让所得不超过（　　）的部分，免征企业所得税，超过部分，减半征收企业所得税。

A．100万元　　B．800万元　　C．500万元　　D．50万元

11．甲公司2020年度企业所得税应纳税所得额1 000万元，减免税额10万元，抵免税额20万元。已知企业所得税税率为25%，甲公司当年应纳所得税额（　　）。

A．220万元　　B．240万元　　C．250万元　　D．230万元

12．2020年8月1日，甲公司与乙公司签订一项销售合同，采用预收款方式销售一批商品，并于8月10日收到全部货款。甲公司8月20日发出商品，乙公司8月21日收到该批商品。根据企业所得税法律制度的规定，甲公司（　　）确定销售收入。

A．8月10日　　B．8月20日　　C．8月21日　　D．8月1日

13．甲公司2020年9月销售一批产品，含增值税价格45.2万元。由于购买数量多，甲公司给予购买方9折优惠，销售额和折扣额在同一张发票“金额栏”内分别显示，增值税税率13%。甲公司应确认的产品销售收入为（　　）万元。

A．36　　B．40.68　　C．40　　D．45.2

14．依据企业所得税法律制度规定，下列各项中，属于不征税收入的是（　　）。

A．接受捐赠收入　　B．销售货物收入

C．国债利息收入　　D．财政拨款

15．甲公司2020年取得销售货物收入1 000万元，发生的与生产经营活动有关的业务招待费支出6万元。甲公司2020年度准予扣除的业务招待费是（　　）万元。

A．6　　B．5　　C．2.4　　D．3.6

16．甲公司为居民企业，主要从事医药制造与销售业务，2020年取得销售药品收入5 000万元，房屋租金收入200万元，许可他人使用本公司专利特许权使用费收入1 000万元，接受捐赠收入50万元。发生符合条件的广告费支出2 100万元。甲公司2020年度准予扣除的广告费是（　　）万元。

A．1 860　　B．2 100　　C．930　　D．3.6

17．甲公司2020年实现会计利润总额300万元，预缴企业所得税税额60万元，在“营业外支出”账户中列支了通过公益性社会组织向灾区捐款38万元。甲公司当年应补缴企业所得税税额（　　）万元。

A．24.5　　B．15　　C．24　　D．15.5

18．甲企业因业务需要，经某具有合法经营资格的中介机构介绍与乙企业签订一份买卖合同，合同金额为20万元。甲企业向该中介机构支付佣金2万元。甲企业在计算当年应纳税所得额时，该笔佣金准予扣除的金额为（　　）万元。

A．0.5　　B．1.5　　C．1　　D．2

19．根据企业所得税法律制度的规定，关于在中国境内未设立机构、场所的非居民企业取得的来源于中国境内的所得，其应纳税所得额确定的下列表述中，不正确的是（　　）。

A．股息所得以收入全额为应纳税所得额

B．转让财产所得以收入全额为应纳税所得额

C．特许权使用费所得以收入全额为应纳税所得额

D．租金所得以收入全额为应纳税所得额

二、多项选择题

1．纳税人下列行为视同销售确认企业所得税收入的有（　　）。

A．将货物用于对外投资　　B．将商品用于对外捐赠

C．将产品用于职工福利　　D．将产品用于不动产在建工程

2．企业所得税会计核算应设置的账户有（　　）。

A．“递延所得税负债”　　B．“所得税费用”

C．“应交税费——应交所得税”　　D．“递延所得税资产”

3．我国企业所得税的法定税率档次有（　　）。

A．25%　　B．20%　　C．15%　　D．10%

4．国家对从事符合条件的环境保护、节能节水项目的所得税收优惠政策有（　　）。

A．自项目取得第一笔生产经营收入所属纳税年度起，第一年至第三年免征企业所得税

B．第一年至第三年减半征收企业所得税

C．第四年至第六年减半征收企业所得税

D．减按 20%的税率征收企业所得税

5．依据企业所得税税收优惠政策的规定，下列收入中，属于免税收入的有（　　）。

A．企业购买国债的利息收入　　B．非营利组织从事营利活动取得的收入

C．企业转让国债的收益　　D．非营利组织从事非营利活动取得的收入

6．下列可以当期直接或分期间接在企业所得税前扣除的税金有（　　）。

A．企业所得税　　B．购买材料允许抵扣的增值税进项税额

C．消费税　　D．车辆购置税

7．下列支出中，符合真实性教育原则的前提下，可以从企业所得税应纳税所得额中直接据实扣除的有（　　）。

A．违约金

B．诉讼费

C．通过省级人民政府机关对受灾地区捐赠

D．实际发生的业务招待费

8．下列在计算企业所得税应纳税所得额时不得扣除的项目有（　　）。

A．向投资者支付的股息、红利等权益性投资收益款项

B．企业为职工子女入托支付给幼儿园的非广告性质的赞助支出

C．企业违反销售协议被采购方索取的罚款

D．企业违反食品卫生法被政府处以的罚款

9．下列项目可以享有加计扣除的有（　　）。

A．企业安置残疾人员所支付的工资

B．企业购置节水专用设备

C．企业开发新技术、新产品、新工艺发生的研究开发费用

D．企业购进节能环保专用设备的投资

10．依据企业所得税法律制度的规定，下列资产中，可以采用加速折旧方法的有（　　）。

A．常年处于强震动状态的固定资产

B．常年处于高腐蚀状态的固定资产

C．单独估价作为固定资产入账的土地

D．由于技术进步原因产品更新换代较快的固定资产

11．依据企业所得税法律制度规定，下列关于来源于中国境内、境外所得确定原则的表述中，正确的有（　　）。

A．转让不动产所得，按照不动产所在地确定

B．股息所得，按照分配股息所得的企业所在地确定

C．销售货物所得，按照交易活动发生地确定

D．提供劳务所得，按照劳务发生地确定

12．下列各项中，在计算企业所得税应纳税所得额时，应计入收入总额的有（　　）。

A．转让专利权收入　　B．债务重组收入

C．接受捐赠收入　　D．确实无法偿付的应付款项

13．依据企业所得税法律制度规定，企业缴纳的下列税金中，准予在企业所得税税前扣除的有（　　）。

A．增值税　　B．消费税　　C．土地增值税　　D．印花税

14．依据企业所得税法律制度规定，下列无形资产中，应当以该资产的公允价值和支付的相关税费为计税基础的有（　　）。

A．薪炭林　　B．产畜　　C．役畜　　D．经济林

15．甲公司为居民企业，2020 年发生下列业务取得的收入中，应当计入甲公司当年企业所得税应纳税所得额的有（　　）。

A．接受乙企业给予的捐赠　　B．收取的丙企业支付的违约金

C．举办业务技能培训收取的培训费　　D．收取的未到期的包装物押金

三、判断题（正确的打“√”，错误的打“×”）

（　　）1．根据企业所得税法的规定，将自产的产品用于加工另一种商品，将自产的商品用于不动产在建工程，将自产的产品用于管理部门，不计入收入缴纳企业所得税。

（　　）2．为经过 6 个月建造才能达到预定可使用状态的存货发生借款的，该存货建造企业发生的合理的借款费用应当资本化，在发生当期不允许扣除。

（　　）3．财政拨款和国债利息收入都属于不征税收入，不计入应纳税所得额缴纳企业所得税。

（　　）4．企业境外分支机构发生亏损，不可以用境内总机构的所得弥补。

（　　）5．除税收法律、行政法规另有规定外，居民企业以企业登记注册地为企业所得税的纳税地点。

（　　）6．非金融企业向非金融企业借款的利息支出，可据实扣除。

（　　）7．非居民企业和小型微利企业一样减按 10%的税率征收企业所得税。

（　　）8．资产、负债的账面价值与其计税基础不同产生可抵扣暂时性差异的，在估计未来期间能够取得足够的应纳税所得额用以利用该可抵扣暂时性差异时，应当以很可能取得用来抵扣可抵扣暂时性差异的应纳税所得额为限，确认相关的递延所得税资产。

（　　）9．企业所得税分月或分季预缴年终汇算清缴的，年终汇算清缴是在年度终了后 4 个月内。

（　　）10．在中国境内未设立机构、场所的，或者虽设立机构、场所但取得的所得与其所设机构、场所没有实际联系的非居民企业，以扣缴义务人所在地为纳税地点。

（　　）11．企业从事海水养殖项目的所得，免征企业所得税。

（　　）12．甲公司于 2020 年向法国的乙公司出售一处位于中国境内的房产，乙公司在法国将房款支付给了甲公司在法国的分支机构，就该笔转让所得，甲公司有义务向中国主管税务机关申报缴纳企业所得税。

（　　）13．企业为在本企业任职或者受雇的全体员工支付的补充养老保险、补充医疗保险，不得在企业所得税税前扣除。

（　　）14．企业以前年度发生的资产损失，属于实际资产损失的，准予追补至该项损失发生年度扣除，其追补确认期限一般不得超过 5 年。

（　　）15．企业承包建设国家重点扶持的公共基础设施项目，可以自该承包项目取得第一笔生产经营收入所属纳税年度起，第 1 年至第 3 年免征企业所得税，第 4 年至第 6 年减半征收企业所得税。

四、计算题

1．2020 年某居民企业主营业务收入 5 000 万元，营业外收入 80 万元，与收入配比的成本为 4 100 万元，全年发生管理费用、销售费用和财务费用共计 700 万元，营业外支出 60 万元（其中符合规定的公益性捐赠支出 50 万元），2019 年度经核定结转的亏损额 30 万元。该企业当年无其他纳税调整事项，计算该企业 2020 年度应缴纳的企业所得税。

2．2020 年某居民企业实现商品销售收入 2 000 万元，发生现金折扣 100 万元，接受捐赠收入 100 万元，转让无形资产所有权收入 20 万元。该企业当年实际发生业务招待费 30 万元，广告费 240 万元，业务宣传费 80 万元。计算该企业当年度可税前扣除的业务招待费、广告费、业务宣传费合计费用为多少？

3．某软件生产企业为居民企业，2020 年实际发生的合理的工资支出 500 万元，职工福利费支出 90 万元，工会经费 12 万元，职工教育经费 60 万元，其中职工培训费用 40 万元。假定该企业无其他纳税调整事项，2020 年该企业计算应纳税所得额时，应调增应纳税所得额是多少？

4．某居民企业 2020 年有关所得税会计处理的资料如下：（1）本年度税前会计利润 90 万元，所得税税率为 25%；（2）国债利息收入 3 万元，公司债券利息收入 2.25 万元；（3）直接投资其他居民企业分回股利收入 12.75 万元；（4）本年度按会计规定计算折旧 6 万元，折旧费用全部计入当期损益，按税法规定可在应纳税所得额前扣除的折旧费用为 3 万元。计算本年度应缴纳的企业所得税、本期应确认的递延所得税资产或递延所得税负债、当期的所得税费用，并做出相应的会计处理。

5．甲企业为增值税一般纳税人，主要生产 A 牌电视机，2019 年度实现会计利润 800 万元，全年已累计预缴企业所得税税款 200 万元。2020 年年初，该企业财务人员对 2019 年度企业所得税进行汇算清缴，相关财务资料和汇算清缴企业所得税计算情况如下：（1）销售 A 牌电视机取得不含增值税销售收入 6 000 万元，同时收取安装费用 50 万元（不含税），取得国债利息收入 50 万元，企业债券利息收入 12 万元；（2）发生符合规定的财务费用 150 万元；（3）发生销售费用 1 500 万元，其中广告费 750 万元，业务宣传费 180 万元；（4）发生管理费用 320 万元，其中业务招待费 60 万元；（5）发生营业外支出 90 万元，其中通过当地民政部门向公益事业捐赠 80 万元，因拖欠税款被税务机关加收滞纳金 6 万元。

已知，甲企业的其他财务资料中的内容均符合税法规定，企业所得税税率为 25%。要求：根据上述资料，分析指出该企业财务人员在汇算清缴企业所得税时存在的不合法之处，简要说明理由（计算结果保留至小数点后两位）。

五、综合分析题

某境内企业，2020 年度生产经营情况如下：

（1）取得不含税收入 4 500 万元，其他业务销售收入 300 万元；（2）发生主营业务成本 1 900 万元，实际缴纳增值税 700 万元，税金及附加 80 万元，其他业务成本 100 万元；（3）销售费用 1 500 万元，其中广告费 800 万元，业务宣传费 20 万元；（4）管理费用 500 万元，其中含业务招待费 50 万元、研究开发新产品费用 40 万元；（5）财务费用 80 万元，其中含向非金融机构（非关联方）借款 1 年的利息支出 50 万元，借款年利率为 10%（银行同期同贷款年利率为 6%）；（6）营业外支出 30 万元，其中含向购货商支付违约金 5 万元，接受工商局罚款 1 万元，通过政府部门向贫困地区捐款 20 万元；（7）投资收益 18 万元，是直接从投资外地非上市的居民企业而分回的利润 17 万元和国债利息收入 1 万元；（8）该企业账面会计利润 628 万元。已预缴企业所得税 157 万元。

要求：计算该企业 2020 年度应纳税所得额，应补缴的企业所得税，并做出相应的会计分录（计量单位为万元）。

项目六

个人所得税涉税实务

学习目标

知识目标：了解个人所得税的纳税人和征税对象；掌握个人所得税的计税依据、应纳税额的计算，以及个人所得税的纳税申报和税款缴纳；熟悉个人所得税涉税业务的会计处理。

技能目标：个人所得税有关会计处理，个人所得税纳税申报办法。

素质目标：培养学生树立纳税光荣、人人有责的意识。

重难点：判断应征收的个人所得税适用税率，学会个人所得税应纳税额的计算，能进行个人所得税的涉税会计业务处理。

案例导入

2017 年 3 月，甲在 A 银行购入国库券 5 万元。2020 年 3 月，该期国库券到期还本付息，甲除收回本金外，还取得利息 7 500 元。请问：甲需要缴纳个人所得税吗？

【案例解析】甲取得的国债利息，免纳个人所得税。因此，甲不需要缴纳个人所得税。

个人所得税是以自然人取得的各类应税所得为征税对象而征收的一种所得税。

任务一　个人所得税概述

重要提示

国家税务总局 2018 年 9 月 7 日发布《关于做好个人所得税改革过渡期政策贯彻落实的通知》（税总函〔2018〕484 号），2018 年 12 月 18 日中华人民共和国国务院令第 707 号对个人所得税法进行第四次修订，新税法从 2019 年 1 月 1 日起全面实施。

一、纳税义务人

个人所得税的纳税义务人包括中国公民、个体工商户、个人独资企业投资者、合伙企业投资者，以及在中国有所得的外籍人员（包括无国籍人员，下同）和港澳台同胞。个人所得税的纳税人根据住所和居住时间有两个标准，分为居民纳税人和非居民纳税人，分别承担不同的纳税义务。个人所得税纳税义务人具体内容如表 6-1 所示。

表 6-1　个人所得税纳税义务人

纳税义务人	判 定 标 准	征税对象范围
居民纳税人 （负无限纳税义务）	（1）在中国境内有住所的个人 （2）在中国境内无住所，而一个纳税年度内在中国境内居住累计满 183 天的个人	境内所得 境外所得
非居民纳税人 （负有限纳税义务）	（1）在中国境内无住所且不居住的个人 （2）无住所而一个纳税年度内在中国境内居住累计不满 183 天的个人	境内所得

重要提示

（1）个人所得税法所称在中国境内有住所，是指因户籍、家庭、经济利益关系而在中国境内习惯性居住；所称从中国境内和境外取得的所得，分别是指来源于中国境内的所得和来源于中国境外的所得。

（2）纳税年度，自公历 1 月 1 日起至 12 月 31 日止。

（3）在中国境内无住所的个人，在中国境内居住累计满 183 天的年度连续不满 6 年的，经向主管税务机关备案，其来源于中国境外且由境外单位或者个人支付的所得，免予缴纳个人所得税；在中国境内居住累计满 183 天的任一年度中有一次离境超过 30 天的，其在中国境内居住累计满 183 天的年度的连续年限重新起算。例如，李先生为中国香港居民，在深圳工作，每周一早上来深圳上班，周五晚上回香港。周一和周五当天停留都不足 24 小时，因此不计入境内居住天数，再加上周六、周日 2 天也不计入，这样，每周可计入的天数仅为 3 天，按全年 52 周计算，李先生全年在境内居住天数为 156 天，未超过 183 天，不构成居民个人，李先生取得的全部境外所得，就可免缴个人所得税。

（4）在中国境内无住所的个人，在一个纳税年度内在中国境内居住累计不超过 90 天的，其来源于中国境内的所得，由境外雇主支付并且不由该雇主在中国境内的机构、场所负担的部分，免予缴纳个人所得税。

个人所得税以所得人为纳税人，以支付所得的单位或者个人为扣缴义务人。

扣缴义务人向个人支付应税款项时，应当依照个人所得税法规定预扣或代扣税款，按时缴库，并专项记载备查。税务机关对扣缴义务人按照所扣缴的税款，给付 2%的手续费。

二、征税对象

个人所得税的征税对象是个人取得的各项应税所得。具体包括以下九项内容。

（一）工资、薪金所得，免税补贴、津贴，免税奖金

1. 工资、薪金所得

工资、薪金所得是指个人因任职或者受雇而取得的工资、薪金、奖金、年终加薪、劳动分红、津贴、补贴及任职或者受雇有关的其他所得。

重要提示

下列项目不属于工资、薪金性质的补贴、津贴，不予征收个人所得税：

① 独生子女补贴；② 执行公务员工资制度未纳入基本工资总额的补贴、津贴差额和家属成员的副食补贴；③ 托儿补助费；④ 差旅费津贴、误餐补贴（不包括单位以误餐补助名义发给职工的补助、津贴）。

2. 免税补贴、津贴

按照国务院规定发给的政府特殊津贴、院士津贴，以及国务院规定免纳个人所得税的其他补贴、津贴，免征个人所得税。

3. 免税奖金

省级人民政府，国务院部委和中国人民解放军军以上单位，以及外国组织，国际组织颁发的科学、教育、技术、文化、卫生、体育、环境保护等方面的奖金，免征个人所得税。

（二）劳务报酬所得

劳务报酬所得，是指个人从事劳务取得的所得，包括从事设计、装潢、安装、制图、化验、测试、医疗、法律、会计、咨询、讲学、翻译、审稿、书画、雕刻、影视、录音、录像、演出、表演、广告、展览、技术服务、介绍服务、经纪服务、代办服务以及其他劳务取得的所得。

重要提示

劳务报酬所得是个人独立从事非雇用的各种劳务取得的所得。

（三）稿酬所得

稿酬所得，是指个人作品以图书、报刊形式出版、发表取得的所得。

（四）特许权使用费所得

特许权使用费所得，指个人提供专利权、商标权、著作权、非专利技术以及其他特许权的使用权取得的所得；提供著作权的使用权取得的所得，不包括稿酬所得。

（五）经营所得

（1）个体工商户从事生产、经营活动取得的所得，个人独资企业投资人、合伙企业的个人合伙人来源于境内注册的个人独资企业、合伙企业生产、经营的所得。

（2）个人依法从事办学、医疗、咨询以及其他有偿服务活动取得的所得。

（3）个人对企业、事业单位承包经营、承租经营以及转包、转租取得的所得。

（4）个人从事其他生产、经营活动取得的所得。

（六）利息、股息、红利所得

利息、股息、红利所得，是指个人拥有债权、股权而取得的利息、股息、红利所得。

（七）财产租赁所得

财产租赁所得，指个人出租不动产、机器设备、车船以及其他财产取得的所得。

（八）财产转让所得

财产转让所得，指个人转让有价证券、股权、建筑物、土地使用权、机器设备、车船及其他财产取得的所得。对股票转让所得征收个人所得税的办法，由国务院另行规定，并报全国人民代表大会常务委员会备案。

（1）对个人转让自用达 5 年以上并且是家庭唯一生活用房取得的所得，暂免征收个人所得税。

（2）对个人转让境内上市公司股票（非限售股）所得，暂不（免）征收个人所得税。

对个人转让境内上市公司限售股所得，按照“财产转让所得”适用 20%的比例税率征收个人所得税。

（3）个人将投资于在中国境内成立的企业或组织（不包括个人独资企业和合伙企业）的股权或股份，转让给其他个人或者法人的行为，按照“财产转让所得”依法计算缴纳个人所得税。

（九）偶然所得

偶然所得，是指个人得奖、中奖、中彩及其他偶然性质所得。

（1）个人取得单张有奖发票奖金所得不超过 800 元（含 800 元）的，暂免征收个人所得税；个人取得单张有奖发票奖金所得超过 800 元的，应全额按照个人所得税法规定的“偶然所得”征收个人所得税。

（2）对个人购买社会福利有奖募捐奖券一次中奖收入不超过 1 万元的暂免征收个人所得税，对一次中奖收入超过 1 万元的，应按税法规定全额征税。

重要提示

居民个人取得上述第一项至第四项所得（以下称综合所得），按纳税年度合并计算个人所得税；非居民个人取得上述第一项至第四项所得，按月或者按次分项计算个人所得税。纳税人取得上述第五项至第九项所得，依照规定分别计算个人所得税。

即学即思

下列项目中，属于劳务报酬所得的是（　　）。

A. 个人书画展卖画取得的报酬

B. 提供著作的版权而取得的报酬

C. 将国外的作品翻译出版取得的报酬

D. 高校教师受出版社委托进行审稿取得的报酬

答案：A、D。提供著作的版权而取得的报酬及将国外的作品翻译出版取得的报酬属于稿酬所得。

三、个人所得税税率

综合所得，适用 3%～45%的超额累进税率（见表 6-2）。

经营所得，适用 5%～35%的超额累进税率（见表 6-3）。

利息、股息、红利所得，财产租赁所得，财产转让所得和偶然所得，适用比例税率，税率为 20%。

（一）综合所得适用税率

综合所得适用七级超额累进税率，税率为 3%～45%。新税制综合所得税税率如表 6-2 所示。

表 6-2　综合所得个人所得税税率表

级　数	全年应纳税所得额	税率（%）	速算扣除数（元）
1	不超过 36 000 元的	3	0
2	超过 36 000 元至 144 000 元的部分	10	2 520
3	超过 144 000 元至 300 000 元的部分	20	16 920
4	超过 300 000 元至 420 000 元的部分	25	31 920
5	超过 420 000 元至 660 000 元的部分	30	52 920
6	超过 660 000 元至 960 000 元的部分	35	85 920
7	超过 960 000 元的部分	45	181 920

重要提示

表 6-2 中，全年应纳税所得额是指依照税法的规定，以每年收入总额减除三险一金、减除费用 6 万元及各专项附加扣除后的余额。非居民个人取得的工资、薪金所得，劳务报酬所得，稿酬所得和特许权使用费所得，按月换算后计算应纳税额。

（二）经营所得适用税率

经营所得适用 5%～35%的五级超额累进税率，如表 6-3 所示。

表 6-3　经营所得个人所得税税率表

级　　数	全年应纳税所得额	税率（%）	速算扣除数（元）
1	不超过 30 000 元的	5	0
2	超过 30 000 元至 90 000 元的部分	10	1 500
3	超过 90 000 元至 300 000 元的部分	20	10 500
4	超过 300 000 元至 500 000 元的部分	30	40 500
5	超过 500 000 元的部分	35	65 500

重要提示

表 6-3 中，全年应纳税所得额是指以每一纳税年度的收入总额，减除成本、费用以及损失后的余额。取得经营所得的个人，没有综合所得的，计算其每一纳税年度的应纳税所得额时，应当减除费用 6 万元、专项扣除、专项附加扣除以及依法确定的其他扣除。专项

附加扣除在办理汇算清缴时减除。从事生产、经营活动，未提供完整、准确的纳税资料，不能正确计算应纳税所得额的，由主管税务机关核定应纳税所得额或者应纳税额。

课后练习

1.（多选题）下列征收个人所得税的奖项有（　　）。

A. 电台有奖竞猜中奖　　B. 体育奖券中奖　　C. 福利奖券中奖

D. 商场抽奖中奖　　E. 有奖储蓄中奖　　F. 省政府颁发的体育比赛奖

2.（判断题）退休工资也属于工资、薪金所得，也应缴纳个人所得税。（　　）

任务二　个人所得税应纳税额的计算

个人所得税应纳税额的计算

案例导入

李先生是无锡市一公司职员（中国公民），2020 年 1～12 月收入情况如下：（1）每月取得工资收入 9 000 元（已扣除社保费用）；（2）3 月取得特许权使用费所得 50 000 元；（3）4 月取得从上市公司分配的股息、红利所得 20 000 元。

要求：假设李先生没有其他专项扣除费用，根据上述资料，计算李先生综合所得应缴纳的个人所得税；计算股息、红利应缴纳的个人所得税。

【案例解析】（1）综合所得应缴纳的个人所得税：

全年工资薪金所得=9 000×12=108 000（元）

特许权使用费所得=50 000×（1–20%）=40 000（元）

综合所得应纳税额=（108 000+40 000–60 000）×10%–2 520=6 280（元）

（2）股息、红利应缴纳的个人所得税：

20 000×50%×20%=2 000（元）

个人所得税的计税依据是纳税人取得的应纳税所得额。所谓应纳税所得额，是以某项应税收入额减去税法规定的该项费用减除标准之后的余额。由于个人所得税应税所得的项目不同，因此，计算个人所得税的应纳税所得额，需按不同应税所得项目分项计算。

居民个人的综合所得，以每一纳税年度的收入额减除费用 6 万元以及专项扣除、专项附加扣除和依法确定的其他扣除后的余额，为应纳税所得额。

非居民个人的工资、薪金所得，以每月收入额减除费用 5 000 元后的余额为应纳税所得额；劳务报酬所得、稿酬所得、特许权使用费所得，以每次收入额为应纳税所得额。

劳务报酬所得、稿酬所得、特许权使用费所得以收入减除 20%的费用后的余额为收入额。稿酬所得的收入额减按 70%计算。

一、综合所得的计税方法

（一）工资、薪金所得应纳税额的计算

1. 居民个人应纳税额的计算

应纳税额=（每一纳税年度收入额–专项扣除–60 000–专项附加扣除–依法确定的其他扣除）×适用税率–速算扣除数

2. 非居民个人应纳税额的计算

应纳税额=（每月税前收入额–5 000）×适用税率–速算扣除数

3. 专项附加扣除

个税专项附加扣除（全称为个人所得税专项附加扣除），是指个人所得税法规定的子女教育、继续教育、大病医疗、住房贷款利息、住房租金和赡养老人等六项专项附加扣除，是落实新修订的个人所得税法的配套措施之一。

（1）子女教育。

纳税人的子女接受全日制学历教育的相关支出，按照每个子女每月 1 000 元的标准定额扣除。学历教育包括义务教育（小学、初中教育）、高中阶段教育（普通高中、中等职业、技工教育)、高等教育（大学专科、大学本科、硕士研究生、博士研究生教育）。

重要提示

父母可以选择由其中一方按扣除标准的100%扣除，也可以选择由双方分别按扣除标准的50%扣除，具体扣除方式在一个纳税年度内不能变更。

（2）继续教育。

纳税人在中国境内接受学历（学位）继续教育的支出，在学历（学位）教育期间按照每月 400 元定额扣除。同一学历（学位）继续教育的扣除期限不能超过 48 个月。纳税人接受技能人员职业资格继续教育、专业技术人员职业资格继续教育的支出，在取得相关证书的当年，按照 3 600 元定额扣除。

重要提示

个人接受本科及以下学历（学位）继续教育，符合扣除条件的，可以选择由其父母扣除，也可以选择由本人扣除。

（3）大病医疗。

在一个纳税年度内，纳税人发生的与基本医保相关的医药费用支出，扣除医保报销后个人负担（指医保目录范围内的自付部分）累计超过 15 000 元的部分，由纳税人在办理年度汇算清缴时，在 80 000 元限额内据实扣除。

重要提示

纳税人发生的医药费用支出可以选择由本人或者其配偶扣除；未成年子女发生的医药费用支出可以选择由其父母一方扣除。

（4）住房贷款利息。

纳税人本人或者配偶单独或者共同使用商业银行或者住房公积金个人住房贷款为本人或者其配偶购买中国境内住房，发生的首套住房贷款利息支出，在实际发生贷款利息的年度，按照每月 1 000 元的标准定额扣除，扣除期限最长不超过 240 个月。纳税人只能享受一次首套住房贷款的利息扣除。

重要提示

经夫妻双方约定，可以选择由其中一方扣除，具体扣除方式在一个纳税年度内不能变更。

（5）住房租金。

纳税人在主要工作城市没有自有住房而发生的住房租金支出，可以按照以下标准定额扣除：

① 直辖市、省会（首府）城市、计划单列市以及国务院确定的其他城市，扣除标准为每月 1 500 元；

② 除第一项所列城市以外，市辖区户籍人口超过 100 万人的城市，扣除标准为每月 1 100 元；市辖区户籍人口不超过 100 万人的城市，扣除标准为每月 800 元。

重要提示

夫妻双方主要工作城市相同的，只能由一方扣除住房租金支出。住房租金支出由签订租赁住房合同的承租人扣除。纳税人及其配偶在一个纳税年度内不能同时分别享受住房贷款利息和住房租金专项附加扣除。

（6）赡养老人。

纳税人赡养一位及以上被赡养人的赡养支出，统一按照以下标准定额扣除：

① 纳税人为独生子女的，按照每月 2 000 元的标准定额扣除；

② 纳税人为非独生子女的，由其与兄弟姐妹分摊每月 2 000 元的扣除额度，每人分摊的额度不能超过每月 1 000 元。可以由赡养人均摊或者约定分摊，也可以由被赡养人指定分摊。约定或者指定分摊的须签订书面分摊协议，指定分摊优先于约定分摊。具体分摊方式和额度在一个纳税年度内不能变更。

重要提示

被赡养人是指年满 60 岁的父母，以及子女均已去世的年满 60 岁的祖父母、外祖父母。

例题 6-1

假设 2020 年中国境内某公司职员张丰全年取得工资、薪金收入 180 000 元。当地规定的社会保险和住房公积金个人缴存比例为：基本养老保险 8%，基本医疗保险 2%，失业保险 0.5%，住房公积金 12%。张丰缴纳社保费核定的月缴费工资基数为 10 000 元。张丰正在偿还首套住房贷款及利息；张丰为独生子，其独生子正在就读大学二年级；张丰父母均已年过 60 岁。张丰夫妇商定由张丰扣除住房贷款利息和子女教育费。请计算张丰应缴纳的 2020 年个人所得税税额。

答案：张丰 2020 年个人所得额=180 000–5 000×12（法定减除费用）–10 000×（8%+2%+0.5%+12%）×12（专项扣除）–1 000×12（子女教育专项扣除）–1 000×12（住房贷款利息专项扣除）–2 000×12（赡养老人专项扣除）=45 000（元）

张丰应缴纳的 2020 年个人所得税税额=45 000×10%–2 520=1 980（元）

即学即思

某职工 2020 年 1 月取得由该企业发放的工资收入 10 000 元，假设应缴纳的五险一金按工资收入的 22%扣除，没有其他扣除项目。请计算该职工本月应缴纳的个人所得税税额。

答案：

（1）应纳税所得额=10 000–10 000×22%–5 000=2 800（元）

（2）应纳个人所得税税额=2 800×3%–0=84（元）

4. 扣缴义务人向居民个人支付工资、薪金所得时，应当按照累计预扣法计算预扣税款，并按月办理扣缴申报

累计预扣法，是指扣缴义务人在一个纳税年度内预扣预缴税款时，以纳税人在本单位截至当前月份工资、薪金所得累计收入减除累计免税收入、累计减除费用、累计专项扣除、累计专项附加扣除和累计依法确定的其他扣除后的余额为累计预扣预缴应纳税所得额，再减除累计减免税额和累计已预扣预缴税额，其余额为本期应预扣预缴税额。余额为负值时，暂不退税。纳税年度终了后余额仍为负值时，由纳税人通过办理综合所得年度汇算清缴，税款多退少补。公式如下：

本期应预扣预缴税额=（累计预扣预缴应纳税所得额×预扣率–速算扣除数）–累计减免税额–累计已预扣预缴税额

累计预扣预缴应纳税所得额=累计收入–累计免税收入–累计减除费用–累计专项扣除–累计专项附加扣除–累计依法确定的其他扣除

其中：累计减除费用，按照 5 000 元/月乘以纳税人当年截至本月在本单位的任职受雇月份数计算。

例题 6-2

公司员工张三 2020 年 1 月工资 15 000 元； 2 月工资 45 000 元；3 月工资 15 000 元。有一个正在上小学的儿子，首套住房贷款利息支出为每月 1 000 元；父母健在，张三是独

生子女。五险一金每月缴纳 3 000 元，并购买了符合条件的商业健康保险每月 200 元。计算张三每月应代扣代缴的个人所得税税额。

① 2020 年 1 月：

应纳税所得额=15 000–5 000（累计减除费用）–3 000（累计专项扣除）–4 000（累计专项附加扣除）–200（累计依法确定的其他扣除）=2800（元）

应纳税额=2 800×3%=84（元）

② 2020 年 2 月：

应纳税所得额=60 000（累计收入）–10 000（累计减除费用）–6 000（累计专项扣除）–8 000（累计专项附加扣除）–400（累计依法确定的其他扣除）=35 600（元）

应纳税额=35 600×3%=1 068–84（已预缴预扣税额）=984（元）

③ 2020 年 3 月：

应纳税所得额=75 000（累计收入）–15 000（累计基本减除费用）–9 000（累计专项扣除）–12 000（累计专项附加扣除）–600（累计依法确定的其他扣除）=38 400（元）

应纳税额=38 400×10%–2 520–1 068（已预缴预扣税额）=252（元）

（二）劳务报酬所得的计税方法

劳务报酬所得以收入减除 20%的费用后的余额为收入额。

重要提示

非居民个人的劳务报酬所得，以每次收入额为应纳税所得额。

劳务报酬所得应纳税所得额的计算公式如下。

应纳税所得额=每次收入额×（1–20%）

例题 6-3

纳税人刘某一次取得表演收入 40 000 元，计算其应纳税所得额。

答案：应纳税所得额=40 000×（1–20%）=32 000（元）

重要提示

个人未经政府有关部门批准举办学习班、培训班的，其取得的办班收入属于“劳务报酬所得”应税项目，按其规定计征个人所得税。

（三）稿酬所得的计税方法

稿酬所得以收入减除 20%的费用后的余额为收入额，稿酬所得的收入额减按 70%计算。

稿酬所得应纳税所得额的计算公式如下。

应纳税所得额=每次收入额×（1–20%）×70%

重要提示

非居民个人的稿酬所得，以每次收入额为应纳税所得额。

例题 6-4

某作家取得一次未扣除个人所得税的稿酬收入 40 000 元，请计算应纳税所得额。

答案：应纳税所得额=40 000×（1–20%）×70%=22 400（元）

（四）特许权使用费所得的计税方法

特许权使用费所得以收入减除 20%的费用后的余额为收入额；非居民个人的特许权使用费所得，以每次收入额为应纳税所得额。

特许权使用费应纳税所得额的计算公式如下。

应纳税所得额=每次收入额×（1–20%）

例题 6-5

刘某转让一项专利技术，取得转让收入 60 000 元，计算应纳税所得额。

答案：应纳税所得额=60 000×（1–20%）=48 000（元）

重要提示

扣缴义务人向居民个人支付劳务报酬所得、稿酬所得、特许权使用费所得时，应当按照以下方法按次或者按月预扣预缴税款：

劳务报酬所得、稿酬所得、特许权使用费所得以收入减除费用后的余额为收入额；其中，稿酬所得的收入额减按 70%计算。

减除费用：预扣预缴税款时，劳务报酬所得、稿酬所得、特许权使用费所得每次收入不超过 4 000 元的，减除费用按 800 元计算；每次收入 4 000 元以上的，减除费用按收入的 20%计算。

应纳税所得额：劳务报酬所得、稿酬所得、特许权使用费所得，以每次收入额为预扣预缴应纳税所得额，计算应预扣预缴税额。劳务报酬所得适用个人所得税预扣率表如表 6-4 所示，稿酬所得、特许权使用费所得适用 20%的比例预扣率。

居民个人办理年度综合所得汇算清缴时，应当依法计算劳务报酬所得、稿酬所得、特许权使用费所得的收入额，并入年度综合所得计算应纳税款，税款多退少补。

表 6-4　劳务报酬所得适用个人所得税预扣率表

级　数	每次应纳税所得额	预扣率（%）	速算扣除数（元）
1	不超过 20 000 元的部分	20	0
2	超过 20 000 元至 50 000 元的部分	30	2 000
3	超过 50 000 元的部分	40	7 000

二、经营所得的计税方法

个体工商户业主、个人独资企业投资者、合伙企业个人合伙人以及从事其他生产、经营活动的个人，以其每一纳税年度的收入总额，减除成本、费用、税金、损失、其他支出、允许弥补的以前年度亏损及费用60 000元后的余额为应纳税所得额。

应纳税额=（收入总额–成本费用及损失–60 000）×适用税率–速算扣除数

（一）一般规定

个体工商户业主、个人独资企业投资者、合伙企业个人合伙人以及从事其他生产、经营活动的个人从事生产经营及与生产经营有关的活动（以下简称生产经营）取得的货币形式和非货币形式的各项收入，为收入总额，包括销售货物收入、提供劳务收入、转让财产收入、利息收入、租金收入、接受捐赠收入、其他收入。

（1）成本费用税金是指个体工商户业主、个人独资企业投资者、合伙企业个人合伙人以及从事其他生产、经营活动的个人在生产经营活动中发生的销售成本、销货成本、业务支出、销售费用、管理费用和财务费用以及除个人所得税和允许抵扣的增值税以外的各项税金及其附加。

（2）损失是指个体工商户业主、个人独资企业投资者、合伙企业个人合伙人以及从事其他生产、经营活动的个人在生产经营活动中发生的固定资产和存货的盘亏、毁损、报废损失，转让财产损失，坏账损失，自然灾害等不可抗力因素造成的损失及其他损失。

个体工商户业主、个人独资企业投资者、合伙企业个人合伙人以及从事其他生产、经营活动的个人发生的损失，减除责任人赔偿和保险赔款后的余额，参照财政部、国家税务总局有关企业资产损失税前扣除的规定进行扣除。

重要提示

个体工商户纳税年度发生的亏损，准予向以后年度结转，用以后年度的生产经营所得弥补，但结转年限最长不得超过5年。

（二）具体规定

（1）个体工商户向其从业人员实际支付的合理的工资、薪金支出，允许在税前据实扣除。个体工商户业主的工资、薪金支出不得税前扣除。

重要提示

2019年1月1日起，个体工商户业主的费用扣除标准统一确定为60 000元/年。

（2）除个体工商户依照国家有关规定为特殊工种从业人员支付的人身安全保险费和财政部、国家税务总局规定可以扣除的其他商业保险费外，个体工商户业主本人或者为从业人员支付的商业保险费，不得扣除。个体工商户业主、个人独资和合伙企业的投资者自行购买符合条件的商业健康保险产品的，在不超过 2 400 元/年的标准内据实扣除。一年内保费金额超过 2 400 元的部分，不得在个人所得税前扣除。

（3）个体工商户拨缴的工会经费、发生的职工福利费、职工教育经费支出分别在工资薪金总额 2%、14%、2.5%的标准内据实扣除。

（4）个体工商户每一纳税年度发生的广告费和业务宣传费用不超过当年销售（营业）收入 15%的部分，可据实扣除；超过部分，准予在以后纳税年度结转扣除。

（5）个体工商户按照国务院有关主管部门或者省级人民政府规定的范围和标准为其业主和从业人员缴纳的基本养老保险费、基本医疗保险费、失业保险费、生育保险费、工伤保险费和住房公积金，准予扣除。

个体工商户为从业人员缴纳的补充养老保险费、补充医疗保险费，分别在不超过从业人员工资总额 5%标准内的部分据实扣除；超过部分，不得扣除。

个体工商户业主本人缴纳的补充养老保险费、补充医疗保险费，以当地（地级市）上年度社会平均工资的 3 倍为计算基数，分别在不超过该计算基数 5%标准内的部分据实扣除；超过部分，不得扣除。

（6）个体工商户每一纳税年度发生的与其生产经营业务直接相关的业务招待费支出，按照发生额的 60%扣除，但最高不得超过当年销售（营业）收入的 5‰。

（7）个体工商户在生产、经营期间借款利息支出，凡有合法证明的，不高于按金融机构同类、同期贷款利率计算的数额部分，准予扣除。

（8）个体工商户和从事生产、经营的个人，取得与生产、经营活动无关的各项应税所得，应分别适用各应税项目的规定计算征收个人所得税。

（9）个体工商户研究开发新产品、新技术、新工艺所发生的开发费用，以及研究开发新产品、新技术而购置单台价值在 10 万元以下的测试仪器和试验性装置的购置费准予直接扣除；单台价值在 10 万元以上（含 10 万元）的测试仪器和试验性装置，按固定资产管理，不得在当期直接扣除。

（10）个体工商户生产经营活动中，应当分别核算生产经营费用和个人、家庭费用。对于生产经营与个人、家庭生活混用难以分清的费用，其 40%视为与生产经营有关费用，准予扣除。

（11）个体工商户通过公益性社会团体或者县级以上人民政府及其部门，用于规定的公益性事业的捐赠，捐赠额不超过其应纳税所得额 30%的部分可以据实扣除；个体工商户直接对受益人的捐赠不得扣除。

（12）个体工商户下列支出不得扣除：

① 个人所得税税款。

② 税收滞纳金。

③ 罚金、罚款和被没收财物的损失。

④ 不符合扣除规定的捐赠支出。

⑤ 赞助支出。

⑥ 用于个人和家庭的支出。

⑦ 与取得生产经营收入无关的其他支出。

⑧ 国家税务总局规定不准扣除的支出。

例题 6-6

某个体工商户 2020 年度有关经营情况如下：（1）取得经营收入 1 400 000 元。（2）发生经营成本 520 000 元。（3）发生相关经营税费 39 000 元。（4）发生业务招待费用 20 000 元。（5）6 月 10 日购买小货车一辆，支出 60 000 元，按 4 年期限折旧（不考虑残值）。（6）共有雇员 6 人，人均月工资 1 500 元；个体户老板每月领取工资 4 000 元。（7）当年 1 月 1 日向某担保公司借入流动资金 100 000 元，年利率 12%，期限 1 年，同期银行贷款利率为 7.2%。（8）对外投资，分得股息 30 000 元。（9）8 月 10 日，通过当地民政部门向舟曲特大泥石流灾区捐款 100 000 元。要求：根据上述资料，计算该个体户 2020 年应缴纳的个人所得税。

答案：（1）业务招待费按实际发生额的 60%扣除，但最高不得超过销售（营业）收入的 5‰。按实际发生额计算扣除额=20 000×60%=12 000（元）。

按收入计算扣除限额=1 400 000×5‰=7 000（元），按规定扣除 7 000 元。

（2）购买小货车的费用 60 000 元应作固定资产处理。

应扣除的折旧费用=60 000÷4÷12×6=7 500（元）

（3）雇员工资可按实际数扣除，雇主工资不得扣除。

（4）非金融机构的借款利息费用按同期银行的利率计算扣除，超过部分不得扣除。

利息费用扣除限额=100 000×7.2%=7 200（元）

（5）对外投资分回的股息 30 000 元，按股息项目单独计算缴纳个人所得税。

分回股息应纳个人所得税=30 000×20%=6 000（元）

（6）通过当地民政部门对舟曲特大泥石流灾区捐款，允许在当年个人所得税税前全额扣除。可按实际捐赠额 100 000 元扣除。

该个体工商户 2020 年应缴纳个人所得税计算如下。

（1）未扣除捐赠的应纳税所得额=1 400 000–520 000–39 000–7 000–7 500–60 000–（1 500×6×12）–7 200=651 300（元）

（2）2020 年经营所得应缴纳个人所得税=（651 300–100 000）×35% –65 500=127 455（元）

（3）股息应纳个人所得税=6 000（元）

（4）该个体工商户 2020 年应缴纳个人所得税=127 455+6 000=133 455（元）

即学即思

某人于 2020 年 1 月 1 日与某单位签订承包合同经营快捷酒店，承包期为 2 年，2020 年实现承包经营利润 103 000 元，按合同规定承包人每年应从承包经营利润中上缴承包费 20 000 元，计算承包人 2020 年应纳个人所得税税额。

答案：（1）2020 年应纳税所得额=103 000–20 000–（5 000×12）=23 000（元）

（2）2020 年应纳税额=23 000×5%–750=400（元）

三、利息、股息、红利所得的计税方法

个人取得利息、股息、红利所得，以每次收入额作为应纳税所得额，以支付利息、股息、红利时取得的收入为一次，适用税率 20%。利息、股息、红利所得应纳税额的计算公式为：

应纳税额=应纳税所得额×适用税率=每次收入额×20%

重要提示

国债和国家发行的金融债券利息免税；储蓄存款利息所得暂免征个人所得税。

例题 6-7

甲是 A 公司股东，于 2020 年 11 月取得 A 公司分配的股息 5 000 元；同时转让持有的 B 公司一半的股票，B 公司于 2020 年 6 月分派现金股利 10 000 元。计算甲应纳个人所得税税额。

答案：应纳个人所得税税额=5 000×20%+10 000×50%×20%×50%=1 500（元）

四、财产租赁所得的计税方法

财产租赁所得应纳税额的计算公式如表 6-5 所示。

表 6-5　财产租赁所得应纳税额的计算公式

项　　目	内容及公式
每次（月）收入不超过 4 000 元的	应纳税所得额=每次（月）收入额−财产租赁过程中缴纳的税费−修缮费用−800 应纳税额=应纳税所得额×适用税率
每次（月）收入超过 4 000 元的	应纳税所得额=［每次（月）收入额−财产租赁过程中缴纳的税费−修缮费用］×（1−20%） 应纳税额=应纳税所得额×适用税率

重要提示

（1）财产租赁所得一般以个人每次取得的收入，定额或定率减除规定费用后的余额作为应纳税所得额。

（2）准予扣除的项目是指出租财产过程中缴纳的税费，包括能够提供有效、准确凭证，证明由纳税人负担的该出租财产实际开支的修缮费用。

（3）允许扣除的修缮费用，以每次 800 元为限。一次扣除不完的，准予在下一次继续扣除，直到扣完为止。

（4）税法规定的费用扣除标准为 800 元或 20%，具体内容如表 6-5 所示。

（5）财产租赁所得适用 20%的比例税率。但对个人按市场价格出租的居民住房取得的

所得，减按10%的税率征收个人所得税。

例题 6-8

刘某于2020年1月将其自有的面积为150平方米的4间房屋出租给张某居住。刘某每月取得不含增值税租金收入2 500元，全年不含增值税租金收入30 000元。计算刘某全年租金收入应缴纳的个人所得税。

答案：财产租赁收入以每月取得的收入为一次，按市场价出租给个人居住适用10%的税率，因此刘某每月及全年应纳税额为：

每月应纳税额=（2 500−800）×10%=170（元）

全年应纳税额=170×12=2 040（元）

即学即思

居住在市区的中国居民李某为一中外合资企业的职员，2020年4月1日至6月30日，前往B国参加培训，出国期间将其国内自己的小汽车出租给他人使用，每月取得不含增值税租金5 000元。另外，小汽车出租每月应缴纳相关税费 275元。计算李某小汽车租金收入应缴纳的个人所得税。

答案：租金收入应缴纳的个人所得税=（5 000−275）×（1−20%）×20%×3=2 268（元）

五、财产转让所得的计税方法

财产转让所得应纳税额的计算公式为：

应纳税额=应纳税所得额×适用税率=（收入总额−财产原值−合理费用）×20%

财产原值，按照下列方法确定：

（1）有价证券，为买入价以及买入时按照规定缴纳的有关费用；

（2）建筑物，为建造费或者购进价格以及其他有关费用；

（3）土地使用权，为取得土地使用权所支付的金额、开发土地的费用以及其他有关费用；

（4）机器设备、车船，为购进价格、运输费、安装费以及其他有关费用。

合理费用，是指卖出财产时按照规定支付的有关税费。

例题 6-9

居住在无锡市区的中国居民李某，2020年11月以每份218元的价格转让2019年的企业债券500份，发生相关税费870元，债券申购价每份200元，申购时支付相关税费350元。要求：计算李某转让有价证券所得应纳个人所得税。

答案：（1）应纳税所得额=（218−200）×500−870−350 =7 780（元）

（2）应纳个人所得税=7 780×20%=1 556（元）

即学即思

我国公民张先生为国内某企业高级技术人员，3 月转让购买的三居室精装修房屋一套，售价 240 万元，转让过程中支付的相关税费为 13.8 万元。该套房屋的购进价为 110 万元，购房过程中支付的相关税费为 3 万元。所有税费支出均取得合法凭证。要求：计算张先生转让房屋所得应缴纳的个人所得税。

答案：（1）应纳税所得额=240–110–13.8–3=113.2（万元）

（2）应纳税额=113.2×20%=22.64（万元）

六、偶然所得的计税方法

偶然所得应纳税额的计算公式为：

应纳税额=应纳税所得额×适用税率=每次收入额×20%

例题 6-10

陈某在参加商场的有奖销售过程中，中奖所得共计价值 20 000 元。陈某领奖时告知商场，从中奖收入中拿出 4 000 元通过教育部门向某希望小学捐赠。请按照规定计算商场代扣代缴个人所得税后陈某实际可得的中奖金额。

答案：（1）根据税法有关规定，陈某的捐赠额可以全部从应纳税所得额中扣除（因为 4 000÷20 000=20%，小于捐赠扣除比例 30%）。

（2）应纳税所得额=偶然所得–捐赠额=20 000–4 000=16 000（元）

（3）应纳税额（商场代扣税款）=应纳税所得额×适用税率=16 000×20%=3 200（元）

（4）陈某实际可得金额=20 000–4 000–3 200=12 800（元）

重要提示

根据《中华人民共和国个人所得税法》及其《实施条例》的规定，个人将其所得向教育事业和其他公益事业捐赠的部分，按照国务院有关规定从应纳税所得中扣除。个人将其所得对教育事业和其他公益事业的捐赠，是指个人将其所得通过中国境内的社会团体、国家机关向教育和其他公益事业及遭受严重自然灾害地区、贫困地区的捐赠。捐赠额未超过纳税人申报的应纳税所得额 30%的部分，可从其应纳税所得额中扣除。

课后练习

中国公民张某是某市一公司职员，2020 年 1—12 月收入情况如下：（1）每月取得工资收入 8 100 元；（2）年终取得奖金 20 000 万元（并入综合所得计算纳税）；（3）3 月在报刊上发表文章取得稿酬所得 3 800 元；（4）4 月取得劳务报酬 5 600 元；（5）4 月在参加商场的有奖销售过程中，中奖 7 500 元；（6）6 月将一处房产销售，取得收入 200 000 元，该房产去年购入价格为 120 000 元，销售过程中缴纳相关税费 20 000 元。假设不考虑其他扣除项目金额，计算张某 2020 年应缴纳的个人所得税。

任务三　个人所得税的会计处理

一、代扣代缴个人所得税的会计处理

工资、薪金所得应纳的所得税，由支付工资、薪金所得的单位代扣代缴。扣缴义务人代扣代缴个人所得税，在“应交税费”科目下设置“代扣代缴个人所得税”明细科目核算。代扣个人所得税时，借记“应付职工薪酬”科目，贷记“应交税费——代扣代缴个人所得税”科目；实际缴纳个人所得税时，借记“应交税费——代扣代缴个人所得税”科目，贷记“银行存款”科目。

例题 6-11

某公司 2020 年 6 月应付工资总额为 700 000 元，其中：生产工人工资 450 000 元，车间管理人员工资 100 000 元，公司管理人员工资 150 000 元；按税法规定代扣代缴个人所得税 60 000 元。请问该公司应如何进行会计处理？

答案：（1）分配工资费用时：

借：生产成本	450 000	
制造费用	100 000	
管理费用	150 000	
贷：应付职工薪酬		700 000

（2）支付工资并代扣个人所得税时：

借：应付职工薪酬	700 000	
贷：银行存款		640 000
应交税费——代扣代缴个人所得税		60 000

（3）缴纳个人所得税时：

借：应交税费——代扣代缴个人所得税	60 000	
贷：银行存款		60 000

二、个体工商户、个人独资企业、合伙企业所得税的会计处理

个体工商户、个人独资企业、合伙企业所得税，通过留存利润和“应交税费——应交个人所得税”科目核算。

例题 6-12

某个体企业经过主管税务机关核定，2020 年按月预缴个人所得税 5 000 元，年末计算全年应缴纳个人所得税 72 000 元。请问该公司应如何进行会计处理？

答案：（1）每月预缴个人所得税时：

借：应交税费——应交个人所得税　　　　5 000

　　贷：银行存款　　　　5 000

（2）年终汇算应缴纳个人所得税时：

借：所得税费用　　　　72 000

　　贷：应交税费——应交个人所得税　　　　72 000

（3）补缴个人所得税时：

借：应交税费——应交个人所得税　　　　12 000

　　贷：银行存款　　　　12 000

课后练习

九州公司 2020 年 12 月应支付职工工资总额为 10.6 万元，根据有关规定，结算应交个人所得税 3 200 元。要求：计算该公司代扣代缴个人所得税的账务处理。

（1）发放工资，结转代扣代缴的个人所得税时：

借：应付职工薪酬　　　　3 200

　　贷：应交税费——代扣代缴个人所得税　　　　3 200

（2）以银行存款缴纳个人所得税时：

借：应交税费——代扣代缴个人所得税　　　　3 200

　　贷：银行存款　　　　3 200

任务四　个人所得税的纳税申报

一、纳税申报的一般规定

（一）有下列情形之一的，纳税人应当依法办理纳税申报

（1）取得综合所得需要办理汇算清缴。具体包括以下情形：

① 从两处以上取得综合所得，且综合所得年收入额减除专项扣除的余额超过 6 万元。

② 取得劳务报酬所得、稿酬所得、特许权使用费所得中一项或者多项所得，且综合所得年收入额减除专项扣除的余额超过 6 万元。

③ 纳税年度内预缴税额低于应纳税额。

④ 纳税人申请退税。纳税人申请退税，应当提供其在中国境内开设的银行账户，并在汇算清缴地就地办理税款退库。

（2）取得应税所得没有扣缴义务人。

（3）取得应税所得，扣缴义务人未扣缴税款。

（4）取得境外所得。

（5）因移居境外注销中国户籍。

（6）非居民个人在中国境内从两处以上取得工资、薪金所得。

（7）国务院规定的其他情形。

重要提示

国家税务总局2021年第2号公告：经国务院批准，依据《财政部 税务总局关于个人所得税综合所得汇算清缴涉及有关政策问题的公告》有关规定，纳税人在2020年度已依法预缴个人所得税且符合下列情形之一的，无须办理年度汇算：①年度汇算需补税但综合所得收入全年不超过12万元的；②年度汇算需补税金额不超过400元的；③已预缴税额与年度应纳税额一致或者不申请退税的。

（二）纳税方法及纳税期限

（1）居民个人取得综合所得，按年计算个人所得税，由纳税人在月度或者季度终了后15日内向税务机关报送纳税申报表，并预缴税款；有扣缴义务人的，由扣缴义务人按月或者按次预扣预缴税款；需要办理汇算清缴的，应当在取得所得的次年3月1日至6月30日内办理汇算清缴。

（2）居民个人向扣缴义务人提供专项附加扣除信息的，扣缴义务人按月预扣预缴税款时应当按照规定予以扣除，不得拒绝。

（3）非居民个人取得工资、薪金所得，劳务报酬所得，稿酬所得和特许权使用费所得，有扣缴义务人的，由扣缴义务人按月或者按次代扣代缴税款，不办理汇算清缴。

（4）纳税人取得经营所得，按年计算个人所得税，由纳税人在月度或者季度终了后15日内向税务机关报送纳税申报表，并预缴税款；在取得所得的次年3月31日前办理汇算清缴。

（5）纳税人取得利息、股息、红利所得，财产租赁所得，财产转让所得和偶然所得，按月或者按次计算个人所得税，有扣缴义务人的，由扣缴义务人按月或者按次代扣代缴税款。

（6）纳税人取得应税所得没有扣缴义务人的，应当在取得所得的次月15日内向税务机关报送纳税申报表，并缴纳税款。

（7）纳税人取得应税所得，扣缴义务人未扣缴税款的，纳税人应当在取得所得的次年6月30日前缴纳税款；税务机关通知限期缴纳的，纳税人应当按照期限缴纳税款。

（8）居民个人从中国境外取得所得的，应当在取得所得的次年3月1日至6月30内申报纳税。

（9）非居民个人在中国境内从两处以上取得工资、薪金所得的，应当在取得所得的次月 15 日内申报纳税。

（10）纳税人因移居境外注销中国户籍的，应当在注销中国户籍前办理税款清算。

（11）扣缴义务人每月或者每次预扣、代扣的税款，应当在次月 15 日内缴入国库，并向税务机关报送扣缴个人所得税申报表。

（12）纳税人办理汇算清缴退税或者扣缴义务人为纳税人办理汇算清缴退税的，税务机关审核后，按照国库管理的有关规定办理退税。

重要提示

纳税人可通过办税服务厅（场所）、自然人税收管理系统（WEB 端、扣缴客户端）办理，具体地点和网址可从省（自治区、直辖市和计划单列市）税务局网站“纳税服务”栏目查询。

（三）其他规定

（1）两个或者两个以上的个人共同取得同一项收入的，应当对每个人取得的收入分别按照个人所得税法规定减除费用后计算纳税。

（2）居民个人从境内和境外取得的综合所得或者经营所得，应当分别合并计算应纳税额；从境内和境外取得的其他所得应当分别单独计算应纳税额。

（3）个人独资企业、合伙企业及个人从事其他生产、经营活动在境外营业机构的亏损，不得抵减境内营业机构的盈利。

（4）居民个人从中国境外取得的所得，可以从其应纳税额中抵免已在境外缴纳的个人所得税税额，但抵免额不得超过该纳税人境外所得依照个人所得税法规定计算的应纳税额。

二、个人所得税税收优惠

（1）下列各项个人所得，免征个人所得税。

① 省级人民政府、国务院部委和中国人民解放军军以上单位，以及外国组织、国际组织颁发的科学、教育、技术、文化、卫生、体育、环境保护等方面的奖金。

② 国债和国家发行的金融债券利息。

③ 按照国务院规定发给的政府特殊津贴、院士津贴，以及国务院规定免纳个人所得税的其他补贴、津贴。

④ 福利费、抚恤金、救济金。

⑤ 保险赔款。

⑥ 军人的转业费、复员费、退役金。

⑦ 按照国家统一规定发给干部、职工的安家费、退职费、基本养老金或者退休费、离休费、离休生活补助费。

⑧ 依照有关法律规定应予免税的各国驻华使馆、领事馆的外交代表、领事官员和其他

人员的所得。

⑨ 中国政府参加的国际公约、签订的协议中规定免税的所得。

⑩ 对外籍个人取得的探亲费免征个人所得税。

⑪ 按照国家规定，单位为个人缴付和个人缴付的住房公积金、基本医疗保险费、基本养老保险费、失业保险费，从纳税义务人的应纳税所得额中扣除。

⑫ 个人取得的拆迁补偿款。

⑬ 国务院规定的其他免税所得。

（2）有下列情形之一的，可以减征个人所得税，具体幅度和期限，由省、自治区、直辖市人民政府规定，并报同级人民代表大会常务委员会备案。

① 残疾、孤老人员和烈属的所得。

② 因自然灾害遭受重大损失的。

③ 国务院可以规定其他减税情形，报全国人民代表大会常务委员会备案。

（3）个人通过非营利的社会团体和国家机关向红十字事业、农村义务教育、公益性青少年活动场所、福利性老年服务机构等的捐赠，在计算缴纳个人所得税时，准予在税前的所得额中全额扣除。

（4）个人将其所得对教育、扶贫、济困等公益慈善事业进行捐赠，捐赠额未超过纳税人申报的应纳税所得额 30%的部分，可以从其应纳税所得额中扣除；国务院规定对公益慈善事业捐赠实行全额税前扣除的，从其规定。

（5）居民个人从中国境外取得的所得，可以从其应纳税额中抵免已在境外缴纳的个人所得税税额，但抵免额不得超过该纳税人境外所得依照本法规定计算的应纳税额。

（6）居民个人取得工资、薪金所得时，可以向扣缴义务人提供专项附加扣除有关信息，由扣缴义务人扣缴税款时减除专项附加扣除。纳税人同时从两处以上取得工资、薪金所得，并由扣缴义务人减除专项附加扣除的，对同一专项附加扣除项目，在一个纳税年度内只能选择从一处取得的所得中减除。

三、个人所得税纳税申报实务操作

无锡市泰康公司销售总监王强 2020 年度个人所得基本收入情况如下：

（1）每月应发工资 11 000 元，三险一金合计扣款 1 600 元，另外，年终取得奖金 48 000 元（并入综合所得计算应纳税额）。

（2）出租房屋给红心公司，每月取得租金收入 4 000 元，每月缴纳增值税 200 元。

（3）承包经营某超市，全年实现利润 187 000 元，上缴承包费用 36 000 元。王强承包超市全年已预缴个人所得税 5 900 元。

（4）完成某公司营销策划方案，取得报酬 5 000 元。

（5）发表文章，从杂志社取得稿酬 1 000 元。

（6）转让专利权给红心公司，取得收入 15 000 元。

（7）转让设备一套，取得收入 9 000 元，该设备原价 8 000 元，支付转让费用 100 元。

（8）参加公司抽奖活动，中二等奖 2 000 元。

（9）年终取得公司分红 32 000 元，取得国债利息收入 1 800 元，取得企业债券利息收入 2 600 元。

假设不考虑其他专项附加扣除项目，计算王强应缴纳的个人所得税。

实务操作解答：

（1）工资应纳税所得额=（11 000−1 600）×12+48 000=160 800（元）

（2）劳务报酬应纳税所得额=5 000×（1−20%）=4 000（元）

（3）稿酬应纳税所得额=1 000×（1−20%）×（1−30%）=560（元）

（4）转让专利权应纳税所得额=15 000×（1−20%）=12 000（元）

王强综合所得应缴纳的个人所得税=（160 800+4 000+560+12 000−60 000）×10%−2 520= 117 360×10%−2 520 =9 216（元）

王强可以在次年的 3 月 1 日—6 月 31 日在“个人所得税手机 App”上进行综合所得纳税申报汇算清缴，多退少补。

（5）财产租赁应纳所得税=（4 000−200−800）×20%×12=7 200（元）

（6）承包经营应纳所得税=（187 000−36 000−5 000×12）×20%−10 500=7 700（元）

（7）转让设备应纳所得税=（9 000−8 000−100）×20%=180（元）

（8）偶然所得应纳所得税=2 000×20%=400（元）

（9）利息、股息、红利所得应纳所得税=（32 000+2 600）×20%=6 920（元）

个人所得税年度自行纳税申报表（A 表）的填制如表 6-6 所示。

表 6-6　个人所得税年度自行纳税申报表（A 表）

（仅取得境内综合所得年度汇算适用）

税款所属期：2020 年 1 月 1 日至 2020 年 12 月 31 日

纳税人姓名：王强

纳税人识别号：320203********0065　　　　金额单位：人民币元（列至角分）

<table>
<tr><td colspan="6">基本情况</td></tr>
<tr><td>手机号码</td><td>13861****97</td><td>电子邮箱</td><td>**@163.com</td><td>邮政编码</td><td>214100</td></tr>
<tr><td>联系地址</td><td colspan="5">江苏 省（区、市） 无锡 市 滨湖 区（县） ** 街道（乡、镇）______</td></tr>
<tr><td colspan="6">纳税地点（单选）</td></tr>
<tr><td colspan="4">1. 有任职受雇单位的，需选本项并填写“任职受雇单位信息”：</td><td colspan="2">☑ 任职受雇单位所在地</td></tr>
<tr><td rowspan="2">任职受雇单位信息</td><td>名称</td><td colspan="4">无锡市泰康公司</td></tr>
<tr><td>纳税人识别号</td><td colspan="4">320300197402157241</td></tr>
<tr><td colspan="4">2. 没有任职受雇单位的，可以从本栏次选择一地：</td><td colspan="2">☐ 户籍所在地　☐经常居住地</td></tr>
<tr><td colspan="2">户籍所在地/经常居住地</td><td colspan="4">____省（区、市）____市____区（县）____街道（乡、镇）____</td></tr>
<tr><td colspan="6">申报类型（单选）</td></tr>
<tr><td colspan="3">☑ 首次申报</td><td colspan="3">☐更正申报</td></tr>
<tr><td colspan="6">综合所得个人所得税计算</td></tr>
</table>

续表

项　目	行次	金　额
一、收入合计（第 1 行=第 2 行+第 3 行+第 4 行+第 5 行）	1	153 000
（一）工资、薪金	2	132 000
（二）劳务报酬	3	5 000
（三）稿酬	4	1 000
（四）特许权使用费	5	15 000
二、费用合计［第 6 行=（第 3 行+第 4 行+第 5 行）×20%］	6	4 200
三、免税收入合计（第 7 行=第 8 行+第 9 行）	7	240
（一）稿酬所得免税部分［第 8 行=第 4 行×（1-20%）×30%］	8	240
（二）其他免税收入（附报《个人所得税减免税事项报告表》）	9	
四、减除费用	10	60 000
五、专项扣除合计（第 11 行=第 12 行+第 13 行+第 14 行+第 15 行）	11	19 200
（一）基本养老保险费	12	
（二）基本医疗保险费	13	
（三）失业保险费	14	
（四）住房公积金	15	
六、专项附加扣除合计（附报《个人所得税专项附加扣除信息表》）（第 16 行=第 17 行+第 18 行+第 19 行+第 20 行+第 21 行+第 22 行）	16	
（一）子女教育	17	
（二）继续教育	18	
（三）大病医疗	19	
（四）住房贷款利息	20	
（五）住房租金	21	
（六）赡养老人	22	
七、其他扣除合计（第 23 行=第 24 行+第 25 行+第 26 行+第 27 行+第 28 行）	23	
（一）年金	24	
（二）商业健康保险（附报《商业健康保险税前扣除情况明细表》）	25	
（三）税延养老保险（附报《个人税收递延型商业养老保险税前扣除情况明细表》）	26	
（四）允许扣除的税费	27	
（五）其他	28	
八、准予扣除的捐赠额　（附报《个人所得税公益慈善事业捐赠扣除明细表》）	29	
九、应纳税所得额（第 30 行=第 1 行-第 6 行-第 7 行-第 10 行-第 11 行-第 16 行-第 23 行-第 29 行）	30	69 360
十、税率（%）	31	10%
十一、速算扣除数	32	2 520
十二、应纳税额（第 33 行=第 30 行×第 31 行-第 32 行）	33	4 416
全年一次性奖金个人所得税计算（无住所居民个人预判为非居民个人取得的数月奖金，选择按全年一次性奖金计税的填写本部分）		

续表

<table>
<tr><th colspan="4">项　　目</th><th>行次</th><th>金　　额</th></tr>
<tr><td colspan="4">一、全年一次性奖金收入</td><td>34</td><td>48 000</td></tr>
<tr><td colspan="4">二、准予扣除的捐赠额（附报《个人所得税公益慈善事业捐赠扣除明细表》）</td><td>35</td><td></td></tr>
<tr><td colspan="4">三、税率（%）</td><td>36</td><td>10%</td></tr>
<tr><td colspan="4">四、速算扣除数</td><td>37</td><td></td></tr>
<tr><td colspan="4">五、应纳税额［第 38 行=（第 34 行-第 35 行）×第 36 行-第 37 行］</td><td>38</td><td>4 800</td></tr>
<tr><td colspan="6">税额调整</td></tr>
<tr><td colspan="4">一、综合所得收入调整额（需在“备注”栏说明调整具体原因、计算方式等）</td><td>39</td><td></td></tr>
<tr><td colspan="4">二、应纳税额调整额</td><td>40</td><td></td></tr>
<tr><td colspan="6">应补/退个人所得税计算</td></tr>
<tr><td colspan="4">一、应纳税额合计（第 41 行=第 33 行+第 38 行+第 40 行）</td><td>41</td><td>9 216</td></tr>
<tr><td colspan="4">二、减免税额（附报《个人所得税减免税事项报告表》）</td><td>42</td><td></td></tr>
<tr><td colspan="4">三、已缴税额</td><td>43</td><td></td></tr>
<tr><td colspan="4">四、应补/退税额（第 44 行=第 41 行-第 42 行-第 43 行）</td><td>44</td><td></td></tr>
<tr><td colspan="6">无住所个人附报信息</td></tr>
<tr><td>纳税年度内在中国境内居住天数</td><td colspan="2"></td><td colspan="2">已在中国境内居住年数</td><td></td></tr>
<tr><td colspan="6">退税申请
（应补/退税额小于 0 的填写本部分）</td></tr>
<tr><td colspan="6">□ 申请退税（需填写“开户银行名称”“开户银行省份”“银行账号”）　　□ 放弃退税</td></tr>
<tr><td>开户银行名称</td><td colspan="2"></td><td>开户银行省份</td><td colspan="2"></td></tr>
<tr><td>银行账号</td><td colspan="5"></td></tr>
<tr><td colspan="6">备注</td></tr>
<tr><td colspan="6"></td></tr>
<tr><td colspan="6">谨声明：本表是根据国家税收法律法规及相关规定填报的，本人对填报内容（附带资料）的真实性、可靠性、完整性负责。

纳税人签字：　　　　年　　月　　日</td></tr>
<tr><td colspan="3">经办人签字：
经办人身份证件类型：
经办人身份证件号码：
代理机构签章：
代理机构统一社会信用代码：</td><td colspan="3">受理人：

受理税务机关（章）：

受理日期：　　　年　　月　　日</td></tr>
</table>

国家税务总局监制

能 力 训 练

一、单项选择题

1. 在中国境内有住所，并在中国境内的外商投资企业、外国企业工作取得工资、薪金的个人，缴纳个人所得税时允许扣除的费用标准是（ ）。

A．每月 3 500 元　　B．每月减除收入的 20%

C．每月 5 000 元　　D．每月 4 800 元

2．财产转让所得应以转让所得收入减除财产原值和（ ）后的余额，作为个人所得税的应纳税所得额。

A．800 元　　B．转让收入的 10%～30%

C．财产原值的 10%～30%　　D．合理费用

3．王某为中国居民，2020 年取得特许权使用费两次，一次收入为 3 000 元，另一次收入为 4 500 元。王某两次特许权使用费所得应纳税所得额为（ ）元。

A．6 000　　B．1 200　　C．5 800　　D．1 160

4．企事业单位的承包、承租经营所得必要费用的扣除是指（ ）。

A．生产、经费成本　　B．收入总额的 20%

C．按月扣除 5 000 元　　D．从收入总额中扣除 800 元或 20%

5．某国有企业宣告破产，分配给某职工的一次性安置费为 60 000 元，当地上年企业职工平均工资为 6 600 元，则该职工应当缴纳的个人所得税为（ ）。

A．免征个人所得税　　B．11 745 元

C．8 865 元　　D．6 275 元

6．个体工商业户的生产经营所得应纳税额的缴纳方法是（ ）。

A．代扣代缴

B．按月纳税

C．按年纳税

D．按年计算，分月预缴，年终汇算清缴，多退少补

7．个人所得税扣缴义务人每月所扣的税款，自行申报纳税人每月应纳的税款都应当在（ ）内缴入国库。

A．次月 30 日　　B．次月 20 日　　C．次月 15 日　　D．次月 10 日

8．非居民个人的下列收入中按月征收个人所得税的是（ ）。

A．特许权使用费所得　　B．工资薪金

C．劳务报酬所得　　D．稿酬

9．某院校教授为某单位从事技术改造，所得到的报酬应按（ ）项目缴纳个人所得税。

A．劳务报酬　　B．工资、薪金所得

C．偶然所得　　D．奖金

10．居民个人取得的综合所得，按（ ）计算个人所得税，由扣缴义务人按月或者按次预扣预缴税款。

A．月　　B．次　　C．月或次　　D．年

11．退休职工王某取得的下列收入中，免予缴纳个人所得税的是（ ）。

A．退休工资 10 000 元

B．其原任职单位重阳节发放补贴 3 000 元

C．商场有奖销售中奖 5 000 元

D．报刊上发表文章取得稿酬 1 000 元

12．2020 年 9 月，王某出租自有住房取得租金收入 6 000 元（不含增值税），房屋租赁过程中缴纳的可以税前扣除的税费 240 元，支付该房屋的修缮费 1 000 元。王某出租住房应缴纳的个人所得税是（　　）元。

A．4 960　　B．4 760　　C．3 808　　D．3 968

13．2020 年 1 月周某在商场举办的有奖销售活动中获得奖金 4 000 元，周某领奖时支付交通费 30 元，餐费 70 元。周某中奖奖金应缴纳的个人所得税是（　　）元。

A．786　　B．780　　C．794　　D．800

14．根据个人所得税法律制度的规定，个人的下列所得中，不属于个人所得税免税项目的是（　　）。

A．国债利息　　B．军人的转业费

C．出租厂房取得的租金　　D．国家发行的金融债券利息

15．根据个人所得税法律制度的规定，个人的下列所得中，不免征个人所得税的是（　　）。

A．个人转让著作权所得　　B．国家规定的福利费

C．保险赔款　　D．退休工资

二、多项选择题

1．我国个人所得税采用了（　　）。

A．比例税率　　B．超额累进税率

C．定额税率　　D．全额累进税率

2．下列属于应缴个人所得税偶然所得的是（　　）。

A．参加有奖竞赛的奖金　　B．拾到的现钞

C．购买电视机抽奖得到的微波炉　　D．转让股票的净收益

3．个人所得税的居民纳税人是指（　　）。

A．在中国境内有住所的个人

B．在中国境内无住所又不居住的个人

C．在中国境内无住所且居住不满 183 天的个人

D．在中国境内无住所但居住满 183 天的个人

4．根据个人所得税法律制度的规定，个人的下列所得中，应按照“劳务报酬所得”计缴个人所得税的是（　　）。

A．某职员取得的本单位优秀员工奖金

B．某高校老师从任职学校领取的工资

C．某工程师从非雇用企业取得的咨询收入

D．某经济学家从非雇用企业取得的讲学收入

5．我国现行个人所得税的申报纳税方式有（　　）。

A．直接到主管税务机关申报　　B．委托他人代为申报纳税

C．远程办税端、邮寄等方式申报　　D．电话申报纳税

6．下列说法中，符合个人所得税法规定的有（　　）。

A．特许权使用费所得以每项收入扣除20%费用后的余额作为应纳税所得额

B．利息、股息、红利所得以每次收入额作为应纳税所得额

C．财产转让所得以每次转让财产取得的收入额减除财产原值和合理费用后的余额作为应纳税所得额

D．偶然所得以每次收入额减除必要费用后的余额作为应纳税所得额

7．对个人取得的下列利息，应当计征个人所得税的有（　　）。

A．购买财政部发行的重点建设债券取得的利息

B．将款项借给单位取得的利息

C．参与集资取得的利息

D．购买国库券取得的利息

8．按照个人所得税法的规定，下列说法中正确的有（　　）。

A．劳务报酬所得，以一个月内取得的收入为一次

B．稿酬所得，以每次出版、发表取得的收入为一次

C．财产租赁所得，以一个月内取得的收入为一次

D．偶然所得，以每次取得该项收入为一次

9．纳税人取得的下列所得，应按我国税法规定缴纳个人所得税的是（　　）。

A．某中国公民境内有住所，在境外取得的外币存款利息

B．某中国公民被派往中国香港地区工作取得工资、薪金所得

C．某外国作家将其作品在中国出版取得的所得

D．外籍个人从外方投资企业取得的股息、红利所得

10．个人所得税自行申报的纳税义务人有（　　）。

A．从两处或两处以上取得工资、薪金所得的

B．取得应税所得，没有扣缴义务人的

C．多笔所得属于一次劳务报酬所得、稿酬所得、特许权使用费所得、财产租赁所得的

D．取得应纳税所得，扣缴义务人未按规定扣缴税款的

11．根据个人所得税法律制度的规定，下列个人所得中，不论支付地点是否在中国境内，均为来源于中国境内所得的有（　　）。

A．转让境内房产取得的所得

B．许可专利权在境内使用取得的所得

C．因任职在境内提供劳务取得的所得

D．将财产出租给承租人在境内使用取得的所得

12．根据个人所得税法律制度的规定，下列个人所得中，按照“财产转让所得”缴纳个人所得税的有（　　）。

A．转让著作权收入　　B．转让股权收入

C．转让非专利技术收入　　D．转让机器设备收入

13．根据个人所得税法律制度的规定，下列情形中，应缴纳个人所得税的是（　　）。

A．王某将房屋无偿赠与其女儿

B．徐某转让自用达两年且唯一家庭生活用房

C．周某转让无偿受赠的商铺

D．杨某将房屋无偿赠与其外孙女

14．根据个人所得税法律制度的规定，下列情形中，暂免征收个人所得税的有（　　）。

A．外籍个人以现金形式取得的住房补贴

B．外籍个人从外商投资企业取得的股息、红利所得

C．个人转让自用达3年且是唯一家庭生活用房取得的所得

D．个人购买福利彩票，一次中奖收入5 000元

15．个体工商户发生的下列支出中，在按“经营所得”计算个人所得税时不得扣除的有（　　）。

A．个人所得税税款　　B．税收滞纳金

C．用于个人和家庭的支出　　D．行政罚款

三、判断题（正确的打“√”，错误的打“×”）

（　　）1．在中国境内有住所，或者无住所而一个纳税年度内境内居住累计满183天的个人，属于我国个人所得税的居民纳税人。

（　　）2．个人取得的储蓄存款利息、国债和国家发行的金融债券利息免征个人所得税。

（　　）3．个人取得不同项目劳务报酬所得的，应当合并为一次所得计算缴纳个人所得税。

（　　）4．个人购买社会福利奖券中奖的收入，免征个人所得税。

（　　）5．个人直接向灾区的捐赠，未超过纳税人申报的应纳税所得30%以内的部分，可从其应纳税所得额中扣除。

（　　）6．对中国科学院院士和中国工程院院士津贴免征个人所得税。

（　　）7．个人获得的省级人民政府颁发的科学、教育、科技、文化、卫生、体育、环境保护等方面的奖金免征个人所得税。

（　　）8．在中国境内无住所，但是在一个纳税年度中在中国境内连续或累计居住不超过90日的个人，其来源于中国境内的所得，由境外雇主支付并且不由该雇主在中国境内的机构、场所负担的部分，免予缴纳个人所得税。

（　　）9．个人转让自用达5年以上的家庭生活用房取得的所得，免征个人所得税。

（　　）10．同一作品先在报刊上连载，然后再出版，两次稿酬所得可视为一次合并申报缴纳个人所得税。

（　　）11．职工的误餐补助属于工资、薪金性质的补贴收入，应计算个人所得税。

（　　）12．个人出版画作取得的所得，应按照“劳务报酬所得”计缴个人所得税。

（　　）13．个人通过网络收购玩家的虚拟货币，加价后向他人出售取得收入，不征收个人所得税。

（　　）14．个体工商户生产经营活动中，应当分别核算生产费用和个人、家庭费用；对于生产经营与个人、家庭生活混用难以分清的费用，计算“经营所得”的个人所得税时，不得扣除。

（　　）15．根据个人所得税法的规定，个人所得以所得人为纳税人，以支付所得的单位或者个人为扣缴义务人。

四、计算题

1．某个体户 2020 年取得生产经营收入 43 000 元，经税务机关核定准予扣除的成本、费用、税金及损失为 21 000 元，计算该个体户 2020 年应纳的个人所得税。

2．某中国公民张强 2020 年开始承包一单位食堂，承包期为 2 年，按合同规定，张强每年向该单位缴纳承包费 50 000 元。2020 年该食堂取得经营利润 128 000 元，请计算张强 2020 年应纳的个人所得税。

3．工程师李某月工资 13 000 元（已扣除社保费用），刘某月工资 9 500 元（已扣除社保费用）。李某、刘某共同为某项工程进行设计，工程完工取得报酬 9 500 元，其中李某分得 6 000 元，刘某分得 3 500 元。假设不考虑其他因素，请计算李某、刘某全年各自应纳的个人所得税。

4．马小云于 2020 年 7 月转让给本市某企业一辆汽车，获得收入 40 000 元，当初购车时花了 28 000 元，在转让过程中，共支付费用 480 元，请计算马小云转让汽车收入应纳的个人所得税。

5．小杨 2020 年 1—12 月每月取得工资、薪金收入 16 000 元，无免税收入；每月缴纳三险一金 2 500 元，从 1 月份开始享受子女教育和赡养老人专项附加扣除共计为 3 000 元，假设无其他扣除项目。请计算小杨 2020 年应缴纳的个人所得税。

6．中国公民王某为一外商投资企业的高级职员，某年度其收入情况如下：（1）单位每月支付工资、薪金 16 900 元；（2）取得股票转让收益 100 000 元；（3）从 A 国取得特许权使用费收入折合人民币 18 000 元，并提供了来源国纳税凭证，纳税折合人民币 1 800 元；（4）购物中奖获得奖金 20 000 元；（5）受托为某单位做工程设计，历时 3 个月，共取得工程设计费 40 000 元。要求：计算王某全年应缴纳的个人所得税。

7．中国公民徐某是国内 H 公司工程师，2020 年全年有关收支情况如下：（1）每月工资、薪金收入 10 000 元，公司代扣代缴的社会保险费共 840 元，住房公积金 960 元。（2）到 G 公司连续开展技术培训取得报酬 3 800 元。（3）出版专著取得稿酬收入 15 000 元，发生材料支出 4 000 元。（4）取得企业债券利息 3 000 元，取得机动车保险赔款 4 000 元，参加有奖竞赛活动取得奖金 2 000 元，电台抽奖取得价值 5 000 元免费旅游一次。已知：徐某正在偿还首套住房贷款及利息；徐某为独生子，其独生女正在就读大学三年级；徐某的父母均已过 60 周岁。徐某夫妇约定由徐某扣除住房贷款利息和子女教育费。计算徐某全年应缴纳的个人所得税。

项目七

其他税涉税实务

学习目标

知识目标：了解几大类税制基本要素的规定；掌握各税种应纳税额计算和会计处理方法及纳税申报工作。

技能目标：能够运用税法的基本知识、会计的基本技能和相关规定进行纳税申报。

素质目标：通过学习税收知识树立观念、培养习惯，正确理解社会主义税收“取之于民，用之于民”的本质，树立依法纳税光荣、偷逃税款可耻的税收荣辱观。

重难点：城市维护建设税等其他相关税种的有关计算、会计处理及纳税申报工作。

任务一　资 源 税

案例导入

《财政部　国家税务总局关于全面推进资源税改革的通知》（财税〔2016〕53 号）规定，自 2016 年 7 月 1 日起全面实施资源税改革。2019 年 8 月 26 日第十三届全国人民代表大会常务委员会第十二次会议通过《中华人民共和国资源税法》，自 2020 年 9 月 1 日起施行。1993 年 12 月 25 日国务院发布的《中华人民共和国资源税暂行条例》同时废止。

资源税是以各种应税自然资源为课税对象，为了调节资源级差收入并体现国有资源有偿使用而征收的一种税。

重要提示

资源税实行一次课征制，在生产、开采销售（包括出口）或自用环节计算缴纳，在进口、批发、零售等环节不再重复征收。

一、纳税义务人

在中华人民共和国领域和中华人民共和国管辖的其他海域开发应税资源的单位和个人，为资源税的纳税人，应当依照规定缴纳资源税。

单位是指国有企业、集体企业、私营企业、股份制企业、其他企业和行政单位、事业单位、军事单位、社会团体及其他单位；个人是指个体经营者和其他个人；其他单位和其他个人包括外商投资企业、外国企业及外籍人员。

中外合作开采石油、天然气，按照现行规定征收资源税。

收购未税矿产品的单位为资源税的扣缴义务人。

二、税目、税率

（一）税目

资源税税目包括五大类，具体包括能源矿产、金属矿、非金属矿、水气矿产和盐。

（二）税率

资源税采取从价定率或者从量定额的办法计征，分别以应税产品的销售额乘以纳税人具体适用的比例税率或者以应税产品的销售数量乘以纳税人具体适用的定额税率计算，具体计征方式由省、自治区、直辖市人民政府提出，报同级人民代表大会常务委员会决定，并报全国人民代表大会常务委员会和国务院备案。资源税税目、税率表如表7-1所示。

表7-1　资源税税目、税率表

税目			征税对象	税率幅度
能源矿产	原油		原矿	6%
	天然气、页岩气、天然气水合物		原矿	6%
	煤		原矿或选矿	2%～10%
	煤成（层）气		原矿	1%～2%
	铀、钍		原矿	4%
	油页岩、油砂、天然沥青、石煤		原矿或选矿	1%～4%
	地热		原矿	1%～20%或者每立方米1～30元
金属矿	黑色金属	铁、锰、铬、钒、钛	原矿或选矿	1%～9%
	有色金属	铜、铅、锌、锡、镍、锑、镁、钴、铋、汞	原矿或选矿	2%～10%
		钨	选矿	6.5%
		钼	选矿	8%
		金、银	原矿或选矿	2%～6%
		铝土矿	原矿或选矿	2%～9%
		铂、钯、钌、锇、铱、铑	原矿或选矿	5%～10%
		轻稀土	选矿	7%～12%
		中重稀土	选矿	20%
		其他	原矿或选矿	2%～10%
非金属矿	矿物类	石墨	原矿或选矿	3%～12%
		高岭土	原矿或选矿	1%～6%
		萤石、硫铁矿、自然硫	原矿或选矿	1%～8%
		石灰岩	原矿或选矿	1%～6%或每吨（每立方米）1～10元
		磷矿	原矿或选矿	3%～8%
		硅藻土等其他矿物类	原矿或选矿	1%～12%或每吨（每立方米）0.1～5元
	岩石类	大理岩、花岗岩等	原矿或选矿	1%～10%
		砂石	原矿或选矿	1%～5%或每吨（每立方米）0.1～5元
	宝玉石类	宝石、玉石、宝石级金刚石、玛瑙、黄玉、碧玺	原矿或选矿	4%～20%
水气矿产	二氧化碳气、硫化氢气、氦气、氡气		原矿	2%～5%
	矿泉水		原矿	1%～20%或每立方米1～30元
盐	钠盐、钾盐、镁盐、锂盐		选矿	3%～15%
	天然卤水		原矿	3%～15%或每吨（每立方米）1～10元
	海盐		原矿	2%～5%
备注：自2018年4月1日至2021年3月31日，对页岩气资源税（按6%的规定税率）减征30%				

重要提示

纳税人开采或者生产不同税目应税产品的，应当分别核算不同税目应税产品的销售额或者销售数量;未分别核算或者不能准确提供不同税目应税产品的销售额或者销售数量的，从高适用税率。

即学即思

下列各项中，属于资源税纳税义务的人有（　　）。

A. 进口盐的外贸企业　　B. 开采原煤的私营企业

C. 生产盐的外商投资企业　　D. 中外合作开采石油的企业

答案：B、C、D。资源税的纳税义务人是指在中华人民共和国境内开采应税资源的矿产品或者生产盐的单位和个人。

三、计税依据及应纳税额的计算

（一）计税依据

（1）从价定率征收的计税依据——销售额。

销售额为纳税人销售应税产品（煤炭、原油、天然气）向购买方收取的全部价款和价外费用（如违约金、优质费等），但不包括收取的增值税销项税额和运杂费用。价外费用包括价外向购买方收取的手续费、补贴、基金、集资费、返还利润、奖励费、违约金、滞纳金、延期付款利息、赔偿金、代收款项、代垫款项、包装费、包装物租金、储备费、优质费及其他各种性质的价外收费。运杂费用是指应税产品从坑口洗选（加工）地到车站、码头或购买方指定地点的运输费用、建设基金以及随运销产生的装卸、仓储、港杂费用。运杂费用应与销售额分别核算，凡未取得相应凭据或不能与销售额分别核算的，应当一并计征资源税。

重要提示

对同时符合以下条件的运杂费用，纳税人在计算应税产品计税销售额时，可予以扣减：（1）包含在应税产品销售收入中；（2）属于纳税人销售应税产品环节发生的运杂费用，具体是指运送应税产品从坑口或者洗选（加工）地到车站、码头或者购买方指定地点的运杂费用；（3）取得相关运杂费用发票或者其他合法有效凭据；（4）将运杂费用与计税销售额分别进行核算。

（2）从量定额征收的计税依据——销售数量。

销售数量包括纳税人开采或者生产应税产品（黏土和砂石）的实际销售数量和视同销售的自用数量。纳税人不能准确提供应税产品销售数量或移送使用数量的，以应税产品的产量或按主管税务机关确定的折算比换算成的数量为计征资源税的销售数量。

纳税人的减税、免税项目，应当单独核算销售额和销售数量；未单独核算或者不能准确提供销售额和销售数量的，不予减税或者免税。

（二）应纳税额的计算

1. 从量定额征收

应纳税额=课税数量×单位税额

2. 从价定率征收

应纳税额=（不含增值税）销售额×税率

例题 7-1

某油田 9 月销售原油 20 000 吨，开具增值税专用发票取得销售额 10 000 万元、增值税税额 1 300 万元，按《资源税税目税额明细表》的规定，其适用的税率为 8%。计算该油田 9 月应纳资源税税额。

答案：应纳税额=（不含增值税）销售额×税率=100 00×8%=800（万元）

3. 销售额的换算与折算

（1）对同一种应税产品，征税对象为精矿的，纳税人销售原矿时，应将原矿销售额换算为精矿销售额缴纳资源税。

精矿销售额=原矿销售额×换算比

（2）征税对象为原矿的，纳税人销售自采原矿加工的精矿，应将精矿销售额折算为原矿销售额缴纳资源税。

原矿销售额=精矿销售额×折算率

4. 煤炭

应纳税额=原煤或者洗选煤计税销售额×适用税率

将自采的原煤加工为洗选煤销售的，以洗选煤销售额乘以折算率作为应税煤炭销售额，计算缴纳资源税。

5. 核定销售额

纳税人申报的应税产品销售额明显偏低并且无正当理由的、有视同销售应税产品行为而无销售额的，除另有规定外，按下列顺序确定销售额：

（1）按纳税人最近时期同类产品的平均销售价格；

（2）按其他纳税人最近时期同类产品的平均销售价格；

（3）按组成计税价格确定。

组成计税价格=成本×（1+成本利润率）÷（1−资源税税率）

例题 7-2

某煤矿为增值税一般纳税人，主要从事煤炭开采和销售业务，2020 年 10 月，销售自产原煤 2 000 吨，职工食堂领用自产原煤 50 吨，职工宿舍供暖领用自产原煤 100 吨，向乙煤矿无偿赠送自产原煤 10 吨，原煤不含增值税单价为 500 元/吨。已知资源税税率为 8%，请计算该煤矿当月应缴纳的资源税税额。

答案：应纳税额=（2 000+50+100+10）×500×8%=86 400（元）

四、资源税的科目设置及会计处理

（一）科目设置

企业应设置“应交税费——应交资源税”账户，贷方核算本期应缴纳的资源税税额，借方核算实际缴纳数额或按规定允许抵扣的数额，期末贷方余额表示企业应缴未缴的资源税税额。

（二）会计处理

企业按规定计算出销售应税产品应缴纳的资源税。

借：税金及附加

　　贷：应交税费——应交资源税

企业计算出自产自用的应税产品应缴纳的资源税。

借：生产成本、制造费用等

　　贷：应交税费——应交资源税

例题 7-3

某企业将自产的煤炭 1 000 吨用于产品生产，计税价格为 100 000 元，税率为 2%。根据该项经济业务，企业应如何进行账务处理？

答案：自产自用煤炭应缴纳的资源税=100 000×2%=2 000（元）

借：生产成本　　　　　　　　　　　　2 000

　　贷：应交税费——应交资源税　　　　　　2 000

五、纳税申报

（一）纳税时间

（1）纳税人销售应税产品，其纳税义务发生时间如下：

① 纳税人采取分期收款结算方式，纳税义务发生时间为销售合同规定的收款日期的当天。

② 纳税人采取预收货款结算方式，纳税义务发生时间为发出应税产品的当天。

③ 纳税人采取其他结算方式，纳税义务发生时间为收讫销售款或者取得索取销售款凭据的当天。

（2）纳税人自产自用应税产品的纳税义务发生时间为移送使用应税产品的当天。

（3）扣缴义务人代扣代缴税款的纳税义务发生时间为支付首笔货款或者开具应支付货款凭据的当天。

（二）纳税期限

资源税按月或按季申报缴纳；不能按固定期限计算缴纳的，可以按次申报缴纳。

纳税人按月或者按季申报缴纳的，应当自月度或季度终了之日起15日内，向税务机关办理纳税申报并缴纳税款；按次申报缴纳的，应当自纳税义务发生之日起15日内，向税务机关办理纳税申报并缴纳税款。

重要提示

资源税在应税产品的销售或自用环节计算缴纳。以自采原矿加工精矿产品的，在原矿移送使用时不缴纳资源税，在精矿销售或自用时缴纳资源税。

（三）纳税地点

（1）凡是缴纳资源税的纳税人，都应当向应税产品的开采或者生产所在地主管税务机关缴纳税款。

（2）如果纳税人在本省、自治区、直辖市范围内开采或者生产应税产品，其纳税地点需要调整的，由所在地省、自治区、直辖市税务机关决定。

（3）如果纳税人应纳的资源税属于跨省开采，其下属生产单位与核算单位不在同一省、自治区、直辖市的，对其开采的矿产品一律在开采地纳税，其应纳税款由独立核算、自负盈亏的单位，按照开采地的实际销售量（或者自用量）及适用的单位税额计算划拨。

（4）扣缴义务人代扣代缴的资源税，应当向收购地主管税务机关缴纳。

（四）纳税申报

填写“资源税纳税申报表”，如表7-2所示。

表 7-2　资源税纳税申报表

根据国家税收法律、法规及资源税有关规定制定本表。纳税人不论有无销售额，均应按照税务机关核定的纳税期限填写本表，并向当地税务机关申报。税款所属时间：自　　年　月　日至　　年　月　日

填表日期：　　年　月　日　　　　　　　　　　　　　　　　　　　　　金额单位：元至角分

纳税人识别号										
纳税人名称	（公章）		法定代表人姓名			注册地址		生产经营地址		
开户银行及账号			登记注册类型				电话号码			
税目	子目	折算率或换算比	计量单位	计税销售量	计税销售额	适用税率	本期应纳税额	本期减免税额	本期已缴税额	本期应补（退）税额
1	2	3	4	5	6	7	8①=6×7；8②=5×7	9	10	11=8–9–10
合　计	—	—	—			—				
授权声明	如果你已委托代理人申报，请填写下列资料：为代理一切税务事宜，现授权　　　（地址）为本纳税人的代理申报人，任何与本申报表有关的往来文件，都可寄予此人。授权人签字：						申报人声明	本纳税申报表是根据国家税收法律、法规及相关规定填写的，我确定它是真实的、可靠的、完整的。声明人签字：		

主管税务机关：　　　　　　　　接收人：　　　　　　　　接收日期：　　年　月　日

本表一式两份，一份纳税人留存，另一份税务机关留存。

表中①从价定率征收；②从量定额征收。

课后练习

下列单位出售的矿产品中，不缴纳资源税的是（　）。

A. 开采单位销售自行开采的煤矿　　B. 油田出售自行开采的天然气

C. 盐场销售自行开采的井矿盐　　D. 油田销售的人造石油

任务二　城镇土地使用税

案例导入

企业办的学校、医院、托儿所、幼儿园自用的土地，以及企业厂区（包括生产、办公及生活区）以内的绿化用地是否都要缴纳城镇土地使用税?

【案例解析】税法规定，企业办的学校、医院、托儿所、幼儿园自用的土地，比照由国家财政部门拨付事业经费的单位自用的土地，免征城镇土地使用税；对企业厂区（包括生

产、办公及生活区）以内的绿化用地，应按规定缴纳城镇土地使用税，厂区以外的公共绿化用地和向社会开放的公园用地，暂免征收城镇土地使用税。

城镇土地使用税是以国有土地为征税对象，对拥有土地使用权的单位和个人征收的一种税。

一、纳税义务人与征税范围

（一）纳税义务人

城镇土地使用税的纳税人，是指在城市、县城、建制镇和工矿区内使用土地的单位和个人。城镇土地使用税的纳税义务人包括内资企业、外商投资企业和外国企业在华机构、事业单位、社会团体、国家机关、军队及其他单位，个体工商户及个人也是纳税人。

（二）征税范围

城镇土地使用税的征税范围是城市、县城、建制镇和工矿区内属于国家所有和集体所有的土地，不包括农村集体所有的土地。

二、税率、计税依据及应纳税额的计算

（一）税率

城镇土地使用税税率（见表 7-3）采用有幅度的定额税率，是该土地所在地段的税率。

表 7-3　城镇土地使用税税率

级　别	人口（人）	每平方米税额（元）
大城市	50 万以上	1.5～30
中等城市	20 万～50 万	1.2～24
小城市	20 万以下	0.9～18
县城、建制镇、工矿区		0.6～12

（二）计税依据——实际占用的土地面积

（1）以测定面积为计税依据，适用于由省、自治区、直辖市人民政府确定的单位组织测定土地面积的纳税人。

（2）以证书确认的土地面积为计税依据，适用于尚未组织测量土地面积，但持有政府部门核发的土地使用证书的纳税人。

（3）以申报的土地面积为计税依据，适用于尚未核发土地使用证书的纳税人。

（三）应纳税额的计算

城镇土地使用税的应纳税额可以通过纳税人实际占用的土地面积乘以该土地所在地段的适用税额求得。其计算公式为：

全年应纳税额=实际占用应税土地面积（平方米）×适用税额

例题 7-4

设在某城市的一家企业使用土地面积为 10 000 平方米，经税务机关核定，该土地为应税土地，每平方米年税额为 4 元。计算全年应纳的城镇土地使用税税额。

答案：全年应纳城镇土地使用税税额=10 000×4=40 000（元）

三、会计处理

城镇土地使用税是国家为了合理利用城镇土地，调节土地级差收入，提高土地使用效益，加强土地管理而开征的一种税。

以纳税人实际占用的土地面积为计税依据，期末按规定计算当期应纳城镇土地使用税时：

借：管理费用

　　贷：应交税费——应交城镇土地使用税

申报缴纳土地使用税时：

借：应交税费——应交城镇土地使用税

　　贷：银行存款

四、城镇土地使用税税收优惠

下列土地免征城镇土地使用税：

（1）国家机关、人民团体、军队自用的土地。但如果是对外出租、经营用则还是要缴纳土地使用税。

（2）由国家财政部门拨付事业经费的单位自用的土地。

（3）宗教寺庙、公园、名胜古迹自用的土地。

（4）市政街道、广场、绿化地带等公共用地。

（5）直接用于农、林、牧、渔业的生产用地。

（6）经批准开山填海整治的土地和改造的废弃土地，从使用的月份起免缴城镇土地使用税 5 年至 10 年。

（7）对非营利性医疗机构、疾病控制机构和妇幼保健机构等卫生机构自用的土地，免征城镇土地使用税。对营利性医疗机构自用的土地自 2000 年起免征城镇土地使用税 3 年。

（8）企业办的学校、医院、托儿所、幼儿园，其用地能与企业其他用地明确区分的，免征城镇土地使用税。

五、城镇土地使用税征收管理

（一）纳税期限

城镇土地使用税实行按年计算、分期缴纳的征收方法，具体纳税期限由省、自治区、直辖市人民政府确定。

（二）纳税义务发生时间

（1）纳税人购置新建商品房，自房屋交付使用之次月起，缴纳城镇土地使用税。

（2）纳税人购置存量房，自办理房屋权属转移、变更登记手续，房地产权属记机关签发房屋权属证书之次月起，缴纳城镇土地使用税。

（3）纳税人出租、出借房产，自交付出租、出借房产之次月起，缴纳城镇土使用税。

（4）以出让或转让方式有偿取得土地使用权的，应由受让方从合同约定交付土地时间的次月起缴纳城镇土地使用税；合同未约定交付时间的，由受让方从合同签订的次月起缴纳城镇土地使用税。

（5）纳税人新征用的耕地，自批准征用之日起满 1 年时开始缴纳城镇土地使用税。

（6）纳税人新征用的非耕地，自批准征用次月起缴纳城镇土地使用税。

（三）纳税地点和征收机构

城镇土地使用税在土地所在地缴纳。

纳税人使用的土地不属于同一省、自治区、直辖市管辖的，由纳税人分别向土地所在地的税务机关缴纳城镇土地使用税；在同一省、自治区、直辖市管辖范围内，纳税人跨地区使用的土地，其纳税地点由各省、自治区、直辖市地方税务局确定。

（四）纳税申报

城镇土地使用税的纳税人应按照条例的有关规定及时办理纳税申报，并如实填写“城镇土地使用税纳税申报表”（见表 7-4）。

表 7-4　城镇土地使用税纳税申报表

填表日期：　　年　　月　　日

纳税人识别号：□□□□□□□□□□□□□□□□　　金额单位：元（列至角分）

<table>
<tr><td colspan="2">纳税人名称</td><td colspan="9"></td><td colspan="2">税款所属时期</td><td colspan="2"></td></tr>
<tr><td colspan="4">房产坐落地点</td><td colspan="11"></td></tr>
<tr><td rowspan="2">坐落地点</td><td rowspan="2">上期占地面积</td><td rowspan="2">本期增减</td><td rowspan="2">本期实际占地面积</td><td rowspan="2">法定免税面积</td><td rowspan="2">应税面积</td><td colspan="2">土地等级</td><td colspan="2">适用税额</td><td rowspan="2">全年应缴税额</td><td rowspan="2">缴纳次数</td><td colspan="3">本期</td></tr>
<tr><td>Ⅰ</td><td>Ⅱ</td><td>Ⅰ</td><td>Ⅱ</td><td>每次应纳税额</td><td>已纳税额</td><td>应补（退）税额</td></tr>
<tr><td>1</td><td>2</td><td>3</td><td>4=2+3</td><td>5</td><td>6=4−5</td><td>7</td><td>8</td><td>9</td><td>10</td><td>11=6×9 或 10</td><td>12</td><td>13=11÷12</td><td>14</td><td>15=11−14</td></tr>
</table>

续表

<table>
<tr><td rowspan="3">坐落地点</td><td rowspan="3">上期占地面积</td><td rowspan="3">本期增减</td><td rowspan="3">本期实际占地面积</td><td rowspan="3">法定免税面积</td><td rowspan="3">应税面积</td><td colspan="2">土地等级</td><td colspan="2">适用税额</td><td rowspan="3">全年应缴税额</td><td rowspan="3">缴纳次数</td><td colspan="3">本期</td></tr>
<tr><td rowspan="2">Ⅰ</td><td rowspan="2">Ⅱ</td><td rowspan="2">Ⅰ</td><td rowspan="2">Ⅱ</td><td rowspan="2">每次应纳税额</td><td rowspan="2">已纳税额</td><td rowspan="2">应补（退）税额</td></tr>
<tr></tr>
<tr><td></td><td></td><td></td><td></td><td></td><td></td><td></td><td></td><td></td><td></td><td></td><td></td><td></td><td></td><td></td></tr>
<tr><td></td><td></td><td></td><td></td><td></td><td></td><td></td><td></td><td></td><td></td><td></td><td></td><td></td><td></td><td></td></tr>
<tr><td></td><td></td><td></td><td></td><td></td><td></td><td></td><td></td><td></td><td></td><td></td><td></td><td></td><td></td><td></td></tr>
<tr><td>合计</td><td></td><td></td><td></td><td></td><td></td><td></td><td></td><td></td><td></td><td></td><td></td><td></td><td></td><td></td></tr>
<tr><td colspan="6">如纳税人填报，由纳税人填写以下各栏</td><td colspan="7">如委托代理人填报，由代理人填写以下各栏</td><td colspan="2">备注</td></tr>
<tr><td colspan="3" rowspan="3">会计主管
（签章）</td><td colspan="3" rowspan="3">纳税人
（公章）</td><td colspan="4">代理人名称</td><td colspan="2"></td><td rowspan="2">代理人
（公章）</td><td colspan="2" rowspan="2"></td></tr>
<tr><td colspan="4">代理人地址</td><td colspan="2"></td></tr>
<tr><td colspan="4">经办人姓名</td><td colspan="2"></td><td>电话</td><td></td><td></td></tr>
<tr><td colspan="15">以下由税务机关填写</td></tr>
<tr><td colspan="6">收到申报表日期</td><td colspan="5"></td><td colspan="2">接收人</td><td colspan="2"></td></tr>
</table>

课后练习

2020年某企业土地使用证标明实际占地60 000平方米，厂区内厂医院占地800平方米，托儿所占地500平方米，将100平方米无偿提供给公安局派出所使用，厂区内还有600平方米绿地，向厂内外开放。该厂所在地区城镇土地使用税年税额为2元/平方米。计算该厂应缴纳的城镇土地使用税。

任务三　耕地占用税

案例导入

为了合理利用土地资源，加强土地管理，保护耕地，2018年12月29日第十三届全国人民代表大会常务委员会第七次会议通过《中华人民共和国耕地占用税法》，本法自2019年9月1日起施行。2007年12月1日国务院公布的《中华人民共和国耕地占用税暂行条例》同时废止。

耕地占用税是对占用耕地建房或从事其他非农业建设的单位和个人，就其实际占用的耕地面积征收的一种税，它属于对特定土地资源占用课税。

一、纳税义务人与征税范围

（一）纳税义务人

在中华人民共和国境内占用耕地建设建筑物、构筑物或者从事非农业建设的单位和个人，为耕地占用税的纳税人。

（二）征税范围

耕地占用税的征税范围包括建房或从事其他非农业建设而占用的国家所有和集体所有的耕地。属于耕地占用税征税范围的土地（以下简称应税土地）包括：①耕地；②园地；③林地、牧草地、农田水利用地、养殖水面及渔业水域滩涂等其他农用地；④草地、苇田。

重要提示

（1）耕地是指种植农业作物的土地。（2）占用鱼塘及其他农用土地建房或从事其他非农业建设，也视同占用耕地，必须依法征收耕地占用税。（3）在占用之前 3 年内属于上述范围的耕地或农用土地，也视为耕地。（4）占用耕地建设农田水利设施的，不缴纳耕地占用税。

二、税率、计税依据及应纳税额的计算

（一）税率

耕地占用税实行地区差别定额税率：每平方米 5～50 元。经济特区、经济技术开发区和经济发达、人均耕地特别少的地区，适用税额可以适当提高，但最多不得超过上述规定税额的 50%。税率规定如下：

（1）人均耕地不超过 1 亩（1 亩=666.67 平方米）的地区（以县级行政区域为单位，下同），每平方米为 10～50 元。

（2）人均耕地超过 1 亩但不超过 2 亩的地区，每平方米为 8～40 元。

（3）人均耕地超过 2 亩但不超过 3 亩的地区，每平方米为 6～30 元。

（4）人均耕地超过 3 亩以上的地区，每平方米为 5～25 元。

各省、自治区、直辖市耕地占用税平均税额如表 7-5 所示。

表 7-5　各省、自治区、直辖市耕地占用税平均税额

单位：元

地　　区	每平方米平均税额
上海	45
北京	40
天津	35
江苏、浙江、福建、广东	30
辽宁、湖北、湖南	25
河北、安徽、江西、山东、河南、重庆、四川	22.5
广西、海南、贵州、云南、陕西	20
山西、吉林、黑龙江	17.5
内蒙古、西藏、甘肃、青海、宁夏、新疆	12.5

例题 7-5

经济特区、经济技术开发区和经济发达、人均耕地特别少的地区，耕地占用税的适用税额可以适当提高，但提高幅度最多不得超过规定税额的一定比例。这一比例是（ ）。

A. 20% B. 30% C. 50% D. 100%

答案：C

（二）计税依据

耕地占用税以纳税人实际占用耕地的面积为计税依据，以每平方米土地为计量单位。

（三）应纳税额的计算

按适用的定额税率计税，耕地占用税的计算公式为：

应纳税额=实际占用的耕地面积×适用定额税率

例题 7-6

假设某市一家企业新占用 19 800 平方米耕地用于工业建设，所占耕地适用的定额税率为 20 元/平方米。计算该企业应纳的耕地占用税。

答案：应纳税额=19 800×20=396 000（元）

三、会计处理

耕地占用税是国家为了利用土地资源，加强土地管理，保护家用耕地而征收的一种税。耕地占用税以实际占用的耕地面积计税，按照规定税额一次征收。企业缴纳的耕地占用税，不需要通过“应交税费”科目核算。企业按规定计算缴纳耕地占用税时，借记“在建工程”科目，贷记“银行存款”科目。

四、征收管理

（1）耕地占用税由税务机关负责征收。

（2）耕地占用税的纳税义务发生时间为纳税人收到自然资源主管部门办理占用耕地手续的书面通知的当日。纳税人应当自纳税义务发生之日起 30 日内申报缴纳耕地占用税。

（3）占用基本农田的，应当按照当地适用税额，加按 150%征收。

（4）军事设施、学校、幼儿园、社会福利机构、医疗机构占用耕地，免征耕地占用税。

（5）占用园地、林地、草地、农田水利用地、养殖水面、渔业水域滩涂以及其他农用地建设建筑物、构筑物或者从事非农业建设的，依照规定缴纳耕地占用税。

课后练习

（多选题）下列关于耕地占用税的表述中，正确的有（　　）。

A．耕地占用税由财政局负责征收

B．农村居民占用耕地新建住宅，按照当地适用税额减半征收耕地占用税

C．建设直接为农业生产服务的生产设施占用林地的，不征收耕地占用税

D．获准占用耕地的单位或个人，应在获准占用耕地之日起 30 日内缴纳耕地占用税

任务四　土地增值税

案例导入

“个人因工作调动或改善居住条件而转让原自用住房，经向税务机关申报审核，凡居住满 3 年或 3 年以上的，免征土地增值税。”这句话对吗？

【案例解析】错。个人因工作调动或改善居住条件而转让原自用住房，经向税务机关申报核准，凡居住满 5 年或 5 年以上的，免予征收土地增值税；居住满 3 年未满 5 年的，减半征收土地增值税。

一、土地增值税概述

土地增值税是对转让国有土地使用权、地上建筑物及其他附着物的单位和个人，就其转让房地产取得的增值性收入征收的一种税。

我国现行土地增值税的特点是以转让房地产取得的增值额为征税对象；实行超率累进税率；按次征收。

（一）纳税人

土地增值税的纳税人为转让国有土地使用权、地上建筑物及其附着物并取得收入的单位和个人。包括各类企业单位、事业单位、个体工商业户及其他单位和个人。外商投资企业、外国企业、外国驻华机构、外国公民、华侨，以及港澳台同胞等，只要在我国境内转让房地产并取得收入，就是土地增值税的纳税人。

重要提示

土地增值税的纳税人一般分为两大类，一类是从事房地产开发的纳税人，即通常所说的房地产开发公司；另一类是其他的纳税人。

（二）征税对象

土地增值税的征税对象是转让国有土地使用权、地上的建筑物及其附着物所取得的增值额。增值额为纳税人转让房地产的收入减除规定的扣除项目金额后的余额。

（三）征税范围

土地增值税的征税范围包括转让国有土地使用权；地上的建筑物及其附着物连同国有土地使用权一并转让。

（四）税率

土地增值税采用四级超率累进税率，如表 7-6 所示。

表 7-6 土地增值税四级超率累进税率表

级 数	增值额与扣除项目金额的比例	税率（%）	速算扣除数（元）
1	未超过 50%的部分	30	0
2	超过 50%～100%的部分	40	5
3	超过 100%～200%的部分	50	15
4	超过 200%的部分	60	35

重要提示

上述所列四级超率累进税率，每级“增值额未超过扣除项目金额”的比例，均包括本比例数。

（五）计税依据

土地增值税的计税依据为纳税人转让房地产所取得的土地增值额，即转让房地产所取得的收入减除规定的扣除项目金额后的余额。其确定方法有余额计算法和价格评估法两种。

（1）余额计算法：以转让房地产所取得的全部收入减除规定的扣除项目金额后的余额为计税依据，适用于新建房地产转让。

（2）价格评估法：以转让房地产或扣除项目的评估价格为计税依据，适用于存量房地产转让。

二、土地增值税应纳税额的计算

土地增值税按照纳税人转让房地产所取得的增值额和规定的税率计算征收。

土地增值额=房地产转让收入–扣除项目金额

（一）房地产转让收入

纳税人转让房地产取得的收入，包括转让房地产的全部有关的经济收益。从收入的形式来看，包括货币收入、实物收入和其他收入。

重要提示

纳税人转让房地产的土地增值税应税收入不含增值税。

（二）扣除项目

（1）对于新建房地产转让，可扣除以下项目。

① 取得土地使用权所支付的金额，包括纳税人为取得土地使用权所支付的地价款和纳税人在取得土地使用权时按国家统一规定缴纳的有关费用。

② 房地产开发成本，指纳税人在房地产开发项目中实际发生的成本，包括土地征用及拆迁补偿费、前期工程费、建筑安装工程费、基础设施费、公共配套设施费、开发间接费用。

③ 房地产开发费用，指与房地产开发项目有关的销售费用、管理费用和财务费用。

④ 与转让房地产有关的税金，指在转让房地产时缴纳的印花税、城市维护建设税，教育费附加也可视同税金扣除。但房地产开发企业缴纳的印花税列入管理费用，所以房地产开发企业缴纳的印花税不再单独扣除。

重要提示

计算土地增值税增值额的扣除项目中“与转让房地产有关的税金”不包括增值税。房地产开发企业实际缴纳的城市维护建设税、教育费附加，凡能够按清算项目准确计算的，允许据实扣除。凡不能按清算项目准确计算的，则按该清算项目预缴增值税时实际缴纳的城市维护建设税、教育费附加扣除。

⑤ 财政部规定的其他扣除项目。

对从事房地产开发的纳税人，可按取得土地使用权所支付的金额与房地产开发成本之和加计20%来扣除：

加计扣除费用=（取得土地使用权支付的金额+房地产开发成本）×20%

（2）对于存量房地产转让，可以按以下扣除。

① 房屋及建筑物的评估价格。纳税人有下列情况之一的，需要对房地产进行评估，并以评估价格确定转让房地产收入，扣除项目的金额。

一是出售旧房及建筑物的；二是隐瞒、虚报房地产成产价格的；三是提供扣除项目金额不实的；四是转让房地产的成交价格低于房地产评估价格，又无正当理由的。

评估价格=重置成本价×成新度折扣率

② 取得土地使用权所支付的地价款和按国家统一规定缴纳的有关费用。

③ 转让环节缴纳的税金，包括城市维护建设税和教育费附加、印花税、购房时缴纳的契税（需提供契税完税凭证）。

（三）应纳税额的计算

土地增值税应纳税额的计算公式如表 7-7 所示。

表 7-7　土地增值税应纳税额的计算公式

级　　次	计算公式
增值额未超过扣除项目金额 50%的部分	应纳税额=土地增值额×30%
增值额超过扣除项目金额 50%未超过 100%	应纳税额=土地增值额×40%–扣除项目金额×5%
增值额超过扣除项目金额 100%未超过 200%	应纳税额=土地增值额×50%–扣除项目金额×15%
增值额超过扣除项目金额 200%	应纳税额=土地增值额×60%–扣除项目金额×35%

最后将每一级的应纳税额相加，得到的总数就是纳税人应缴纳的土地增值税。

例题 7-7

某房地产开发公司出售一幢写字楼，收入总额为 10 000 万元。开发该写字楼有关支出为：支付地价款及各种费用 1 000 万元；房地产开发成本 3 000 万元；财务费用中的利息支出为 500 万元（可按转让项目计算分摊并提供金融机构证明），但其中有 50 万元属加罚的利息；转让环节缴纳的有关税费共计为 555 万元；该单位所在地政府规定的其他房地产开发费用计算扣除比例为 5%。试计算该房地产开发公司应纳的土地增值税。

答案：（1）取得土地使用权支付的地价款及有关费用为 1 000 万元。

（2）房地产开发成本为 3 000 万元。

（3）房地产开发费用=500–50+（1 000+3 000）×5%=650（万元）。

（4）允许扣除的税费为 555 万元。

（5）从事房地产开发的纳税人加计扣除 20%。

允许扣除额=（1 000+3 000）×20%=800（万元）。

（6）允许扣除的项目金额合计=1 000+3 000+650+555+800=6 005（万元）。

（7）增值额=10 000–6 005=3 995（万元）。

（8）增值率=3 995÷6 005×100%=66.53%。

（9）应纳税额=3 395×40%–6 005×5%=1 297.75（万元）。

三、土地增值税的科目设置及会计处理

（一）科目设置

企业应设置“应交税费——应交土地增值税”明细账户。贷方核算本期应缴纳的土地增值税税额，借方核算实际缴纳数额，贷方余额表示企业应缴未缴的土地增值税税额。

（二）会计处理

（1）主营房地产业务的企业。

计算应交土地增值税时：

借：税金及附加

　　贷：应交税费——应交土地增值税

实际缴纳时：

借：应交税费——应交土地增值税

　　贷：银行存款

（2）兼营房地产业务的企业：

计提应纳土地增值税税额时：

借：其他业务成本

　　贷：应交税费——应交土地增值税

实际缴纳时：

借：应交税费——应交土地增值税

　　贷：银行存款

（3）非房地产开发企业，转让国有土地使用权连同地上建筑物及其附着物时应纳土地增值税。

计提应纳的土地增值税时：

借：固定资产清理

　　贷：应交税费——应交土地增值税

实际缴纳时：

借：应交税费——应交土地增值税

　　贷：银行存款

四、土地增值税的税收优惠

（1）纳税人建造普通标准住宅出售，增值额未超过扣除项目金额20%的，予以免税；超过20%的，应按全部增值额缴纳土地增值税。

重要提示

对于纳税人既建普通标准住宅又搞其他房地产开发的，应分别核算增值额；不分别核算增值额或不能准确核算增值额的，其建造的普通标准住宅不能适用这一免税规定。

（2）因国家建设需要依法征收、收回的房地产，免征土地增值税；因城市实施规划、国家建设的需要而搬迁，由纳税人自行转让原房地产的，免征土地增值税。

（3）企事业单位、社会团体以及其他组织转让旧房作为公共租赁住房房源且增值额未超过扣除项目金额20%的，免征土地增值税。

（4）对居民个人之间互换自由居住用房地产的，经当地税务机关核实，可以免征土地增值税；自 2008 年 11 月 1 日起，对居民个人转让住房一律免征土地增值税。

五、土地增值税纳税期限、地点及纳税申报

（一）纳税期限、地点

纳税人应在转让房地产合同签订后的 7 日内，到房地产所在地主管税务机关办理纳税申报，并提供房屋及建筑物产权、土地使用权证书，土地转让、房产买卖合同，房地产评估报告，与转让房地产有关的税金的完税证明，其他与转让房地产有关的资料。

（二）纳税申报

为加强土地增值税规范化管理，国家税务总局 2016 年 7 月发布《关于修订土地增值税纳税申报表的通知》，修订土地增值税纳税申报表，增加“土地增值税项目登记表”（见表 7-8）及相关 7 张纳税申报表，非从事房地产开发的纳税人适用“土地增值税纳税申报表”（见表 7-9）。

表 7-8　土地增值税项目登记表

（从事房地产开发的纳税人适用）

纳税人识别号：　　　　纳税人名称：　　　　填表日期：　年　月　日

金额单位：元（列至角分）　　　　面积单位：　　平方米

项目名称		项目地址		业　别	
经济性质		主管部门			
开户银行		银行账号			
地　　址		邮政编码		电　话	
土地使用权受让（行政划拨）合同号			受让（行政划拨）时间		
建设项目起讫时间		总预算成本		单位预算成本	
项目详细坐落地点					
开发土地总面积		开发建筑总面积		房地产转让合同名称	
转让次序	转让土地面积（按次填写）	转让建筑面积（按次填写）		转让合同签订日期（按次填写）	
第 1 次					
第 2 次					
……					
备注					
以下由纳税人填写：					

续表

纳税人声明	此纳税申报表是根据《中华人民共和国土地增值税暂行条例》及其实施细则和国家有关税收规定填报的，是真实的、可靠的、完整的				
纳税人签章		代理人签章		代理人身份证号	
以下由税务机关填写：					
受理人		受理日期	年 月 日	受理税务机关签章	

填表说明：

1．本表适用于从事房地产开发与建设的纳税人，在立项后及每次转让时填报。

2．凡从事新建房及配套设施开发的纳税人，均应在规定的期限内，据实向主管税务机关填报本表所列内容。

3．本表栏目的内容如果没有，可以空置不填。

4．纳税人在填报土地增值税项目登记表时，应同时向主管税务机关提交土地使用权受让合同、房地产转让合同等有关资料。

5．本表一式三份，送主管税务机关审核盖章后，两份由地方税务机关留存，一份退纳税人。

表7-9 土地增值税纳税申报表

（非从事房地产开发的纳税人适用）

税款所属时间： 年 月 日至 年 月 日　　　　填表日期： 年 月 日

金额单位：元（列至角分）　　　　面积单位：平方米

纳税人识别号							
纳税人名称		项目名称		项目地址			
所属行业		登记注册类型		纳税人地址		邮政编码	
开户银行		银行账号		主管部门		电　话	

项　　目				行次	金　　额
一、转让房地产收入总额　1=2+3+4				1	
其中	货币收入			2	
	实物收入			3	
	其他收入			4	
二、扣除项目金额合计（1）5=6+7+10+15 （2）5=11+12+14+15				5	
（1）提供评估价格	1．取得土地使用权所支付的金额			6	
	2．旧房及建筑物的评估价格 7=8×9			7	
	其中	旧房及建筑物的重置成本价		8	
		成新度折扣率		9	
	3．评估费用			10	
（2）提供购房发票	1．购房发票金额			11	
	2．发票加计扣除金额 12=11×5%×13			12	
	其中：房产实际持有年数			13	
	3．购房契税			14	
	4．与转让房地产有关的税金等 15=16+17+18			15	

续表

项　　目		行次	金　　额
其中	城市维护建设税	16	
	印花税	17	
	教育费附加	18	
三、增值额 19=1–5		19	
四、增值额与扣除项目金额之比（%）20=19÷5		20	
五、适用税率（%）		21	
六、速算扣除系数（%）		22	
七、应缴土地增值税税额 23=19×21–5×22		23	
八、减免税额（减免性质代码：________________）		24	
九、已缴土地增值税税额		25	
十、应补（退）土地增值税税额　26=23–24–25		26	

以下由纳税人填写：					
纳税人声明	此纳税申报表是根据《中华人民共和国土地增值税暂行条例》及其实施细则和国家有关税收规定填报的，是真实的、可靠的、完整的				
纳税人签章		代理人签章		代理人身份证号	
以下由税务机关填写：					
受理人		受理日期	年　月　日	受理税务机关签章	

本表一式两份，一份纳税人留存，另一份税务机关留存。

课后练习

1.（单选题）下列各项中，应当征收土地增值税的是（　　）。

A. 公司与公司之间互换房产　　B. 房地产开发公司为客户代建房产

C. 兼并企业从被兼并企业取得房产　　D. 双方合作建房后按比例分配自用房产

2.（单选题）甲企业为一般生产企业，下列有关甲企业的行为中，需要缴纳土地增值税的是（　　）。

A. 甲企业向某银行借款 100 万元，以其自有的厂房作为抵押，厂房尚在抵押期间

B. 甲企业将自有的一幢办公楼作价入股，投资给某商业企业

C. 甲企业出地，某商业企业出资金，双方合作建造办公楼，建成分配后用于自己使用

D. 甲企业用闲置的办公楼与乙企业交换厂房

任务五　房　产　税

案例导入

无锡市政府机关有办公用房一幢，房产价值为 2 000 万元。2020 年将其中的 1/5 对外

出租，取得租金收入200万元。已知无锡市统一规定计算房产余值时的扣除比例是30%，请问该市政府机关当年应纳的房产税为多少？

【案例解析】因为政府机关办公用房免缴房产税，所以只对出租部分计算缴纳房产税，应纳房产税税额=200×12%=24（万元）。

一、房产税概述

房产税是以房产为征税对象，依据房产计税价值或房产租金收入向房产所有人或经营管理人等征收的一种税。房产税相关知识如表7-10所示。

表7-10　房产税相关知识

项　　目	内　　容
纳税义务人	一般规定：在我国城市、县城、建制镇和工矿区内拥有房屋产权的单位和个人。 特殊规定： （1）产权属国家所有的，由经营管理单位纳税；产权属集体和个人所有的，由集体单位和个人纳税。 （2）产权出典的，由承典人纳税。 （3）产权所有人、承典人不在房屋所在地的，由房产代管人或者使用人纳税。 （4）产权未确定及租典纠纷未解决的，由房产代管人或者使用人纳税。 （5）无租使用其他房产的，由房产使用人纳税；居民住宅区内业主共有的经营性房产，由实际经营（包括自营和出租）的代管人或使用人纳税。 （6）外商投资企业、外国企业和组织及外籍个人，依照《中华人民共和国房产税暂行条例》缴纳房产税
征税对象	有屋面和围护结构（有墙或两边有柱），能够遮风避雨，可供人们在其中生产、学习、工作、生活的房屋。 与房屋不可分割的各种附属设施或不单独计价的配套设施，也属于房屋，应一并征收房产税；但独立于房屋之外的建筑物（如水塔、围墙、烟囱、菜窖等）不属于房屋，不征房产税
征税范围	城市、县城、建制镇和工矿区的房屋

重要提示

房产税的征税范围不包括农村，这主要是为了减轻农民的负担。因为农村的房屋，除农副业生产用房外，大部分是农民居住用房。对农村房屋不纳入房产税征税范围，有利于农业发展，繁荣农村经济，有利于社会稳定。

二、房产税计税依据及应纳税额的计算

（一）计税依据

房产税的计税依据是房产的计税价值或房产的租金收入。按照房产计税价值征税的，称为从价计征；按照房产租金收入计征的，称为从租计征。

1. 从价计征

从价计征的房产税，是以房产余值为计税依据。根据《房产税暂行条例》的规定，房

产税依照房产原值一次减除 10%～30%后的余值计算缴纳。各地扣除比例由当地省、自治区、直辖市人民政府确定。

（1）房产原值是指纳税人按照会计制度规定，在账簿“固定资产”科目中记载的房屋原价，包括与房屋不可分割的各种附属设备或一般不单独计算价值的配套设施。

（2）纳税人对原有房屋进行改建、扩建的，要相应增加房屋的原值。对于更换房屋附属设备和配套设施的，在将其价值计入房产原值时，可扣减原来相应设备和设施的价值；对附属设备和配套设施中易损坏、需要经常更换的零配件，更新后不再计入房产原值。

2. 从租计征

房产出租的，以房产租金收入为房产税的计税依据，包括货币收入和实物收入。计征房产税的租金收入不含增值税。

（二）应纳税额的计算

房产税的计算公式如表 7-11 所示。

表 7-11　房产税的计算公式

计 税 依 据	应纳税额的计算
从价计征	应纳税额=应税房产原值×（1–扣除比例）×1.2%
从租计征	应纳税额=租金收入×12%（或 4%）

例题 7-8

某生产企业 2020 年 1 月 1 日的房产原值为 4 000 万元，2 月 1 日将其中原值为 2 000 万元的房屋出租，月租金为 10 万元，当地政府规定的减除比例为 20%，适用税率为 1.2%。请问该企业 1 月和 2 月应纳多少房产税？

答案：（1）1 月应纳房产税=4 000×（1–20%）×1.2%÷12=3.2（万元）

（2）2 月应纳房产税=［（4 000–2 000）×（1–20%）×1.2%+10×12×12%］÷12=2.8（万元）

三、房产税的会计处理

纳税人期末按规定计算当期应纳房产税时，借记“管理费用”科目，贷记“应交税费——应交房产税”科目；申报缴纳房产税时，借记“应交税费——应交房产税”科目，贷记“银行存款”科目。

根据例题 7-8 的资料，会计处理如下。

（1）1 月预提房产税：

借：管理费用　　32 000

　　贷：应交税费——应交房产税　　32 000

（2）2 月预提房产税：

借：管理费用　　28 000

　　贷：应交税费——应交房产税　　28 000

（3）3 月预提分录同 2 月一样。

（4）上缴第一季度房产税。

借：应交税费——应交房产税　　88 000

　　贷：银行存款　　88 000

四、房产税的税收优惠

（1）国家机关、人民团体、军队自用的房产免征房产税。自 2004 年起，对军队空余房产租赁收入暂免征收房产税。

（2）由国家财政部门拨付事业经费的单位自用的房产免征房产税。但如学校的工厂、商店、招待所等应照章纳税。

（3）宗教寺庙、公园、名胜古迹自用的房产免征房产税。但经营用的房产不免。

（4）老年服务机构自用的房产免征房产税。

（5）个人所有非营业用的房产免征房产税。但个人拥有的营业用房或出租的房产，应照章纳税。

（6）毁损不堪居住的房屋和危险房屋，经有关部门鉴定，在停止使用后，可免征房产税。

（7）纳税人因房屋大修导致连续停用半年以上的，在房屋大修期间免征房产税。

（8）对高校学生公寓免征房产税。

五、房产税的纳税申报

1. 纳税义务发生时间

（1）纳税人将原有房产用于生产经营，从生产经营之月起，缴纳房产税。

（2）纳税人自行新建房屋用于生产经营，从“建成”之次月起，缴纳房产税。

（3）纳税人委托施工企业建设的房屋，从“办理验收手续”之次月起，缴纳房产税。

（4）纳税人购置新建商品房，从房屋“交付使用”之次月起，缴纳房产税。

（5）纳税人购置存量房，自办理“权属转移，变更登记”手续，房地产权属登记机关签发房屋权属证书之次月起，缴纳房产税。

（6）纳税人出租、出借房产，自交付出租、出借房产之次月起，缴纳房产税。

（7）房地产开发企业自用、出租、出借本企业建造的商品房，自房屋使用或者交付之次月起，缴纳房产税。

（8）纳税人因房产的实物或权利状态发生变化而依法终止房产税纳税义务的，其应纳税款的计算截止到房产的实物或权利状态发生变化的当月末。

2. 纳税地点

房产税在“房屋所在地”缴纳；房产不在同一地方的纳税人，应按房产的坐落地点分别向房产所在地的税务机关申报纳税。

3. 纳税期限

房产税实行按年计算、分期缴纳的征收办法。纳税期限一般规定按季或按半年征收一次。具体纳税期限由省、自治区、直辖市人民政府规定。房产税纳税申报表如表 7-12 所示。

表 7-12　房产税纳税申报表

填表日期：　　年　　月　　日

纳税人识别号

<table>
<tr><td colspan="3">纳税人名称</td><td colspan="4"></td><td colspan="3">税款所属时期</td><td colspan="8"></td></tr>
<tr><td colspan="3">房产坐落地点</td><td colspan="4"></td><td colspan="3">建筑面积（平方米）</td><td colspan="3"></td><td>房屋结构</td><td colspan="4"></td></tr>
<tr><td rowspan="2">上期申报房产原值</td><td rowspan="2">本期增减</td><td rowspan="2">本期实际房产原值</td><td colspan="3">其中</td><td rowspan="2">扣除率%</td><td colspan="3">以房产余值计征房产税</td><td colspan="3">以租金收入计征房产税</td><td rowspan="2">全年应纳税额</td><td rowspan="2">缴纳次数</td><td colspan="2">本期</td><td rowspan="2">应补（退）税额</td></tr>
<tr><td>从价计税的房产原值</td><td>从租计税的房产原值</td><td>税法规定的免税房产原值</td><td>房产余值</td><td>适用税率 1.2%</td><td>应纳税额</td><td>租金收入</td><td>适用税率 12%</td><td>应纳税额</td><td>应纳税额</td><td>已纳税额</td></tr>
<tr><td>1</td><td>2</td><td>3=1+2</td><td>4=3−5−6</td><td>5=3−4−6</td><td>6</td><td>7</td><td>8=4−4×7</td><td>9</td><td>10=8×9</td><td>11</td><td></td><td>13=11×12</td><td>14=10+13</td><td>15</td><td>16=14÷15</td><td>17</td><td>18=16−17</td></tr>
<tr><td></td><td></td><td></td><td></td><td></td><td></td><td></td><td></td><td></td><td></td><td></td><td></td><td></td><td></td><td></td><td></td><td></td><td></td></tr>
<tr><td></td><td></td><td></td><td></td><td></td><td></td><td></td><td></td><td></td><td></td><td></td><td></td><td></td><td></td><td></td><td></td><td></td><td></td></tr>
<tr><td></td><td></td><td></td><td></td><td></td><td></td><td></td><td></td><td></td><td></td><td></td><td></td><td></td><td></td><td></td><td></td><td></td><td></td></tr>
<tr><td>合计</td><td></td><td></td><td></td><td></td><td></td><td></td><td></td><td></td><td></td><td></td><td></td><td></td><td></td><td></td><td></td><td></td><td></td></tr>
<tr><td colspan="5">如纳税人填报，由纳税人填写以下各栏</td><td colspan="12">如委托代理人填报，由代理人填写以下各栏</td><td></td></tr>
<tr><td colspan="3">会计主管</td><td colspan="2">纳税人</td><td colspan="2">代理人名称</td><td colspan="3"></td><td colspan="7" rowspan="3"></td><td rowspan="3"></td></tr>
<tr><td colspan="3">（签章）</td><td colspan="2">（公章）</td><td colspan="2">代理人地址</td><td colspan="3"></td></tr>
<tr><td colspan="3"></td><td colspan="2"></td><td colspan="2">经办人姓名</td><td colspan="3"></td></tr>
<tr><td colspan="17">以下由税务机关填写</td><td></td></tr>
<tr><td colspan="3">收到申报表日期</td><td colspan="3"></td><td></td><td colspan="10"></td><td></td></tr>
<tr><td colspan="18">说明：1. 本表适用于中国境内房产税纳税人填报。2. 房产原值是指纳税人按照会计制度规定，在账簿“固定资产”科目中记载的房屋原价。3. 计税房产余值=房产原值×（1−税法规定的扣除率）。4. 本表一式三联，第一联纳税人保存；第二联由主管税务机关留存；第三联税务机关作税收会计原始凭证。</td></tr>
</table>

课后练习

某供热企业 2020 年度拥有生产用房原值为 3 000 万元，当年取得供热收入 2 000 万元，其中直接向居民供热的收入为 500 万元，房产所在地规定计算房产余值的扣除比例为 20%。要求：计算该企业 2020 年应缴纳的房产税。

任务六 车 船 税

案例导入

三轮车、火车、摩托车和养殖渔船是否都属于车船税征税范围？

【案例解析】车船税的征收范围为车辆和船舶，不包括火车、飞机；养殖渔船属于免税范围。

车船税是指在中华人民共和国境内的车辆、船舶的所有人或者管理人应缴纳的一种税。

一、纳税义务人与征税范围

（一）车船税的纳税义务人

在中华人民共和国境内，车辆、船舶（以下简称车船）的所有人或者管理人。

外商投资企业和外国企业及外籍人员适用车船税的规定。

从事机动车第三者责任强制保险业务的保险机构为机动车车船税的扣缴义务人。

（二）征税范围

（1）依法应当在车船管理部门登记的机动车辆和船舶。

（2）依法不需要在车船管理部门登记、在单位内部场所行驶或者作业的机动车辆和船舶。

二、税目与税率

车船税实行定额税率。确定税额总的原则：非机动车船的税负轻于机动车船；人力车的税负轻于畜力车；小吨位船舶的税负轻于大船舶。车船税税目、税额表如表 7-13 所示。

表 7-13　车船税税目、税额表

类 别	项 目	单 位	税额（元）	备 注
乘用车按发动机气缸容量（排气量分档）	1.0 升（含）以下的	每辆	60～360	核定载客人数 9 人（含）以下
	1.0 升以上至 1.6 升（含）的		360～660	
	1.6 升以上至 2.0 升（含）的		660～960	
	2.0 升以上至 2.5 升（含）的		960～1 620	
	2.5 升以上至 3.0 升（含）的		1 620～2 460	
	3.0 升以上至 4.0 升（含）的		2 460～3 600	
	4.0 升以上的		3 600～5 400	

续表

类 别	项 目	单 位	税额（元）	备 注
商用车	客车	每辆	480～1 440	核定载客人数9人以上（包括电车）
	货车	整备质量每吨	16～120	1. 包括半挂牵引车、挂车、客货两用汽车、三轮汽车和低速载货汽车等。 2. 挂车按照货车税额的50%计算
其他车辆	专用作业车	整备质量每吨	16～120	不包括拖拉机
	轮式专用机械车	整备质量每吨	16～120	
摩托车		每辆	36～180	
船舶	机动船舶	净吨位每吨	3～6	拖船、非机动驳船分别按照机动船舶税额的50%计算；游艇的税额另行规定
	游艇	艇身长度每米	600～2 000	

重要提示

税额关注要点：

（1）拖船按照发动机功率每2马力折合净吨位1吨计算征收车船税。

（2）游艇艇身长度是指游艇的总长。

（3）车辆整备质量尾数不超过0.5吨的，按照0.5吨计算；超过0.5吨的，按照1吨计算。整备质量不超过1吨的车辆，按照1吨计算。

（4）船舶净吨位尾数不超过0.5吨的，不予计算；超过0.5吨的，按照1吨计算。净吨位不超过1吨的船舶，按照1吨计算。

（5）车船税法所涉及的排气量、整备质量、核定载客人数、净吨位、马力、艇身长度，以车船管理部门核发的车船登记证书或者行驶证相应项目所载数据为准。

即学即思

下列各项关于车船税计税依据及税额的表述中，正确的是（　　）。

A. 拖船以每马力折合净吨位1吨计算

B. 非机动驳船以船舶税额的50%计算

C. 车辆整备质量尾数在半吨以下的，不予计算

D. 船舶净吨位尾数在半吨以下的，按半吨计算

答案：B。拖船按照发动机功率每2马力折合净吨位1吨计算；车辆整备质量尾数不超过0.5吨的，按照0.5吨计算；船舶净吨位尾数不超过0.5吨的，不予计算。

三、应纳税额的计算

（1）购置的新车船，购置当年的应纳税额自纳税义务发生的当月起按月计算。

计算公式为：

$$应纳税额=（年应纳税额\div12）\times应纳税月份数$$

（2）在一个纳税年度内，已完税的车船被盗抢、报废、灭失的，纳税人可以凭有关管

理机关出具的证明和完税证明，向纳税所在地的主管税务机关申请退还自被盗抢、报废、灭失月份起至该纳税年度终了期间的税款。

（3）已办理退税的被盗抢车船，失而复得的，纳税人应当从公安机关出具相关证明的当月起计算缴纳车船税。

（4）在一个纳税年度内，纳税人在非车辆登记地由保险机构代收代缴机动车车船税，且能够提供合法有效完税证明的，纳税人不再向车辆登记地的地方税务机关缴纳车辆车船税。

（5）已缴纳车船税的车船在同一纳税年度内办理转让过户的，不另纳税，也不退税。

四、车船税的科目设置及会计处理

（一）科目设置

企业应设置“应交税费——应交车船税”明细账户。贷方核算本期应缴纳的车船税税额，借方核算实际缴纳数额，贷方余额表示企业应缴未缴的车船税税额。

（二）会计处理

计提车船税时：

借：管理费用

　　贷：应交税费——应交车船税

实际缴纳时：

借：应交税费——应交车船税

　　贷：银行存款

例题 7-9

某公司拥有小型客车 3 辆，货车 8 辆，每辆载重吨位为 5 吨，当地政府规定小型客车应纳的车船税年税额为 500 元/辆，货车为 80 元/吨，计算该企业年度应纳车船税税额，并进行会计处理。

答案：年度应纳税额=3×500+8×5×80=4 700（元）

（1）计提车船税时：

借：管理费用　　4 700

　　贷：应交税费——应交车船税　　4 700

（2）实际缴纳时：

借：应交税费——应交车船税　　4 700

　　贷：银行存款　　4 700

五、车船税的纳税申报

（一）纳税期限

（1）车船税纳税义务发生时间为车船管理部门核发的车船登记证书或者行驶证书所记载日期的当月。

（2）纳税人未按照规定到车船管理部门办理应税车船登记手续的，以车船购置发票所载开具时间的当月作为车船税的纳税义务发生时间。对未办理车船登记手续且无法提供车船购置发票的，由主管地方税务机关核定纳税义务发生时间。

（二）纳税地点

（1）车船税的纳税地点为车船的登记地或者车船税扣缴义务人所在地。依法不需要办理登记的车船，车船税的纳税地点为车船的所有人或者管理人所在地。

（2）扣缴义务人代收代缴车船税的，纳税地点为扣缴义务人所在地。

（三）下列车船免征车船税

（1）捕捞、养殖渔船；

（2）军队、武装警察部队专用的车船；

（3）警用车船；

（4）依照法律规定应当予以免税的外国驻华使领馆、国际组织驻华代表机构及其有关人员的车船。

（5）新能源车船；

（6）临时入境的外国车船和中国香港特别行政区、澳门特别行政区、台湾地区的车船。

（四）车船税纳税申报表

车船税按年申报，分月计算，一次性缴纳。已缴纳车船税的车船在同一纳税年度内办理转让过户的，不另纳税，也不退税。具体申报纳税期限由省、自治区、直辖市人民政府规定。车船税纳税申报表如表 7-14 所示。

表 7-14　车船税纳税申报表

填表日期：　　年　月　日

税款所属时期：　　年　月　日至　　年　月　日　　　　金额单位：元（列至角分）

纳税人名称				企 业 编 码	
地　　址				邮 政 编 码	
办税员姓名		电话		税务登记证号	

续表

<table>
<tr><td rowspan="2">车船类别</td><td rowspan="2">计税标准</td><td rowspan="2">数量</td><td rowspan="2">单位税额</td><td rowspan="2">全年应缴税额</td><td rowspan="2">缴纳次数</td><td colspan="3">本期</td></tr>
<tr><td>应纳税额</td><td>已纳税额</td><td>应补（退）税额</td></tr>
<tr><td>1</td><td>2</td><td>4</td><td>5</td><td>6=4×5</td><td>7</td><td>8=6÷7</td><td>9</td><td>10</td></tr>
<tr><td></td><td></td><td></td><td></td><td></td><td></td><td></td><td></td><td></td></tr>
<tr><td></td><td></td><td></td><td></td><td></td><td></td><td></td><td></td><td></td></tr>
<tr><td colspan="2">合　　计</td><td></td><td></td><td></td><td></td><td></td><td></td><td></td></tr>
<tr><td colspan="2">如纳税人填报，由纳税人填写：</td><td></td><td colspan="6">如委托代理人填报，由代理人填写以下各栏</td></tr>
<tr><td rowspan="3">会计主管
（签章）</td><td rowspan="3">纳税人
（公章）</td><td colspan="2">代理人名称</td><td colspan="2"></td><td rowspan="2">代理人（公章）</td><td colspan="2" rowspan="2"></td></tr>
<tr><td colspan="2">代理人地址</td><td colspan="2"></td></tr>
<tr><td colspan="2">经办人姓名</td><td colspan="2"></td><td>电话</td><td colspan="2"></td></tr>
<tr><td colspan="9">以下由税务机关填写</td></tr>
<tr><td colspan="2">收到申报表日期</td><td colspan="3"></td><td>接收人</td><td colspan="3"></td></tr>
</table>

课后练习

某运输公司拥有并使用以下车辆：农业机械部门登记的拖拉机 5 辆，自重吨位为 2 吨；自重 5.7 吨的载货卡车 10 辆；自重吨位为 4.5 吨的汽车挂车 5 辆。中型载客汽车 10 辆，其中包括 2 辆电车。当地政府规定，载货汽车的车辆税额为 60 元/吨，载客汽车的税额为 420 元/年。要求：计算该公司当年应缴纳的车船税。

任务七　契　　税

案例导入

2020 年 8 月 11 日第十三届全国人民代表大会常务委员会第二十一次会议通过《中华人民共和国契税法》。本法自 2021 年 9 月 1 日起施行。1997 年 7 月 7 日国务院发布的《中华人民共和国契税暂行条例》同时废止。

契税是以在中华人民共和国境内转移土地、房屋权属为征税对象，向产权承受人征收的一种财产税。

一、征税对象

契税的征税对象是在境内转移土地、房屋权属这种行为。具体包括土地使用权出让、土地使用权转让（包括出售、赠与、互换）、房屋买卖、房屋赠与、房屋交换及承受国有土地使用权支付的土地出让金。

重要提示

以作价投资（入股）、偿还债务、划转、奖励等方式转移土地、房屋权属的，应当依照规定征收契税。土地、房屋典当、继承、分拆（分割）、抵押以及出租等行为，不属于契税的征税范围。农村集体土地承包经营权的转移不征收契税。

二、纳税义务人、税率及应纳税额的计算

（一）纳税义务人

契税的纳税义务人是境内转移土地、房屋权属承受的单位和个人。单位包括内外资企业、事业单位、国家机关、军事单位和社会团体。个人包括中国公民和外籍人员。

（二）税率

契税采用3%～5%的幅度比例税率。契税的具体适用税率，由省、自治区、直辖市人民政府在前款规定的税率幅度内提出，报同级人民代表大会常务委员会决定，并报全国人民代表大会常务委员会和国务院备案。

重要提示

财政部　国家税务总局　住房和城乡建设部发布《关于调整房地产交易环节契税、营业税优惠政策的通知》：（1）对个人购买家庭唯一住房（家庭成员范围包括购房人、配偶及未成年子女，下同），面积为90平方米及以下的，减按1%的税率征收契税；面积为90平方米以上的，减按1.5%的税率征收契税；（2）对个人购买家庭第二套改善性住房，面积为90平方米及以下的，减按1%的税率征收契税；面积为90平方米以上的，减按2%的税率征收契税。

（三）应纳税额的计算

（1）契税应纳税额=计税依据×税率。

（2）契税的计税依据是不动产的价格。依不动产的转移方式、定价方法不同，契税计税依据有以下几种情况：

① 土地使用权出让、出售，房屋买卖，为土地、房屋权属转移合同确定的成交价格，包括应交付的货币以及实物、其他经济利益对应的价款。

② 土地使用权互换、房屋互换，为所互换的土地使用权、房屋价格的差额。

③ 土地使用权赠与、房屋赠与以及其他没有价格的转移土地、房屋权属行为，为税务机关参照土地使用权出售、房屋买卖的市场价格依法核定的价格。

④ 纳税人申报的成交价格、互换价格差额明显偏低且无正当理由的，由税务机关依照《中华人民共和国税收征收管理法》的规定核定。

重要提示

征契税的成交价格不含增值税。

即学即思

居民乙因拖欠居民甲 180 万元款项无力偿还，2014 年 6 月经当地有关部门调解，以房产抵偿该笔债务，居民甲因此取得该房产的产权并支付给居民乙差价款 20 万元。假定当地省政府规定的契税税率为 3%。下列表述正确的是（　　）。

A. 居民甲应缴纳契税 0.6 万元　　B. 居民乙应缴纳契税 0.6 万元

C. 居民甲应缴纳契税 6 万元　　D. 居民乙应缴纳契税 6 万元

答案：C。抵债房屋的价值=180+20=200（万元），所以由居民甲缴纳契税=200×3%=6（万元）。

三、会计处理

企业和事业单位取得土地使用权、房屋按规定缴纳的契税，应计入所取得土地使用权和房屋的成本。

企业取得土地使用权、房屋按规定缴纳的契税的会计处理如下。

借：固定资产、无形资产等

　　贷：银行存款

四、契税税收优惠

1. 有下列情形之一的，免征契税

（1）国家机关、事业单位、社会团体、军事单位承受土地、房屋权属用于办公、教学、医疗、科研、军事设施。

（2）非营利性的学校、医疗机构、社会福利机构承受土地、房屋权属用于办公、教学、医疗、科研、养老、救助。

（3）承受荒山、荒地、荒滩土地使用权用于农、林、牧、渔业生产。

（4）婚姻关系存续期间夫妻之间变更土地、房屋权属。

（5）法定继承人通过继承承受土地、房屋权属。

（6）依照法律规定应当予以免税的外国驻华使馆、领事馆和国际组织驻华代表机构承受土地、房屋权属。

根据国民经济和社会发展的需要，国务院对居民住房需求保障、企业改制重组、灾后重建等情形可以规定免征或者减征契税，报全国人民代表大会常务委员会备案。

2. 省、自治区、直辖市可以决定对下列情形免征或者减征契税

（1）因土地、房屋被县级以上人民政府征收、征用，重新承受土地、房屋权属。

（2）因不可抗力灭失住房，重新承受住房权属。

免征或者减征契税的具体办法，由省、自治区、直辖市人民政府提出，报同级人民代表大会常务委员会决定，并报全国人民代表大会常务委员会和国务院备案。

五、契税征收管理

（1）纳税义务发生时间：纳税人在签订土地、房屋权属转移合同的当天，或者取得其他具有土地、房屋权属转移合同性质凭证的当天，为纳税义务发生时间。

（2）纳税期限：自纳税义务发生之日起的 10 日内。

（3）纳税地点：契税在土地、房屋所在地的征收机关缴纳，并填制契税纳税申报表（见表 7-15）。

（4）征收管理：纳税人办理纳税事宜后，征收机关应向纳税人开具契税完税凭证。纳税人持契税完税凭证和其他规定的文件材料，依法向土地管理部门、房产管理部门办理有关土地、房屋的权属变更登记手续。税务机关应当与相关部门建立契税涉税信息共享和工作配合机制。自然资源、住房城乡建设、民政、公安等相关部门应当及时向税务机关提供与转移土地、房屋权属有关的信息，协助税务机关加强契税征收管理。

表 7-15　契税纳税申报表

填表日期：　　年　　月　　日　　　　　　　　　　　　　　　　　　单位：元、平方米

<table>
<tr><td rowspan="2">承受方</td><td>名称</td><td colspan="2"></td><td>识 别 号</td><td></td></tr>
<tr><td>地址</td><td colspan="2"></td><td>联系电话</td><td></td></tr>
<tr><td rowspan="2">转让方</td><td>名称</td><td colspan="2"></td><td>识 别 号</td><td></td></tr>
<tr><td>地址</td><td colspan="2"></td><td>联系电话</td><td></td></tr>
<tr><td rowspan="5">土地、房屋
权属转移</td><td>合同签订时间</td><td colspan="4"></td></tr>
<tr><td>土地、房屋地址</td><td colspan="4"></td></tr>
<tr><td>权属转移类别</td><td colspan="4"></td></tr>
<tr><td>权属转移面积</td><td colspan="4">平方米</td></tr>
<tr><td>成交价格</td><td colspan="4">元</td></tr>
<tr><td>适用税率</td><td colspan="5"></td></tr>
<tr><td>计征税额</td><td colspan="5">元</td></tr>
<tr><td>减免税额</td><td colspan="5">元</td></tr>
<tr><td>应纳税额</td><td colspan="5">元</td></tr>
<tr><td>纳税人员
签　　章</td><td colspan="2"></td><td>经办人员
签　　章</td><td colspan="2"></td></tr>
<tr><td colspan="6">（以下部分由征收机关负责填写）</td></tr>
<tr><td>征收机关
收到日期</td><td></td><td>接收人</td><td></td><td>审核日期</td><td></td></tr>
</table>

续表

审　　核 记　　录			
审核人员 签　　章		征收机关 签　　章	

（本表 A4 竖式，一式两联：第一联由纳税人保存；第二联由主管征收机关留存）

课后练习

某企业破产清算时，其房地产评估价值为 4 000 万元，其中以价值 3 000 万元的房地产抵偿债务，将价值 1 000 万元的房地产进行拍卖，拍卖收入为 1 200 万元。债权人获得房地产后，与他人进行房屋交换，取得额外补偿 500 万元。要求：计算当事人各方应缴纳的契税。

任务八　城市维护建设税和教育费附加

案例导入

无锡市东方机械有限公司 2020 年 11 月实际缴纳的增值税为 54 000 元，缴纳的消费税为 40 000 元，计算该企业应缴纳的城市维护建设税和教育费附加。

【案例解析】城市维护建设税和教育费附加的计税依据，是纳税人实际缴纳的增值税和消费税税额，不包括加收的滞纳金和罚款。

该企业应缴纳的城市维护建设税=（54 000+40 000）×7%=6 580（元）

应缴纳的教育费附加=（54 000+40 000）×3%=2 820（元）

一、城市维护建设税

（一）城市维护建设税概述

1. 概念

城市维护建设税，是国家对缴纳增值税、消费税的单位和个人就其实际缴纳的增值税和消费税税额为计税依据而征收的一种税。它属于特定目的税，是国家为加强城市的维护建设，扩大和稳定城市维护建设资金的来源而采取的一项税收措施。

2. 纳税人

城市维护建设税的纳税人是缴纳增值税、消费税的单位和个人，包括国有企业、集体企业、私营企业、股份制企业、其他企业和行政事业单位、军事单位、社会团体、其他单位，以及个体工商户及其他个人，也包括外商投资企业和外国企业。

3. 征税范围

城市维护建设税的征税范围较广，具体包括城市、县城、建制镇，以及税法规定征收增值税和消费税的其他地区。

4. 税率

城市维护建设税的税率是指纳税人应缴纳的城市维护建设税税额与纳税人实际缴纳的增值税和消费税税额之间的比率。城市维护建设税按纳税人所在地的不同，设置了三档地区差别比例税率，如表7-16所示。

表7-16　城市维护建设税税率表

纳税人所在地区	适 用 税 率
市区	7%
县城、镇	5%
不在市区、县城或者镇的	1%

（二）城市维护建设税计税依据及应纳税额的计算

1. 计税依据

城市维护建设税的计税依据是指纳税人实际缴纳的增值税、消费税税额，以及出口货物、劳务或者跨境销售服务、无形资产增值税免抵税额，不包括加收的滞纳金和罚款。但纳税人在被查补增值税、消费税和被处以罚款时，应同时对其偷漏的城市维护建设税进行补税、征收滞纳金和罚款。因减免增值税和消费税而需要退库的，城市维护建设税也可以同时退库。对出口产品退还增值税和消费税的，不退还已纳的城市维护建设税。

即学即思

下列各项中，符合城市维护建设税计税依据规定的有（　　）。

A. 实际缴纳的增值税税款　　B. 偷逃消费税而加收的滞纳金

C. 出口货物免抵的增值税税额　　D. 出口产品征收的消费税税额

答案：A、C、D。城市维护建设税的计税依据是纳税人实际缴纳的增值税、消费税税额，但不包括加收的滞纳金和罚款。

2. 应纳税额的计算

应纳城市维护建设税税额=（实际缴纳的增值税税额+消费税税额）×适用税率

由于城市维护建设税法实行纳税人所在地差别比例税率，所以在计算应纳税额时，应十分注意根据纳税人所在地来确定适用税率。

例题7-10

某公司设在市区，2020年6月销售货物实际缴纳增值税100 000元，缴纳消费税80 000

元，请问该公司应缴纳多少城市维护建设税？

答案：应缴纳城市维护建设税=（100 000+80 000）×7%=12 600（元）

（三）城市维护建设税的会计处理

企业核算应缴纳的城市维护建设税，应设置“应交税费——应交城市维护建设税”科目。计算应缴纳的城市维护建设税时，若是由于主营业务实际缴纳的增值税和消费税所计提的城市维护建设税，则借记“税金及附加”科目，贷记“应交税费——应交城市维护建设税”科目；若是由于其他业务实际缴纳的增值税和消费税所计提的城市维护建设税，则借记“其他业务成本”和“固定资产清理”等科目。实际缴纳税款时，借记“应交税费——应交城市维护建设税”科目，贷记“银行存款”科目。

根据例题 7-10 的资料，该企业应缴纳的城市维护建设税的会计处理如下。

（1）计算应缴纳的城市维护建设税时：

借：税金及附加　　12 600

　　贷：应交税费——应交城市维护建设税　　12 600

（2）实际缴纳税款时：

借：应交税费——应交城市维护建设税　　12 600

　　贷：银行存款　　12 600

（四）城市维护建设税的纳税申报

（1）城市维护建设税的纳税环节，实际就是纳税人缴纳增值税和消费税的环节。纳税人只要发生增值税和消费税的纳税义务，就要在同样的环节，分别计算缴纳城市维护建设税。

（2）纳税地点。纳税人缴纳增值税和消费税的地点，就是该纳税人缴纳城市维护建设税的地点。

（3）纳税期限。由于城市维护建设税是由纳税人在缴纳增值税和消费税时同时缴纳的，所以其纳税期限分别与增值税和消费税的纳税期限一致。

（4）税收优惠。

① 对进口货物或者境外单位和个人向境内销售劳务、服务、无形资产缴纳的增值税、消费税税额，不征收城市维护建设税。

② 对出口货物、劳务和跨境销售服务、无形资产以及优惠政策退还增值税、消费税税额的，不退还已缴纳的城市维护建设税。

③ 对增值税、消费税实行先征后返、先征后退、即征即退办法的，除另有规定外，对随增值税、消费税附征的城市维护建设税，一律不予退（返）还。

（5）纳税申报。城市维护建设税与增值税、消费税同时申报缴纳，纳税人应按照有关税法的规定，如实填写“城市维护建设税纳税申报表”，如表 7-17 所示。

表 7-17　城市维护建设税纳税申报表

填表日期：　　年　月　日　　　　　　开户银行：
账　　号：
纳税人识别号 □□□□□□□□□□□□□□□□　　　　　金额单位：人民币元（列至角分）

<table>
<tr><td>纳税人名称</td><td colspan="2"></td><td>税款所属时期</td><td colspan="4"></td></tr>
<tr><td>计税依据</td><td>计税金额</td><td>税率</td><td>应纳税额</td><td colspan="3">已纳税额</td><td>应补（退）税额</td></tr>
<tr><td>1</td><td>2</td><td>3</td><td>4=2×3</td><td colspan="3">5</td><td>6=4−5</td></tr>
<tr><td>增值税</td><td></td><td></td><td></td><td colspan="3"></td><td></td></tr>
<tr><td>消费税</td><td></td><td></td><td></td><td colspan="3"></td><td></td></tr>
<tr><td></td><td></td><td></td><td></td><td colspan="3"></td><td></td></tr>
<tr><td>合计</td><td></td><td></td><td></td><td colspan="3"></td><td></td></tr>
<tr><td colspan="3">如纳税人填报，
由纳税人填写以下各栏</td><td colspan="4">如委托代理人填报，
由代理人填写以下各栏</td><td>备注</td></tr>
<tr><td rowspan="3">会计主管
（签章）</td><td rowspan="3">经办人
（签章）</td><td rowspan="3">纳税人
（签章）
年　月　日</td><td>代理人名称</td><td colspan="2"></td><td rowspan="3">代理人
（签章）</td><td rowspan="3"></td></tr>
<tr><td>代理人地址</td><td colspan="2"></td></tr>
<tr><td>经办人</td><td>电话</td><td></td></tr>
<tr><td colspan="8">以下由税务机关填写</td></tr>
<tr><td>收到申报表日期</td><td colspan="2"></td><td>接收人</td><td colspan="4"></td></tr>
</table>

二、教育费附加

（一）教育费附加概述

1．概念

教育费附加是对缴纳增值税、消费税的单位和个人，就其实际缴纳的税额为计算依据征收的一种附加费。它是为加快地方教育事业，扩大地方教育经费的资金而征收的一项专用基金。

2．纳税人及征收范围

凡是缴纳增值税、消费税的单位和个人都应依照规定缴纳教育费附加。对个体商贩及个人在集市上出售商品，是否按实际缴纳的临时经营增值税等税额征收教育费附加，由各省、自治区、直辖市人民政府决定。

重要提示

海关对进口产品代征的增值税、消费税，不征收教育费附加；对出口产品退还增值税、消费税，不退还已征的教育费附加；但对由于减免增值税、消费税而发生退税的，可同时退还已征收的教育费附加。

3. 计税依据及征收率

教育费附加对缴纳增值税、消费税的单位和个人征收，以其实际缴纳的增值税、消费税为计征依据，分别与增值税、消费税同时缴纳。教育费附加的计征比例为 3%。

（二）教育费附加的计算

应纳教育费附加=实际缴纳的增值税、消费税之和×征收比率

例题 7-11

某市区一企业 2020 年 11 月缴纳增值税 200 000 元、消费税 300 000 元，则该企业应缴纳的教育费附加是多少？

答案：应纳教育费附加=（200 000+300 000）×3%=15 000（元）

（三）教育费附加的会计处理

教育费附加的会计核算，应设置“应交税费——应交教育费附加”科目。计算应缴纳的教育费附加时，若是由于主营业务实际缴纳的增值税和消费税所计提的教育费附加，则借记“税金及附加”科目，贷记“应交税费——应交教育费附加”科目；若是由于其他业务实际缴纳的增值税和消费税所计提的教育费附加，则借记“其他业务成本”和“固定资产清理”等科目。实际缴纳税款时，借记“应交税费——应交教育费附加”科目，贷记“银行存款”科目。

例题 7-12

根据例题 7-11 的资料，该企业应如何进行账务处理？

答案：（1）计算应缴纳的教育费附加时：

借：税金及附加　　15 000

　　贷：应交税费——应交教育费附加　　15 000

（2）实际缴纳税款时：

借：应交税费——应交教育费附加　　15 000

　　贷：银行存款　　15 000

课后练习

（多选题）北京某公司在深圳转让某县城的一处房产，购进价为 52 万元，转让价为 65 万元，关于城市维护建设税的下列说法，正确的有（　　）。

A. 城市维护建设税在深圳某县缴纳

B. 城市维护建设税在北京缴纳

C. 城市维护建设税适用深圳县城的税率

D. 应缴纳城市维护建设税为 0.032 5 万元

E. 纳税地点由纳税人自己选择

任务九 印 花 税

案例导入

2021年6月10日第十三届全国人民代表大会常务委员会第二十九次会议通过《中华人民共和国印花税法》，本法自2022年7月1日起施行。1988年8月6日国务院发布的《中华人民共和国印花税暂行条例》同时废止。

一、印花税概述

1. 概念

印花税是对经济活动和经济交往中书立、使用、领受具有法律效力的凭证的单位和个人征收的一种税。因纳税人主要是通过在应税凭证上粘贴印花税票来完成纳税义务，故名印花税。

2. 纳税义务人

在中华人民共和国境内书立应税凭证、进行证券交易的单位和个人，为印花税的纳税人，应当依照本法规定缴纳印花税。

在中华人民共和国境外书立在境内使用的应税凭证的单位和个人，应当依照本法规定缴纳印花税。

印花税纳税义务人具体如表7-18所示。

表7-18 印花税纳税义务人

项 目	内 容
立合同人	合同的当事人。所谓当事人，是指对凭证有直接权利义务关系的单位和个人，但不包括合同的担保人、证人、鉴定人。当事人的代理人有代理纳税的义务，他与纳税人负有同等的税收法律义务和责任
立据人	产权转移书据的纳税人是立据人
立账簿人	营业账簿的纳税人是立账簿人。所谓立账簿人，是指设立并使用营业账簿的单位和个人
领受人	权利、许可证照的纳税人是领受人。领受人，是指领取或接受并持有该项凭证的单位和个人。例如，某人因其发明创造，经申请依法取得国家专利机关颁发的专利证书，该人即为纳税人
使用人	在国外书立、领受，但在国内使用的应税凭证，其纳税人是使用人

重要提示

如果一份合同或应税凭证由两方或两方以上当事人共同签订，签订合同或应税凭证的各方都是纳税人（证券交易除外），应就各方所持合同或应税凭证的计税金额履行纳税义务。对纳税人以电子形式签订的各类应税凭证，按规定征收印花税。

二、税目和税率

印花税的税目，指印花税法明确规定的应当纳税的项目，它具体划定了印花税的征税范围。一般地说，列入税目的就要征税，未列入税目的就不征税。印花税的税率有两种形式，即比例税率和定额税率，印花税税目税率表如表7-19所示。

表7-19　印花税税目税率表

应税凭证	税　目	税　率	纳税人
一、合同或具有合同性质的凭证	购销合同	按购销金额0.3‰	订合同人
	加工承揽合同	按加工或承揽收入0.3‰	
	建设工程合同	按收取费用0.3‰	
	建筑安装工程承包合同	按支付价款0.3‰	
	财产租赁合同	按租赁金额1‰	
	货物运输合同	按收取的运输费用0.3‰	
	仓储保管合同	按仓储收取保管费用1‰	
	借款合同（包括融资租赁合同）	按借款金额0.05‰	
	财产保险合同	按收取的保险费用1‰	
	技术合同	按所载金额0.3‰	
二、书据	产权转移书据（商标权、著作权、专利权、专有技术）	按所载金额0.3‰	立据人
	产权转移书据（其他）	按所载金额0.5‰	
	证券交易股权	按当日成交价格1‰	
三、账簿	营业账簿	记载资金的账簿，按实收资本和资本公积合计的0.25‰	立账簿人

三、印花税计税依据及应纳税额的计算

1. 计税依据

（1）应税合同的计税依据，为合同所列的金额，不包括列明的增值税税款；

（2）应税产权转移书据的计税依据，为产权转移书据所列的金额，不包括列明的增值税税款；

（3）应税营业账簿的计税依据，为账簿记载的实收资本（股本）、资本公积合计金额；

（4）证券交易的计税依据，为成交金额。

重要提示

如果纳税人签订合同是含税价，未单独列明增值税的，则需按照全额计缴印花税。

2. 印花税应纳税额的计算

印花税应纳税额，根据应税凭证的性质，分别按比例税率或者定额税率计算。

（1）适用比例税率的应税凭证，计税公式为：

应纳税额=计税金额×适用税率

（2）适用定额税率的应税凭证，计税公式为：

应纳税额=凭证数量×单位税额

（3）营业账簿中记载资金的账簿，计税公式为：

应纳税额=（实收资本+资本公积）×0.25‰

例题 7-13

某企业 2020 年 12 月签订产品购销合同一份，金额为 530 000 元，签订借款合同一份，金额为 200 000 元。计算该月印花税应纳税额。

答案：印花税应纳税额=计税金额×适用税率=530 000×0.000 3+200 000×0.000 05=169（元）

重要提示

应纳税额不足一角的，免纳印花税。应纳税额在一角以上的，其税额尾数不满五分的不计，满五分的按一角计算缴纳。

四、印花税的会计处理

印花税属一次性征收，不需要预提应纳税额，不存在与税务机关结算或清算的问题。因此，企业缴纳的印花税不需要通过“应交税费”科目核算。当企业按规定购买印花税票时，借记“管理费用”科目，贷记“银行存款”和“现金”科目。

根据例题 7-13 进行会计核算：

借：管理费用　　　　　　169

　　贷：银行存款　　　　　　169

五、印花税的纳税申报

1. 纳税义务发生时间

纳税义务发生时间，为纳税人书立应税凭证或者完成证券交易的当日。证券交易印花税扣缴义务发生时间为证券交易完成的当日。

2. 纳税地点

（1）单位纳税人应当向其机构所在地的主管税务机关申报缴纳印花税。

（2）个人纳税人应当向应税凭证订立、领受地或者居住地的税务机关申报缴纳印花税。

（3）纳税人出让或者转让不动产产权的，应当向不动产所在地的税务机关申报缴纳印花税。

（4）证券登记结算机构为证券交易印花税的扣缴义务人，应当向其机构所在地的主管税务机关申报解缴税款以及银行结算的利息。

（5）纳税人为境外单位或者个人，在境内有代理人的，以其境内代理人为扣缴义务人；

在境内没有代理人的，由纳税人自行申报缴纳印花税，具体办法由国务院税务主管部门规定。

3. 纳税期限

（1）一般情况下，印花税按季、按年或者按次计征。按季、按年计征的，纳税人应当于季度、年度终了之日起 15 日内申报并缴纳税款；按次计征的，纳税人应当于纳税义务发生之日起 15 日内申报并缴纳税款。

（2）证券交易印花税按周解缴。证券交易印花税的扣缴义务人应当于每周终了之日起 5 日内申报解缴税款及银行结算的利息。

（3）已缴纳印花税的凭证所载价款或者报酬增加的，纳税人应当补缴印花税；已缴纳印花税的凭证所载金额或报酬减少的，纳税人可以向主管税务机关申请退还印花税税款。

4. 纳税方法

印花税可以采用粘贴印花税票或者由税务机关依法开具其他完税凭证的方式缴纳。印花税票粘贴在应税凭证上的，由纳税人在每枚税票的骑缝处盖戳注销或者划销。印花税票由国务院税务主管部门监制。

5. 纳税申报

税务机关对获准汇总缴纳印花税的单位，应发给汇缴许可证。汇总缴纳的期限由当地税务机关确定，但最长不得超过 1 个月。纳税期满后，纳税人应如实填写“印花税纳税申报表”（见表 7-20），向主管税务机关申报纳税。

表 7-20 印花税纳税申报表

填表日期： 年 月 日

纳税人识别号：

金额单位：元（列至角分）

纳税人名称								税款所属时期		
应税凭证名称	件数	计税金额	适用税率	应纳税额	已纳税额	应补（退）税额	贴花情况			
							上期留存	本期购进	本期贴花	本期结存
1	2	3	4	5=2×4 或 5=3×4	6	7=5−6	8	9	10	11=8+9−10
如纳税人填报，由纳税人填写以下各栏					如委托代理人填报，由代理人填写以下各栏				备注	
会计主管（签章）		纳税人（公章）			代理人名称			代理人（公章）		
					代理人地址					
					经办人姓名			电话		
以下由税务机关填写										
收到申报表日期							接收人			

课后练习

1. 某公司2020年8月开业，领受房屋产权证、工商营业执照、商标注册证、土地使用权证各一份，与其他企业订立加工承揽合同一份，合同载明W公司提供的原材料金额为300万元，需支付的加工承揽费为20万元，另订立财产保险合同一份，保险金额为1 000万元，保险费为12万元。计算该公司2020年应纳的印花税。

2. 根据印花税法律制度的规定，下列各项属于印花税纳税人的是（　　）。

A. 合同的双方当事人　　B. 合同的担保人

C. 合同的证人　　D. 合同的鉴定人

任务十　车辆购置税

车辆购置税是以在中国境内购置规定车辆为课税对象，在特定的环节向车辆购置者征收的一种税。

重要提示

2018年12月29日第十三届全国人民代表大会常务委员会第七次会议通过《中华人民共和国车辆购置税法》，本法自2019年7月1日起施行。2000年10月22日国务院公布的《中华人民共和国车辆购置税暂行条例》同时废止。

一、纳税义务人

在中华人民共和国境内购置汽车、有轨电车、汽车挂车、排气量超过150毫升的摩托车（以下统称应税车辆）的单位和个人，为车辆购置税的纳税人。

重要提示

购置是指：① 购买使用行为（包括购买自用的国产应税车辆和购买自用的进口应税车辆）；② 进口使用行为；③ 受赠使用行为；④ 自产自用行为；⑤ 获奖使用行为；⑥ 拍卖、抵债、走私、罚没等方式取得并使用的行为。

二、征税对象与征税范围

车辆购置税以列举的车辆作为征税对象，未列举的车辆不纳税，其征税范围包括汽车、摩托车、电车、挂车、农用运输车。

三、税率与计税依据

1. 税率

车辆购置税统一比例税率 10%。

重要提示

车辆购置税实行一次性征收。购置已征车辆购置税的车辆，不再征收车辆购置税。

2. 计税依据

车辆购置税的计税依据是应税车辆的价格。

由于应税车辆购置的来源不同，计税价格的组成也就不一样。车辆购置税的计税依据有以下几种情况，如表 7-21 所示。

表 7-21　车辆购置税计税依据

应税行为	计税依据
购买自用	计税依据为纳税人购买应税车辆而支付给销售方的全部价款和价外费用（不含增值税），价外费用不包括销售方代办保险费等而向购买方收取的保险费，以及向购买方收取的代购买方缴纳的车辆购置税、车辆牌照费
进口自用	以组成计税价格为计税依据 组成计税价格=关税完税价格+关税+消费税 如果进口自用的是应缴消费税的小轿车，这个组成计税价格也是进口消费税、增值税的计税依据
自产自用	以纳税人生产的同类应税车辆的销售价格确定，不包括增值税税款
其他自用	受赠、获奖和以其他方式取得并自用，按照购置应税车辆时相关凭证载明的价格确定，不包括增值税税款
申报价格低于同类型应税车辆的最低计税价格，又无正当理由的	由税务机关依照《中华人民共和国税收征收管理法》的规定核定其应纳税额

四、车辆购置税应纳税额的计算

车辆购置税应纳税额的计算如表 7-22 所示。

表 7-22　车辆购置税应纳税额的计算

应税行为	税额计算
（1）购买自用	应纳税额=支付的不含增值税价款×10%
（2）进口自用	应纳税额=组成计税价格×10%
（3）其他自用	应纳税额=最低计税价格×10%
（4）申报价格低于同类型应税车辆的最低计税价格，又无正当理由的	

重要提示

挂车（包括全挂车和半挂车）的车辆购置税减半征收，应纳税额=计税依据×10%×50%。

例题 7-14

宋某 2020 年 11 月从某汽车有限公司购买一辆小汽车供自己使用，支付了含增值税税款在内的款项 226 000 元，另支付代收临时牌照费 550 元、代收保险费 1 000 元，支付工具件和零配件价款 3 000 元，车辆装饰费 1 300 元。所支付的款项均取得合法有效的票据。请计算宋某应纳的车辆购置税。

答案：（1）计税依据=（226 000+550+1 000+3 000+1 300）÷（1+13%）=205 176.99（元）

（2）应纳税额=205 176.99×10%=20 517.7（元）

五、征收管理

1. 纳税环节

纳税人应当在向公安机关等车辆管理机构办理车辆登记注册手续前，缴纳车辆购置税，即在最终消费环节缴纳。

2. 纳税地点

纳税人购置应税车辆，应当向车辆登记地的主管税务机关申报缴纳车辆购置税；购置不需要办理车辆登记的应税车辆的，应当向纳税人所在地的主管税务机关申报缴纳车辆购置税。

3. 纳税期限

车辆购置税的纳税义务发生时间为纳税人购置应税车辆的当日。纳税人应当自纳税义务发生之日起 60 日内申报缴纳车辆购置税。

4. 下列车辆免征车辆购置税

（1）依照法律规定应当予以免税的外国驻华使馆、领事馆和国际组织驻华机构及其有关人员自用的车辆；

（2）中国人民解放军和中国人民武装警察部队列入装备订货计划的车辆；

（3）悬挂应急救援专用号牌的国家综合性消防救援车辆；

（4）设有固定装置的非运输专用作业车辆；

（5）城市公交企业购置的公共汽电车辆；

（6）自 2021 年 1 月 1 日至 2022 年 12 月 31 日，对购置的新能源汽车免征车辆购置税。免征车辆购置税的新能源汽车是指纯电动汽车、插电式混合动力（含增程式）汽车、燃料电池汽车。免征车辆购置税的新能源汽车，通过工业和信息化部、税务总局发布的《免征车辆购置税的新能源汽车车型目录》（以下简称《目录》）实施管理。2020 年 12 月 31 日前已列入《目录》的新能源汽车免征车辆购置税政策继续有效。

5. 纳税申报

车辆购置税实行一车一申报制度。纳税人在办理纳税申报时应如实填写“车辆购置税纳税申报表”（见表 7-23），同时提供车主身份证明、车辆价格证明、车辆合格证明及税务机关要求提供的其他资料的原件和复印件，经车购办审核后，由税务机关保存有关复印件。

表 7-23　车辆购置税纳税申报表

填表日期：　　年　月　日　　　　　　　　　　　　　　　　　　　　　　金额单位：元

<table>
<tr><td>纳税人名称</td><td colspan="2"></td><td>申报类型</td><td colspan="2">□征税　□免税　□减税</td></tr>
<tr><td>证件名称</td><td colspan="2"></td><td>证件号码</td><td colspan="2"></td></tr>
<tr><td>联系电话</td><td colspan="2"></td><td>地　　址</td><td colspan="2"></td></tr>
<tr><td>合格证编号（货物进口证明书号）</td><td colspan="2"></td><td>车辆识别代号/车架号</td><td colspan="2"></td></tr>
<tr><td>厂牌型号</td><td colspan="5"></td></tr>
<tr><td>排量（cc）</td><td colspan="2"></td><td>机动车销售统一发票代码</td><td colspan="2"></td></tr>
<tr><td>机动车销售统一发票号码</td><td colspan="2"></td><td>不含税价</td><td colspan="2"></td></tr>
<tr><td colspan="4">海关进口关税专用缴款书（进出口货物征免税证明）号码</td><td colspan="2"></td></tr>
<tr><td>关税完税价格</td><td></td><td>关　税</td><td></td><td>消费税</td><td></td></tr>
<tr><td>其他有效凭证名称</td><td></td><td>其他有效凭证号码</td><td></td><td>其他有效凭证价格</td><td></td></tr>
<tr><td>购置日期</td><td></td><td>申报计税价格</td><td></td><td>申报免（减）税条件或者代码</td><td></td></tr>
<tr><td>是否办理车辆登记</td><td></td><td>车辆拟登记地点</td><td colspan="3"></td></tr>
<tr><td colspan="6">纳税人声明：
本纳税申报表是根据国家税收法律法规及相关规定填报的，我确定它是真实的、可靠的、完整的。
纳税人（签名或盖章）：</td></tr>
<tr><td colspan="6">委托声明：
现委托（姓名）______（证件号码）________________________办理车辆购置税涉税事宜，提供的凭证、资料是真实、可靠、完整的。任何与本申报表有关的往来文件，都可交予此人。
委托人（签名或盖章）：　　　　　　　　被委托人（签名或盖章）：</td></tr>
</table>

<table>
<tr><td colspan="6">以 下 由 税 务 机 关 填 写</td></tr>
<tr><td colspan="2">免（减）税条件代码</td><td colspan="4"></td></tr>
<tr><td>计税价格</td><td>税率</td><td>应纳税额</td><td>免（减）税额</td><td>实纳税额</td><td>滞纳金金额</td></tr>
<tr><td></td><td></td><td></td><td></td><td></td><td></td></tr>
<tr><td colspan="2">受理人：
年　月　日</td><td colspan="2">复核人（适用于免、减税申报）：
年　月　日</td><td colspan="2">主管税务机关（章）</td></tr>
</table>

课后练习

下列关于车辆购置税的说法，正确的是（　　）。

A. 外国公民在境内购置汽车，免征车辆购置税

B. 纳税人购买四轮农用运输车，免征车辆购置税

C. 已税车辆更换变速箱，不需要重新办理车辆购置税纳税申报

D. 参加比赛获奖所得的汽车，不需要缴纳车辆购置税

任务十一 环境保护税

为了保护和改善环境，减少污染物排放，推进生态文明建设，《中华人民共和国环境保护税法》已由中华人民共和国第十二届全国人民代表大会常务委员会第二十五次会议于2016年12月25日通过，自2018年1月1日起施行。

一、纳税义务人

在中华人民共和国领域和中华人民共和国管辖的其他海域，直接向环境排放应税污染物的企业事业单位和其他生产经营者为环境保护税的纳税人，应当依照《中华人民共和国环境保护税法》（以下称本法）的规定缴纳环境保护税。

应税污染物，是指本法所附《环境保护税税目税额表》《应税污染物和当量值表》规定的大气污染物、水污染物、固体废物和噪声。

二、计税依据和应纳税额

1. 应税污染物的计税依据，按照下列方法确定

（1）应税大气污染物按照污染物排放量折合的污染当量数确定。

（2）应税水污染物按照污染物排放量折合的污染当量数确定。

（3）应税固体废物按照固体废物的排放量确定。

（4）应税噪声按照超过国家规定标准的分贝数确定。

2. 环境保护税应纳税额按照下列方法计算

（1）应税大气污染物的应纳税额=污染当量数×具体适用税额

（2）应税水污染物的应纳税额=污染当量数×具体适用税额

（3）应税固体废物的应纳税额=固体废物排放量×具体适用税额

（4）应税噪声的应纳税额=超过国家规定标准的分贝数对应的具体适用税额

三、税收减免

1. 下列情形，暂予免征环境保护税

（1）农业生产（不包括规模化养殖）排放应税污染物的。

（2）机动车、铁路机车、非道路移动机械、船舶和航空器等流动污染源排放应税污染物的。

（3）依法设立的城乡污水集中处理、生活垃圾集中处理场所排放相应应税污染物，不超过国家和地方规定的排放标准的。

（4）纳税人综合利用的固体废物，符合国家和地方环境保护标准的。

（5）国务院批准免税的其他情形。

2. 减税政策

纳税人排放应税大气污染物或者水污染物的浓度值低于国家和地方规定的污染物排放标准 30%的，减按 75%征收环境保护税。纳税人排放应税大气污染物或者水污染物的浓度值低于国家和地方规定的污染物排放标准 50%的，减按 50%征收环境保护税。

四、征收管理

1. 征收规定

环境保护税由税务机关依照《中华人民共和国税收征收管理法》和本法的有关规定征收管理。生态环境主管部门依照本法和有关环境保护法律法规的规定负责对污染物进行监测管理。县级以上地方人民政府应当建立税务机关、生态环境主管部门和其他相关单位分工协作工作机制，加强环境保护税征收管理，保障税款及时足额入库。

生态环境主管部门和税务机关应当建立涉税信息共享平台和工作配合机制。生态环境主管部门应当将排污单位的排污许可、污染物排放数据、环境违法和受行政处罚情况等环境保护相关信息，定期交送税务机关。税务机关应当将纳税人的纳税申报、税款入库、减免税额、欠缴税款以及风险疑点等环境保护税涉税信息，定期交送生态环境主管部门。

2. 纳税义务发生时间和纳税地点

纳税义务发生时间为纳税人排放应税污染物的当日。纳税人应当向应税污染物排放地的税务机关申报缴纳环境保护税。环境保护税按月计算，按季申报缴纳。不能按固定期限计算缴纳的，可以按次申报缴纳。

纳税人申报缴纳时，应当向税务机关报送所排放应税污染物的种类、数量，大气污染物、水污染物的浓度值，以及税务机关根据实际需要要求纳税人报送的其他纳税资料。

3. 纳税期限

纳税人按季申报缴纳的，应当自季度终了之日起 15 日内，向税务机关办理纳税申报并缴纳税款。纳税人按次申报缴纳的，应当自纳税义务发生之日起 15 日内，向税务机关办理纳税申报并缴纳税款。

纳税人应当依法如实办理纳税申报，对申报的真实性和完整性承担责任。自本法施行之日起，依照本法规定征收环境保护税，不再征收排污费。

课后练习

下列各项中，暂予免征环境保护税的有（　　）。

A. 农业生产（不包括规模化养殖）排放应税污染物的

B. 机动车等流动污染源排放应税污染物的

C. 依法设立的城乡污水集中处理、生活垃圾集中处理场所排放应税污染物的

D. 纳税人综合利用的固体废物，符合国家和地方环境保护标准的

任务十二　烟　叶　税

烟叶税

中华人民共和国第十二届全国人民代表大会常务委员会第三十一次会议于 2017 年 12 月 27 日通过《中华人民共和国烟草专卖法》，自 2018 年 7 月 1 日起施行。

一、纳税义务人

在中华人民共和国境内，依照《中华人民共和国烟草专卖法》（以下称本法）的规定，收购烟叶的单位为烟叶税的纳税人。纳税人应当依照本法规定缴纳烟叶税。

本法所称烟叶，是指烤烟叶、晾晒烟叶。

二、计税依据和税率

烟叶税的计税依据为纳税人收购烟叶实际支付的价款总额。

烟叶税的税率为 20%。

三、应纳税额

烟叶税的应纳税额按照纳税人收购烟叶实际支付的价款总额乘以税率计算。

纳税人收购烟叶实际支付的价款总额包括纳税人支付给烟叶生产销售单位和个人的烟叶收购价款和价外补贴。其中，价外补贴统一按烟叶收购价款的 10%计算。

烟叶税应纳税额=烟叶价款总额×20%

=烟叶收购价款×（1+10%）×20%

例题 7-15

某烟厂收购烟叶，支付给烟叶销售者价款 600 万元，开具烟叶收购发票，请计算该烟厂应纳烟叶税多少万元？

答案：烟叶税应纳税额=600×（1＋10%）×20%=132（万元）

四、征收管理

烟叶税在烟叶收购环节征收，具体由税务机关依照本法和《中华人民共和国税收征收管理法》的有关规定征收管理。

纳税人应当向烟叶收购地的主管税务机关申报缴纳烟叶税。

烟叶税的纳税义务发生时间为纳税人收购烟叶的当日。

烟叶税按月计征，纳税人应当于纳税义务发生月终了之日起 15 日内申报并缴纳税款。

对依法查处没收的违法收购的烟叶，由收购罚没烟叶的单位（而非罚没单位）按照购买金额计算缴纳烟叶税。

课后练习

下列关于烟叶税的说法，正确的有（　　）。

A. 在中国境内收购的烟叶的单位需要代扣代缴烟叶税

B. 烟叶税的税率为 20%

C. 烟叶的应纳税额等于烟叶收购金额乘以税率

D. 烟叶税的纳税义务发生时间为纳税人收购烟叶的当天

E. 烟叶税纳税人应当自纳税义务发生之日起 10 日内申报纳税

任务十三　船舶吨位税

《中华人民共和国船舶吨税法》自 2018 年 7 月 1 日起施行。

一、纳税义务人

自中华人民共和国境外港口进入境内港口的船舶（以下称应税船舶），应当依照《中华人民共和国船舶吨税法》（以下称本法）缴纳船舶吨税（以下简称吨税）。

二、税目、税率

吨税的税目、税率依照本法所附的吨税税目税率表（见表 7-24）执行。

吨税设置优惠税率和普通税率。

表 7-24　吨税税目税率表

税目（按船舶净吨位划分）	税率（元/净吨）					
	普通税率（按执行期限划分）			优惠税率（按执行期限划分）		
	1 年	90 日	30 日	1 年	90 日	30 日
不超过 2 000 净吨	12.6	4.2	2.1	9.0	3.0	1.5
超过 2 000 净吨，但不超过 10 000 净吨	24.0	8.0	4.0	17.4	5.8	2.9
超过 10 000 净吨，但不超过 50 000 净吨	27.6	9.2	4.6	19.8	6.6	3.3
超过 50 000 净吨	31.8	10.6	5.3	22.8	7.6	3.8

中华人民共和国籍的应税船舶，船籍国（地区）与中华人民共和国签订含有相互给予船舶税费最惠国待遇条款的条约或者协定的应税船舶，适用优惠税率。

其他应税船舶，适用普通税率。

吨税按照船舶净吨位和吨税执照期限征收。

应税船舶负责人在每次申报纳税时，可以按照吨税税目税率表选择申领一种期限的吨税执照。

三、应纳税额

吨税的应纳税额按照船舶净吨位乘以适用税率计算。

吨税由海关负责征收。海关征收吨税应当制发缴款凭证。应税船舶负责人缴纳吨税或者提供担保后，海关按照其申领的执照期限填发吨税执照。

应税船舶负责人申领吨税执照时，应当向海关提供下列文件：

（1）船舶国籍证书或者海事部门签发的船舶国籍证书收存证明；

（2）船舶吨位证明。

应税船舶因不可抗力在未设立海关地点停泊的，船舶负责人应当立即向附近海关报告，并在不可抗力原因消除后，依照本法规定向海关申报纳税。

例题 7-16

甲国某货轮停靠广州港装卸货物，该货轮净吨位为 9 000 吨，货轮负责人已向我国海关领取了船舶吨税执照，在港口停留期限为 30 天。已知甲国与我国签订含有互相给予船舶税费最惠国待遇条款的条约。请问海关对该货轮应征收多少船舶吨税？

答案：应纳船舶吨税=9 000×2.9=26 100（元）

四、征收管理

吨税纳税义务发生时间为应税船舶进入港口的当日。

应税船舶在吨税执照期满后尚未离开港口的，应当申领新的吨税执照，自上一次执照期满的次日起续缴吨税。

五、税收优惠

1. 下列船舶免征吨税

（1）应纳税额在人民币 50 元以下的船舶。

（2）自境外以购买、受赠、继承等方式取得船舶所有权的初次进口到港的空载船舶。

（3）吨税执照期满后 24 小时内不上下客货的船舶。

（4）非机动船舶（不包括非机动驳船）。

（5）捕捞、养殖渔船。

（6）避难、防疫隔离、修理、改造、终止运营或者拆解，并不上下客货的船舶。

（7）军队、武装警察部队专用或者征用的船舶。

（8）警用船舶。

（9）依照法律规定应当予以免税的外国驻华使领馆、国际组织驻华代表机构及其有关人员的船舶。

（10）国务院规定的其他船舶。

应税船舶到达港口前，经海关核准先行申报并办结出入境手续的，应税船舶负责人应当向海关提供与其依法履行吨税缴纳义务相适应的担保；应税船舶到达港口后，依照本法规定向海关申报纳税。

2. 下列财产、权利可以用于担保

（1）人民币、可自由兑换货币。

（2）汇票、本票、支票、债券、存单。

（3）银行、非银行金融机构的保函。

（4）海关依法认可的其他财产、权利。

应税船舶在吨税执照期限内，因税目、税率调整或者船籍改变而导致适用税率变化的，吨税执照继续有效。

课后练习

1. 根据船舶吨税的相关规定，下列表述不正确的有（　　）。

A. 应税船舶在吨税执照期限内因修理导致净吨位变化的，吨税执照继续有效

B. 吨税执照在期满前毁损或者遗失的，应当向原发照海关书面申请核发吨税执照副本，并补缴税款

C. 海关发现少征或者漏征税款的，应当自应税船舶缴纳税款之日起 1 年内，补征税款

D. 海关发现多征税款的，应当立即通知应税船舶办理退还手续，不计算银行同期存款利息

能 力 训 练

一、单项选择题

1．下列各项中，可以按照当地适用税额减半征收耕地占用税的是（　　）。

A．供电部门占用耕地新建变电站　　B．农村居民占用耕地新建住宅

C．市政部门占用耕地新建自来水厂　　D．国家机关占用耕地新建办公楼

2．某船运公司 2020 年度拥有旧机动船 10 艘，每艘净吨位 1 500 吨；拥有拖船 2 艘，每艘发动机功率 500 马力。当年 8 月新购置机动船 4 艘，每艘净吨位 2 000 吨。该公司船舶适用的年税额：净吨位 201～2 000 吨的，每吨 4 元。该公司 2020 年度应缴纳的车船税为（　　）。

A．61 000 元　　B．71 666.67 元　　C．74 333.33 元　　D．75 333.33 元

3．纳税人开采应税矿产品销售的，其资源税的征税依据为（　　）。

A．开采数量　　B．实际产量　　C．销售数量　　D．销售额

4．下列各项中，应计算缴纳资源税的是（　　）。

A．开采的大理石　　B．进口的原油

C．开采的煤矿瓦斯　　D．尾矿的再利用

5．下列各项中，契税计税依据可由征收机关核定的是（　　）。

A．土地使用权出售　　B．国有土地使用权出让

C．土地使用权赠与　　D．以划拨方式取得土地使用权

6．下列关于契税征管制度的表述中，正确的是（　　）。

A．对承受国有土地使用权所支付的土地出让金应计征契税

B．非法定继承人根据遗嘱承受死者生前的房屋权属免征契税

C．对个人购买普通住房且该住房属于家庭唯一住房的免征契税

D．以自有房产作为股权投资于本人独资经营的企业应按房产的市场价格缴纳契税

7. 某公司与政府机关共同使用一栋共有土地使用权的建筑物。该建筑物占用土地面积 2 000 平方米，建筑面积 10 000 平方米（公司与机关的占用比例为 4∶1），该公司所在市城镇土地使用税单位税额为每平方米 5 元。该公司应纳城镇土地使用税（　　）元。

A．0　　B．2 000　　C．8 000　　D．10 000

8．某盐场 2020 年度占地 200 000 平方米，其中办公楼占地 20 000 平方米，盐场内部绿化占地 50 000 平方米，盐场附属幼儿园占地 10 000 平方米，盐滩占地 120 000 平方米。盐场所在地城镇土地使用税单位税额为每平方米 0.7 元。该盐场 2020 年应缴纳的城镇土地

使用税为（ ）元。

A．14 000 B．49 000 C．56 000 D．140 000

9．甲企业生产经营用地分布于某市的三个地域，第一块土地的土地使用权属于某免税单位，面积6 000平方米；第二块土地的土地使用权属于甲企业，面积30 000平方米，其中企业办学校用地5 000平方米，医院用地3 000平方米；第三块土地的土地使用权属于甲企业与乙企业共同拥有，面积10 000平方米，实际使用面积各50%。假定甲企业所在地城镇土地使用税单位税额为每平方米8元，则甲企业全年应缴纳的城镇土地使用税（ ）元。

A．216 000 B．224 000 C．264 000 D．328 000

10．某钢铁公司与机械进出口公司签订购买价值为2 000万元设备的合同，为购买此设备向商业银行签订借款2 000万元的借款合同。后因故购销合同作废，改签融资租赁合同，租赁费为1 000万元。根据上述情况，该公司应缴纳印花税（ ）。

A．1 500元 B．6 500元 C．7 000元 D．7 500元

11．某汽车贸易公司2020年6月进口11辆小轿车，海关审定的关税完税价格为25万元/辆，当月销售8辆，取得含税销售收入240万元；2辆企业自用，1辆用于抵偿债务。合同约定的含税价格为30万元。该公司应纳车辆购置税（ ）万元。（小轿车关税税率为28%，消费税税率为9%）

A．7.03 B．5.00 C．7.50 D．10.55

12．某汽车制造厂将自产轿车10辆向某汽车租赁公司进行投资，将自产轿车3辆转作本企业固定资产，将自产轿车4辆奖励给对企业发展有突出贡献的员工。该汽车制造厂应纳车辆购置税的计税依据为（ ）。

A．投资作价 B．轿车售价

C．核定的最低计税价格 D．核定的最高计税价格

13．依据车辆购置税的有关规定，下列车辆中可以享受法定减免的是（ ）。

A．国家机关购买的小汽车 B．留学人员购买的小汽车

C．有突出贡献专家购买的小汽车 D．国际组织驻华机构购买的自用小汽车

14．2020年7月甲公司开发住宅社区，经批准共占用耕地150 000平方米，期中800平方米兴建幼儿园、5 000平方米修建学校。已知耕地占用税适用税率为30元/平方米。甲公司应缴纳的耕地占用税是（ ）元。

A．4 500 000 B．4 326 000 C．4 350 000 D．4 476 000

15．根据城镇土地使用税法律制度的规定，下列城市用地中，不属于城镇土地使用税免税项目的是（ ）。

A．公园自用的土地 B．市政街道公用用地

C．国家机关自用的土地 D．企业生活区用地

16．根据房产税法律制度的规定，下列房屋中，不属于房产税征税范围的是（ ）。

A．建制镇的房屋 B．农村的房屋

C．县城的房屋 D．城市的房屋

17．根据契税法律制度的规定，下列行为中，应征收契税的是（　　）。

A．甲公司出租地下停车场　　B．丁公司购买办公楼

C．乙公司将房屋抵押给银行　　D．丙公司承租仓库

18．根据土地增值税法律制度的规定，下列各项中，不属于土地增值税纳税人的是（　　）。

A．出租住房的孙某　　B．出售商铺的刘某

C．转让国有土地使用权的甲公司　　D．出售写字楼的乙公司

19．甲公司与乙公司签订买卖合同，合同约定丙为担保人，丁为鉴定人。下列关于该合同印花税纳税人的表述中，正确的是（　　）。

A．甲、乙、丙、丁均为纳税人　　B．甲、乙、丁为纳税人

C．甲、乙为纳税人　　D．甲、乙、丙为纳税人

20．根据印花税法律制度的规定，以件数作为计税依据缴纳印花税的是（　　）。

A．产权转移书据　　B．权利、许可证照

C．买卖合同　　D．运输合同

21．下列各项中，不征收环境保护税的是（　　）。

A．光源污染　　B．噪声污染　　C．水污染　　D．大气污染

22．根据烟叶税法律制度的规定，下列属于烟叶税纳税人的是（　　）。

A．生产烟叶的个人　　B．收购烟叶的单位

C．销售香烟的单位　　D．消费香烟的个人

23．我国车船税的税率形式是（　　）。

A．地区差别比例税率　　B．有幅度的比例税率

C．有幅度的定额税率　　D．全国统一的定额税率

二、多项选择题

1．下列各项中，应征资源税的有（　　）。

A．开采的大理石　　B．进口的原油

C．开采的煤矿瓦斯　　D．生产用于出口的卤水

2．下列各项中，符合车船税有关征收管理规定的有（　　）。

A．新购置使用的车船，纳税地点为车船的登记地

B．车船的所有人或者管理人未缴纳车船税的，使用人应当代为缴纳车船税

C．纳税人在购买机动车交强险时缴纳车船税的，不再向地方税务机关申报纳税

D．已办理退税的被盗抢车船失而复得的，纳税人应当从公安机关出具相关证明的当月起计算缴纳车船税

3．下列项目中，以“辆”为计税依据计算车船税的有（　　）。

A．船舶　　B．摩托车　　C．客车　　D．货车

4．某机关 2020 年 4 月购车一辆，随购车支付的下列款项中，应并入计税依据征收车辆购置税的有（　　）。

A．控购费　　B．增值税税款　　C．零部件价款　　D．车辆装饰费

5．下列各项中，属于法定免征城镇土地使用税的有（　　）。

A．盐矿的矿井用地　　B．工业企业仓库用地

C．危险品仓库用地　　D．机场场内道路用地

6．下列车船属于法定免税的有（　　）。

A．专项作业车　　B．警用车船　　C．非机动驳船　　D．捕捞、养殖渔船

7. 某铜矿 2020 年 9 月销售铜精矿 4 000 吨（选矿比为 1∶5），每吨不含税售价 1 500 元，当地铜矿石资源税为每吨 1.2 元，应纳资源税和增值税税额为（　　）万元。

A．资源税 1.68　　B．资源税 4.8　　C．增值税 102　　D．增值税 78

8．居民甲将其拥有的一处房产出售给居民乙，双方签订房屋权属转移合同并按规定办理了房屋产权过户手续。下列关于契税和印花税的表述中，正确的有（　　）。

A．作为交易的双方，居民甲和居民乙均同时负有印花税和契税的纳税义务

B．契税的计税依据为房屋权属转移合同中确定的房产成交价格

C．契税纳税人应在该房产的所在地缴纳契税，印花税的纳税人应在签订合同时就地纳税

D．契税纳税人的纳税义务在房屋权属转移合同的当天发生，印花税纳税人的纳税义务在房屋权属转移合同签订时发生

9．下列关于耕地占用税的表述中，正确的有（　　）。

A．建设直接为农业生产服务的生产设施而占用农用地的，不征收耕地占用税

B．获准占用耕地的单位或者个人，应当在收到土地管理部门的通知之日起 60 日内缴纳耕地占用税

C．免征或者减征耕地占用税后，纳税人改变原占地用途，不再属于免征或者减征耕地占用税情形的，应当按照当地适用税额补缴耕地占用税

D．纳税人临时占用耕地，应当依照规定缴纳耕地占用税，在批准临时占用耕地的期限内恢复原状的，可部分退还已经缴纳的耕地占用税

10．根据印花税法律制度的规定，下列各项中，属于印花税缴纳方法的有（　　）。

A．自行贴花　　B．代扣代缴　　C．委托代征　　D．汇贴汇缴

11．根据资源税法律制度的规定，下列关于金矿资源税纳税环节的表述中，正确的有（　　）。

A．纳税人自采金原矿销售的，在金原矿销售时缴纳资源税

B．纳税人以自产金原矿加工金锭销售的，在金锭销售时缴纳资源税

C．纳税人以自产金原矿加工金锭自用的，在金锭自用时缴纳资源税

D．纳税人自采金原矿加工金精矿销售的，在原矿移送时缴纳资源税

12．根据烟叶税法律制度的规定，下列各项中，属于烟叶税征收范围的有（　　）。

A．晾晒烟叶　　B．烟丝　　C．卷烟　　D．烤烟叶

13．下列各项建筑物中，不属于房产税征税范围的有（　　）。

A．位于县城的某独立水塔　　B．位于建制镇的某平房

C．位于农村的某二层小楼　　D．位于市区的菜窖

14．下列各项中，采用比例税率和定额税率两种税率形式的有（　　）。

A．印花税　　B．车船税　　C．资源税　　D．房产税

15．房地产开发企业转让新建的商品房，在确定土地增值税的扣除项目时，允许作为“与转让房地产有关的税金”项目扣除的税金有（　　）。

A．教育费附加　　B．城市维护建设税

C．增值税　　D．房产税

三、判断题

（　　）1．农村居民经批准在户籍所在地按照规定标准占用耕地，建设自用住宅，可以免征耕地占用税。

（　　）2．对公安部门无偿使用铁路民航等单位的土地，免征城镇土地使用税。

（　　）3．房地产开发企业建造的商品房，出售前已使用的，不征收房产税。

（　　）4．纳税人建造普通标准住宅出售，增值额超过扣除项目金额20%的，应按全部增值额计算缴纳土地增值税。

（　　）5．房地产开发项目中同时包含普通住宅和非普通住宅的，应当分别计算土地增值税的增值额。

（　　）6．甲钢铁厂依法不需要在车船登记管理部门登记的在单位内部场所行驶的机动车辆，属于车船税的征税范围。

（　　）7．海盐属于资源税征税范围。

（　　）8．纳税人将开采的原煤自用于连续生产洗选煤的，在原煤移送使用环节缴纳资源税。

（　　）9．纳税人销售应税资源品目采用分期收款结算方式的，其资源税纳税义务发生时间，为销售合同规定的收款日期的当天。

（　　）10．按规定免征或者减征耕地占用税后，纳税人改变原占地用途，不再属于免征或者减征耕地占应税情形的，应当按照当地适用税额补缴耕地占应税。

（　　）11．房产产权未确定以及租典纠纷未解决的，暂不征收房产税。

（　　）12．以房屋权属设定抵押，抵押期间无须缴纳契税；以房屋权属抵债，债务人应当申报缴纳契税。

（　　）13．新购车辆，缴纳车辆购置税当年，不必缴纳车船税。

（　　）14．企事业单位和其他生产经营者向依法设立的污水集中处理、生活垃圾集中处理场所排放应税污染物，应当缴纳环境保护税。

（　　）15．在中华人民共和国境内收购烟叶的单位应当代扣代缴烟叶税。

四、计算题

1．某外贸进出口公司 2020 年 12 月从国外进口 10 辆宝马公司生产的某型号小轿车。该公司报关进口这批小轿车时，经报关地海关对有关报关资料进行审查，确定关税完税价格为每辆 185 000 元人民币，海关按关税政策对每辆小轿车征收了关税 203 500 元，并按消费税、增值税有关规定分别代征了每辆小轿车的进口消费税 11 655 元和增值税 62 160 元。由于联系业务需要，该公司将一辆小轿车留在本单位使用。计算该公司应纳的车辆购置税。

2．某客车制造厂将自产的一辆某型号的客车，用于本厂后勤服务，该厂在办理车辆上牌落籍前，出具该车的发票，注明金额 65 000 元，并按此金额向主管税务机关申报纳税。经审核，国家税务总局对该车同类型车辆核定的最低计税价格为 80 000 元。计算该车应纳的车辆购置税。

3．某油田 2020 年 3 月销售原油 20 000 吨，开具增值税专用发票取得销售额 10 000 万元、增值税税额 1 300 万元，按“资源税税目税率表”的规定，其适用的税率为 8%。计算该油田 3 月应缴纳的资源税。

4．位于县城的某内资原煤生产企业为增值税一般纳税人，2020 年 1 月发生以下业务：（1）开采原煤 10 000 吨。采取分期收款方式销售原煤 9 000 吨，每吨不含税单价 500 元，购销合同约定，本月应收取 1/3 的价款，但实际只收取不含税价款 120 万元。另支付运费 6 万元、装卸费 2 万元，取得增值税专用发票。（2）为职工宿舍供暖，使用本月开采的原煤 200 吨；另将本月开采的原煤 500 吨无偿赠送给某有长期业务往来的客户。假设该煤矿所在地原煤的资源税税额为 5 元/吨。计算该企业当月应缴纳的资源税。

5．居民甲有两套住房，将一套出售给居民乙，成交价格为 200 000 元；将另一套两室住房与居民丙交换成两处一室住房，并支付给居民丙换房差价款 60 000 元。计算甲、乙、丙相关行为应缴纳的契税（假定税率为 4%）。

6．某市政府机关有办公用房一幢，房产价值 2 000 万元。2020 年将其中的 1/5 对外出租，取得租金收入 200 万元。已知该市统一规定计算房产余值时的扣除比例是 30%，该市政府机关当年应纳的房产税为多少？

7．某房地产开发公司，2020 年 8 月 20 日以 200 万元获得某块土地的使用权后未做任何开发，即于 10 月 25 日将该块土地的使用权以 300 万元的价格转让出去。转让时缴纳的增值税、城市维护建设税、教育费附加共计 16.5 万元，印花税为 1 500 元。计算该公司在这笔土地转让交易中应缴纳的土地增值税。

8．甲公司厂房原值 500 万元，已提折旧 200 万元。已知房产原值减除比例为 30%，房产税从价计征税率为 1.2%，计算甲公司年度应缴纳的房产税。

9．甲公司向乙公司租赁 2 台起重机并签订租赁合同，合同注明起重机总价为 80 万元，租期 2 个月，每台每月租金 2 万元。计算该租赁合同应缴纳的印花税税额。

10．甲企业生产 150 吨炉渣，30 吨在符合国家和地方环境保护标准的设施中贮存，100 吨综合利用且符合国家和地方环境保护标准，其余倒置弃于空地。已知炉渣适用的环境保护税税额为 25 元/吨。计算甲企业应纳的环境保护税税额。

参考文献

[1] 国家税务总局官网税收政策文件.

[2] 计金标．税收筹划（第6版）[M]．北京：中国人民大学出版社，2016.

[3] 陈晓红．税收实务[M]．北京：中国人民大学出版社，2012.

[4] 财政部会计资格评价中心．中级经济法[M]．北京：中国财政经济出版社，2019.

[5] 赵贵臻，刘惠君．纳税基础与实务[M]．广州：中山大学出版设社，2010.

[6] 黄薏．纳税申报与会计处理实务[M]．江苏：苏州大学出版社，2012.

[7] 中国注册会计师学会．税法[M]．北京：经济科学出版社．2019.